KB215205

# 독학사

1·4단계

교양공통

## 국어 적중예상문제집

시대에듀

# 머리말 INTRO

학위를 얻는 데 시간과 장소는 더 이상 제약이 되지 않습니다. 대입 전형을 거치지 않아도 '학점은행제'를 통해 학사학위를 취득할 수 있기 때문입니다. 그중 독학학위제도는 고등학교 졸업자이거나 이와 동등 이상의 학력을 가지고 있는 사람들에게 효율적인 학점 인정 및 학사학위 취득의 기회를 줍니다.

학습을 통한 개인의 자아실현 도구이자 자신의 실력을 인정받을 수 있는 스펙인 독학사는 짧은 기간 안에 학사학위를 취득할 수 있는 가장 빠른 지름길로써 많은 수험생들의 선택을 받고 있습니다.

이 책은 독학사 시험을 준비하는 수험생분들이 단기간에 효과적인 학습을 할 수 있도록 다음과 같이 구성 하였습니다.

---

**01** 다년간 독학사 1단계 시험에서 빈출된 문제를 복원하여 '최신빈출기출문제'를 수록하였습니다.

**02** 기본서에서 학습한 내용을 바탕으로 다양한 유형의 '객관식 문제'를 구성하였습니다.

**03** 단원별로 출제 가능성이 높은 부분을 '주관식 문제'로 엄선하였습니다.

**04** 출제 경향을 반영한 '최종모의고사'로 자신의 실력을 점검해 볼 수 있도록 하였습니다.

---

시간 대비 학습의 효율성을 높이기 위해 방대한 학습 분량을 최대한 압축하여 정리하였으며, 출제 유형을 반영한 문제들로 구성하도록 노력하였습니다. 이 책으로 학위취득의 꿈을 이루고자 하는 수험생분들의 합격을 응원합니다.

편저자 드림

# 독학학위제 소개 BDES

## ◇ 독학학위제란?

「독학에 의한 학위취득에 관한 법률」에 의거하여 국가에서 시행하는 시험에 합격한 사람에게 학사학위를 수여하는 제도

- ✓ 고등학교 졸업 이상의 학력을 가진 사람이면 누구나 응시 가능
- ✓ 대학교를 다니지 않아도 스스로 공부해서 학위취득 가능
- ✓ 일과 학습의 병행이 가능하여 시간과 비용 최소화
- ✓ 언제, 어디서나 학습이 가능한 평생학습시대의 자아실현을 위한 제도
- ✓ 학위취득시험은 4개의 과정(교양, 전공기초, 전공심화, 학위취득 종합시험)으로 이루어져 있으며 각 과정별 시험을 모두 거쳐 학위취득 종합시험에 합격하면 학사학위 취득

## ◇ 독학학위제 전공 분야 (11개 전공)

※ 유아교육학 및 정보통신학 전공 : 3, 4과정만 개설
  (정보통신학의 경우 3과정은 2025년까지, 4과정은 2026년까지만 응시 가능하며, 이후 폐지)
※ 간호학 전공 : 4과정만 개설
※ 중어중문학, 수학, 농학 전공 : 폐지 전공으로, 기존에 해당 전공 학적 보유자에 한하여 2025년까지 응시 가능

※ 시대에듀는 현재 4개 학과(심리학과, 경영학과, 컴퓨터공학과, 간호학과) 개설 완료
※ 2개 학과(국어국문학과, 영어영문학과) 개설 중

## ⬡ 과정별 응시자격

| 단계 | 과정 | 응시자격 | 과정(과목) 시험 면제 요건 |
|---|---|---|---|
| 1 | 교양 | 고등학교 졸업 이상 학력 소지자 | • 대학(교)에서 각 학년 수료 및 일정 학점 취득<br>• 학점은행제 일정 학점 인정<br>• 국가기술자격법에 따른 자격 취득<br>• 교육부령에 따른 각종 시험 합격<br>• 면제지정기관 이수 등 |
| 2 | 전공기초 | | |
| 3 | 전공심화 | | |
| 4 | 학위취득 | • 1~3과정 합격 및 면제<br>• 대학에서 동일 전공으로 3년 이상 수료<br>  (3년제의 경우 졸업) 또는 105학점 이상 취득<br>• 학점은행제 동일 전공 105학점 이상 인정<br>  (전공 28학점 포함)<br>• 외국에서 15년 이상의 학교교육과정 수료 | 없음(반드시 응시) |

## ⬡ 응시방법 및 응시료

- 접수방법 : 온라인으로만 가능
- 제출서류 : 응시자격 증빙서류 등 자세한 내용은 홈페이지 참조
- 응시료 : 20,700원

## ⬡ 독학학위제 시험 범위

- 시험 과목별 평가영역 범위에서 대학 전공자에게 요구되는 수준으로 출제
- 독학학위제 홈페이지(bdes.nile.or.kr) ➡ 학습정보 ➡ 과목별 평가영역에서 확인

## ⬡ 문항 수 및 배점

| 과정 | 일반 과목 | | | 예외 과목 | | |
|---|---|---|---|---|---|---|
| | 객관식 | 주관식 | 합계 | 객관식 | 주관식 | 합계 |
| 교양, 전공기초<br>(1~2과정) | 40문항×2.5점<br>=100점 | – | 40문항<br>100점 | 25문항×4점<br>=100점 | – | 25문항<br>100점 |
| 전공심화, 학위취득<br>(3~4과정) | 24문항×2.5점<br>=60점 | 4문항×10점<br>=40점 | 28문항<br>100점 | 15문항×4점<br>=60점 | 5문항×8점<br>=40점 | 20문항<br>100점 |

※ 2017년도부터 교양과정 인정시험 및 전공기초과정 인정시험은 객관식 문항으로만 출제

## ○ 합격 기준

### ■ 1~3과정(교양, 전공기초, 전공심화) 시험

| 단계 | 과정 | 합격 기준 | 유의 사항 |
|---|---|---|---|
| 1 | 교양 | 매 과목 60점 이상 득점을 합격으로 하고, 과목 합격 인정(합격 여부만 결정) | 5과목 합격 |
| 2 | 전공기초 | | 6과목 이상 합격 |
| 3 | 전공심화 | | |

### ■ 4과정(학위취득) 시험 : 총점 합격제 또는 과목별 합격제 선택

| 구분 | 합격 기준 | 유의 사항 |
|---|---|---|
| 총점 합격제 | • 총점(600점)의 60% 이상 득점(360점)<br>• 과목 낙제 없음 | • 6과목 모두 신규 응시<br>• 기존 합격 과목 불인정 |
| 과목별 합격제 | • 매 과목 100점 만점으로 하여 전 과목(교양 2, 전공 4) 60점 이상 득점 | • 기존 합격 과목 재응시 불가<br>• 1과목이라도 60점 미만 득점하면 불합격 |

## ○ 시험 일정

| 1단계 2월 중 | 2단계 5월 중 | 3단계 8월 중 | 4단계 10월 중 |

### ■ 4단계 시험 과목 및 시간표

| 구분(교시별) | 시간 | 시험 과목명 |
|---|---|---|
| 1교시 | 09:00~10:40<br>(100분) | 국어, 국사, 외국어 중 택2 과목<br>(외국어를 선택할 경우 실용영어, 실용독일어,<br>실용프랑스어, 실용중국어, 실용일본어 중 택1 과목) |
| 2교시 | 11:10~12:50<br>(100분) | 총 11개 학과<br>(컴퓨터공학, 간호학, 국어국문학, 영어영문학, 심리학, 경영학,<br>법학, 행정학, 유아교육학, 가정학, 정보통신학 중 택2 전공과목) |
| 중식 12:50~13:40(50분) | | |
| 3교시 | 14:00~15:40<br>(100분) | 총 11개 학과<br>(컴퓨터공학, 간호학, 국어국문학, 영어영문학, 심리학, 경영학,<br>법학, 행정학, 유아교육학, 가정학, 정보통신학 중 택2 전공과목) |

※ 시험 일정 및 시험 시간표는 반드시 독학학위제 홈페이지(bdes.nile.or.kr)를 통해 확인하시기 바랍니다.

# 독학학위제 출제방향 GUIDE

국가평생교육진흥원에서 고시한 과목별 평가영역에 준거하여 출제하되, 특정한 영역이나 분야가 지나치게 중시되거나 경시되지 않도록 한다.

독학자들의 취업 비율이 높은 점을 감안하여, 과목의 특성을 반영하는 범주 내에서 학문적이고 이론적인 문항뿐만 아니라 실무적인 문항도 출제한다.

단편적 지식의 암기로 풀 수 있는 문항의 출제는 지양하고, 이해력 · 적용력 · 분석력 등 폭넓고 고차원적인 능력을 측정하는 문항을 위주로 한다.

이설(異說)이 많은 내용의 출제는 지양하고 보편적이고 정설화된 내용에 근거하여 출제하며, 그럴 수 없는 경우에는 해당 학자의 성명이나 학파를 명시한다.

교양과정 인정시험(1과정)은 대학 교양교재에서 공통적으로 다루고 있는 기본적이고 핵심적인 내용을 출제하되, 교양과정 범위를 넘는 전문적이거나 지엽적인 내용의 출제는 지양한다.

전공기초과정 인정시험(2과정)은 각 전공영역의 학문을 연구하기 위하여 각 학문 계열에서 공통적으로 필요한 지식과 기술을 평가한다.

전공심화과정 인정시험(3과정)은 각 전공영역에 관하여 보다 심화된 전문적인 지식과 기술을 평가한다.

학위취득 종합시험(4과정)은 시험의 최종 과정으로서 학위를 취득한 자가 일반적으로 갖추어야 할 소양 및 전문지식과 기술을 종합적으로 평가한다.

교양과정 인정시험 및 전공기초과정 인정시험의 시험방법은 객관식(4지택1형)으로 한다.

전공심화과정 인정시험 및 학위취득 종합시험의 시험방법은 객관식(4지택1형)과 주관식(80자 내외의 서술형)으로 하되, 과목의 특성에 따라 다소 융통성 있게 출제한다.

# 독학학위제 합격수기 COMMENT

" 저는 학사편입 제도를 이용하기 위해 2~4단계 시험에 순차로 응시했고 한 번에 합격했습니다.
아슬아슬한 점수라서 부끄럽지만 독학사는 자료가 부족해서 부족하나마 후기를 쓰는 것이 도움이 될까 하여
제 합격전략을 정리하여 알려 드립니다.

## #1. 교재와 전공서적을 가까이에!

학사학위 취득은 본래 4년을 기본으로 합니다. 독학사는 이를 1년으로 단축하는 것을 목표로 하는 시험이라 실제
시험도 변별력을 높이는 몇 문제를 제외한다면 기본이 되는 중요한 이론 위주로 출제됩니다. 시대에듀의 독학사
시리즈 역시 이에 맞추어 중요한 내용이 일목요연하게 압축 · 정리되어 있습니다. 빠르게 훑어보기 좋지만 내가
목표로 한 전공에 대해 자세히 알고 싶다면 전공서적과 함께 공부하는 것이 좋습니다. 교재와 전공서적을 함께
보면서 교재에 전공서적 내용을 정리하여 단권화하면 시험이 임박했을 때 교재 한 권으로도 자신 있게 시험을
치를 수 있습니다.

## #2. 시간확인은 필수!

쉬운 문제는 금방 넘어가지만 지문이 길거나 어렵고 헷갈리는 문제도 있고, OMR 카드에 마킹까지 해야 하니
실제로 주어진 시간은 더 짧습니다. 앞부분에 어려운 문제가 있다고 해서 시간을 많이 허비하면 쉽게 풀 수 있는
뒷부분 문제들을 놓칠 수 있습니다. 문제 푸는 속도가 느려지면 집중력도 떨어집니다. 그래서 어차피 배점은 같
으니 아는 문제를 최대한 많이 맞히는 것을 목표로 했습니다.
① 어려운 문제는 빠르게 넘기면서 문제를 끝까지 다 풀고 ② 확실한 답부터 우선 마킹한 후 ③ 다시 시험지로
돌아가 건너뛴 문제들을 다시 풀었습니다. 확실히 시간을 재고 문제를 많이 풀어봐야 실전에 도움이 되는 것
같습니다.

## #3. 문제풀이의 반복!

여느 시험과 마찬가지로 문제는 많이 풀어볼수록 좋습니다. 이론을 공부한 후 예상문제를 풀다보니 부족한 부분이
어딘지 확인할 수 있었고, 공부한 이론이 시험에 어떤 식으로 출제될지 예상할 수 있었습니다. 그렇게 부족한 부분
을 보충해가며 문제유형을 파악하면 이론을 복습할 때도 어떤 부분을 중점적으로 암기해야 할지 알 수 있습니다.
이론 공부가 어느 정도 마무리되었을 때 시계를 준비하고 모의고사를 풀었습니다. 실제 시험시간을 생각하면서
예행연습을 하니 시험 당일에는 덜 긴장할 수 있었습니다.

학위취득을 위해 오늘도 열심히 학습하시는 수험생 여러분에게도 합격의 영광이 있길 기원하면서 이만 줄입니다. "

---

## 최신빈출기출문제 (1단계 국어)

※ 본 문제는 다년간 독학사 1단계 시행에서 출제된 빈출기출문제를 복원한 것입니다. 문제의 난이도와 수험경향 파악용으로 사용하시길 권고드립니다. 본 빈출기출문제에 대한 무단복제 및 전재를 금하여 저작권은 시대에듀에 있음을 알려드립니다.

**01** 다음에서 설명하는 언어의 특성으로 옳은 것은?

> 음성과 의미가 일단 사람들 간의 약속으로 수용되면 개인이 마음대로 창조하거나 바꿀 수 없다.

① 사회성
② 자의성
③ 창조성
④ 역사성

**02** 한글 초성자의 제자원리로 옳은 것은?

① ㅅ: 치아의 모양을 본떠 만들었다.
② ㅁ: 목구멍의 모양을 본떠 만들었다.
③ ㄱ: 혀끝이 윗잇몸에 닿는 모양을 본떠 만들었다.
④ ㄴ: 혀뿌리가 목구멍을 막는 모양을 본떠 만들었다.

**01** 언어의 특성
- 자의성: 말소리와 의미는 우연한 결합이다.
- 사회성: 언어는 사회적 약속이므로 개인이 마음대로 바꿀 수 없다.
- 역사성: 언어는 시대의 흐름에 따라 변한다.
- 창조성: 언어를 무한하게 만들어 낼 수 있다.
- 분절성: 연속적인 현실을 끊어서 표현한다.
- 추상성: 언어로 추상화(개념화)의 과정을 거친다.

**02** 기본 자음 'ㄱ, ㄴ, ㅁ, ㅅ, ㅇ'은 사람의 발음기관을 본떠 만들었다. 발음기관을 본떴기 때문에 글자의 모양만 봐도 그 글자가 어디에서 소리 나는지 쉽게 알 수 있다.
- ㄱ: 'ㄱ'은 어금닛소리로 혀뿌리가 목구멍을 닫는 형상이다.
- ㄴ: 'ㄴ'은 혓소리로 혀가 윗잇몸에 닿는 형상이다.

**01** 최신빈출기출문제

'최신빈출기출문제'를 풀어 보며 출제 경향을 파악해 보세요.

---

## 제 1 장 | 국어학

☑️ 부분은 중요문제 Check로 활용해 보세요!

**01** 국어에 대한 이해

**01** 다음 중 밑줄 친 부분의 예로 가장 적절한 것은?

> 생각은 큰 그릇이고 말은 생각 속에 들어가는 작은 그릇이어서 생각에는 말 외에도 다른 것이 더 있다. 그러나 아무리 생각이 말보다 범위가 넓고 큰 것이라고 하여도 그것을 말로 바꾸어 놓지 않으면 그 생각의 위대함이나 오묘함이 다른 사람에게 전달되지 않는다. 그 때문에 생각이 형님이요, 말이 동생이라고 할지라도 생각은 동생의 신세를 지지 않을 수가 없게 되어 있다.

① '사과'는 언제부터 '사과'라고 부르기 시작했는지 알 수 없어.
② 동일한 사물을 두고 영국에서는 [tri:], 한국에서는 [namu]라 표현해.
③ 이 소설은 정말 감동적이야. 내가 받은 감동을 말로는 설명이 안 돼.
④ 시간의 흐름을 초, 분, 시간 단위로 나눠 사용해 온 것은 인간의 사회적 약속이야.

**01** 밑줄 친 부분은 '말이 생각을 다 담을 수 없다'는 것이다. 곧, 언어로 표현할 수 없다고 하여 사고(생각)까지 못하는 것이 아니라는 '사고우위론'의 개념이다.
① '사과'라는 이름을 붙인 것에 구별을 했다면 '언어우위론'이고, 언제부터 이름을 붙인 것인지 알 수 없다는 것은 '언어우위론'과도 관련이 없다.
② 언어의 자의성: 동일한 내용에 대해 각 언어마다 형식이 다르다.
③ 분절성(불연속성): 시간의 흐름을 초, 분, 시간 단위로 나눠 사용
- 사회성: 사회적 약속

**02** 객관식 문제

학습한 내용을 바탕으로 '객관식 문제'를 풀어 보며 문제를 해결하는 능력을 길러 보세요.

제 2 장 | 고전문학

## 01 총론

**01**
한국문학은 '전승방식'에 따라 구비문학과 기록문학으로 분류되며, '기록문자'에 따라서는 국문문학과 한문문학으로 분류된다.

한문문학 중 BC 2세기 경 한자가 우리나라에 전해진 이래 조선 후기까지 우리나라 사람들의 손에 의해 한자로 창작된 문학은 한국문학의 범주에 포함된다.

**01** 한국문학의 영역을 '전승방식'과 '기록문자'에 따라 분류해 보시오.

**02**
**정답** 민요(民謠)

**해설** 민요는 민중 속에서 자연적으로 발생하여 오랫동안 민중의 생활감정을 반영시킨 노래. 예악, 향악, 속악 모두 민요와 그 바탕을 두고 있다. 민요는 보통 창자·작자가 따로 없으며 민중들 사이에서 구전되어 전해오고 있다. 민요는 민중의 생활을 노래한 단순한 노래의 차원을 넘어서 민중들의 사상·생활·감정 등을 담고 있으며, 노동과 불가분의 관계이기 때문에 본질적으로 생산적인 노래라는 특징을 갖는다. 악보나 문자로 기록되지 않은 채 구비 전승되어 왔기 때문에 언제부터 불리어[시기] 시작했는지는 정확하지 않다. 노동기 원생이 따르면 노동을 하면서 박자에 맞추어 소리를 내고, 이러한 무의미한 소리에 선율을 얹어 부르기 시작했을 것으로 추측된다. 민요는

**02** 다음 지문의 괄호 안에 공통으로 들어갈 장르를 쓰시오.

> 구비문학(口碑文學)의 여러 영역 중에서 오랫동안 ( )만 홀로 우대를 받았다. 중세적인 지배 체제를 다지는 예악(禮樂)을 이룩하면서 ( )를 받아들여 향악(鄕樂)을 편성하는 것이 오랜 관례였으며, 고려 후기에는 ( )에서 새롭게 상승한 속악(俗樂)이 새삼스럽게 커다란 구실을 하였다.

---

제1회 **최종모의고사** | 국어(1단계)

제한시간: 60분 | 시작 ___시 ___분 ~ 종료 ___시 ___분

정답 및 해설 182p

**01** 다음 중 한글 맞춤법 제30항의 사이시옷 표기 규정에 맞게 사이시옷을 표기한 것을 모두 고른 것은?

> ㉠ 첫사랑    ㉡ 횟수    ㉢ 등굣길    ㉣ 소나깃밥

① ㉠, ㉡
② ㉠, ㉢
③ ㉡, ㉢
④ ㉡, ㉢, ㉣

**02** 다음 설명에 맞는 작품의 제목은?

> 신라 신문왕이 작가에게 재미있는 이야기를 해 줄 것을 청하자, 작가가 왕에게 들려준 교훈담이다. 작가는 왕에게 충언(忠言)할 목적으로 화왕, 장미, 백두옹을 등장시켜 현실 정치에 관한 이야기를 하였다. 신문왕은 이 이야기를 듣고 '너의 이야기가 매우 뜻이 깊다.'라고 하면서 글을 써 후세의 임금들에게 경계하도록 하였다. 즉, 바른 도리로써 정치를 해야 함을 주장하고 부귀에 안주하는 요망한 무리들을 가까이하지 말 것을 경계하도록 한 것이다.

---

## 03 주관식 문제

출제 가능성이 높은 부분으로 엄선한 '주관식 문제'를 풀어 보며 시험에 대비해 보세요.

## 04 최종모의고사

'최종모의고사'를 실제 시험처럼 풀어 보며 실력을 점검해 보세요.

# 목차 CONTENTS

합 격 의
공 식
시대에듀
S D E D U

당신이 저지를 수 있는 가장 큰 실수는 실수를 할까 두려워하는 것이다.

– 앨버트 하버드 –

합격의 공식 시대에듀 www.sdedu.co.kr

# 최신빈출기출문제

출/ 제/ 유/ 형/ 완/ 벽/ 파/ 악/

훌륭한 가정만한 학교가 없고, 덕이 있는 부모만한 스승은 없다.

– 마하트마 간디 –

합격의 공식 ▶
온라인 강의

보다 깊이 있는 학습을 원하는 수험생들을 위한
시대에듀의 동영상 강의가 준비되어 있습니다.
www.sdedu.co.kr ➔ 회원가입(로그인) ➔ 강의 살펴보기

※ 본 문제는 다년간 독학사 1단계 시험에서 출제된 빈출기출문제를 복원한 것입니다. 문제의 난이도와 수험경향 파악용으로 사용하시길 권고드립니다. 본 빈출기출문제에 대한 무단복제 및 전제를 금하며 저작권은 시대에듀에 있음을 알려드립니다.

01  다음에서 설명하는 언어의 특성으로 옳은 것은?

> 음성과 의미가 일단 사람들 간의 약속으로 수용되면 개인이 마음대로 창조하거나 바꿀 수 없다.

① 사회성
② 자의성
③ 창조성
④ 역사성

---

01  **언어의 특성**
- 자의성 : 말소리와 의미는 우연한 결합이다.
- 사회성 : 언어는 사회적 약속이므로 개인이 마음대로 바꿀 수 없다.
- 역사성 : 언어는 시대의 흐름에 따라 변한다.
- 창조성 : 언어를 무한하게 만들어 낼 수 있다.
- 분절성 : 연속적인 현실을 끊어서 표현한다.
- 추상성 : 언어로 추상화(개념화)의 과정을 거친다.

---

02  한글 초성자의 제자원리로 옳은 것은?

① ㅅ : 치아의 모양을 본떠 만들었다.
② ㅁ : 목구멍의 모양을 본떠 만들었다.
③ ㄱ : 혀끝이 입천장에 닿는 모양을 본떠 만들었다.
④ ㄴ : 혀뿌리가 목구멍을 막는 모양을 본떠 만들었다.

---

02  기본 자음 'ㄱ, ㄴ, ㅁ, ㅅ, ㅇ'은 사람의 발음기관을 본떠 만들었다. 발음기관을 본떴기 때문에 글자의 모양만 봐도 그 글자가 어디에서 소리 나는지 쉽게 알 수 있다.
- ㄱ : 'ㄱ'은 어금닛소리로 혀뿌리가 목구멍을 닫는 형상이다.
- ㄴ : 'ㄴ'은 혓소리로 혀가 윗잇몸에 닿는 형상이다.
- ㅁ : 'ㅁ'은 입술소리로 입의 형상이다.
- ㅅ : 'ㅅ'은 잇소리로 이의 형상이다.
- ㅇ : 'ㅇ'은 목구멍소리로 목구멍의 형상이다.

**정답**  01 ① 02 ①

**03** 단어를 형태소 단위로 쪼갰을 때 실질적인 의미를 나타내는 형태소를 '어근'이라 하고, 어근에 붙어서 특정한 의미나 기능을 부여하는 형태소를 '접사'라 한다. ㉠은 '어근 + 접사' 형태의 파생어를 말하고, ㉡은 '어근 + 어근' 형태의 합성어를 말한다. 즉, '덧신'은 '접두사 + 어근'의 형태, '집안'은 '어근 + 어근'의 형태이다.

**03** 다음 중 ㉠, ㉡에 들어갈 말로 알맞은 것은?

> ( ㉠ )은(는) 하나의 실질 형태소에 접사가 있는 형태이고 ( ㉡ )은 두 개 이상의 실질 형태소가 결합된 형태이다.

|   | ㉠ | ㉡ |
|---|---|---|
| ① | 먹이 | 덧신 |
| ② | 집안 | 공부방 |
| ③ | 덧신 | 집안 |
| ④ | 공부방 | 덧신 |

**04** ① 섭리 → [섭니] → [섬니]
밑줄 친 부분은 상호동화에 대한 설명으로, 인접한 두 개의 음이 서로 영향을 주어 음운이 변하는 현상을 말한다. '섭리'는 앞 음절의 'ㅂ'이 후행하는 'ㄹ'을 'ㄴ'으로 변화시켜 [섭니]가 되고, 변화된 'ㄴ'이 'ㅂ'을 비음 'ㅁ'으로 동화시키면서 [섬니]가 된 것이다.
② 국물[궁물]
③ 신라[실라]
④ 칼날[칼랄]

**04** 다음 밑줄 친 부분에 해당하는 단어는 무엇인가?

> 자음동화는 자음과 자음이 만나 서로 영향을 주고받아, 한쪽이 다른 쪽을 닮아서 그와 비슷하거나 같은 자음으로 변하기도 하고, 양쪽이 서로 닮아 두 소리 모두 변하기도 한다.

① 섭리
② 국물
③ 신라
④ 칼날

**05** 국어 자음 체계에서의 조음위치
• 두 입술(양순음) : ㅂ, ㅃ, ㅍ, ㅁ
• 윗잇몸-혀끝(치조음) : ㄷ, ㄸ, ㅌ, ㅅ, ㅆ, ㄴ, ㄹ
• 센입천장-혓바닥(경구개음) : ㅈ, ㅉ, ㅊ
• 여린입천장-혀 뒤(연구개음) : ㄱ, ㄲ, ㅋ, ㅇ
• 목청 사이(후음) : ㅎ

**05** 국어의 자음 체계에서 조음 위치가 같은 것은?

① ㄴ, ㅅ, ㄹ
② ㄱ, ㅈ, ㅎ
③ ㅁ, ㄴ, ㅋ
④ ㅅ, ㅈ, ㄷ

**정답** 03 ③  04 ①  05 ①

## 06 다음 중 밑줄 친 부분의 표기원리로 옳은 것은?

> 곶 픈 ᄃᆞ래, 놉고, 쭈흔 받은 이럼, 좃거니와

① 병서
② 종성부용초성
③ 연서
④ 팔종성가족용

## 07 구개음화가 일어나지 않는 것은?

① 맏이
② 밭을
③ 해돋이
④ 받히다

## 08 훈민정음에 대한 설명으로 옳지 않은 것은?

① 설음 기본자는 'ㄴ'이다.
② 초성 17자에 'ㅸ'이 포함된다.
③ 중성 기본자는 'ㆍ, ㅡ, ㅣ'이다.
④ 중성 초출자는 'ㅗ, ㅏ, ㅜ, ㅓ'이다.

---

06 밑줄 친 부분은 모두 받침이 있고, 받침으로 쓰일 수 있는 글자에 제한이 있다는 것을 알 수 있다.
- 종성부용초성 : 종성(받침소리)을 나타내는 글자를 따로 만들지 않고 초성을 그대로 쓴다는 원칙이다.
- 팔종성가족용 : 초성 8자(ㄱ, ㄴ, ㄷ, ㄹ, ㅁ, ㅂ, ㅅ, ㅇ)만 받침으로 사용해도 가히 족하다는 규정으로 종성부용초성에 대한 구체적인 규정이라 할 수 있다.

07 구개음화란 자음 'ㄷ, ㅌ' 뒤에 종속적 관계를 가진 '-이-'나 '-히-'가 올 때 'ㄷ, ㅌ'이 'ㅈ, ㅊ'으로 소리나는 것을 말한다.
② '밭을'은 'ㅌ' 뒤에 종속적 관계를 가진 '-이-'나 '-히-'가 오지 않으므로 구개음화가 일어나지 않는다.

08 훈민정음의 초성은 17자로 기본자, 가획자, 이체자를 포함한다. 'ㅸ'은 순경음 비읍으로 초성에 포함되지 않는다.
- 기본자 : ㄱ, ㄴ, ㅁ, ㅅ, ㅇ
- 가획자 : ㅋ, ㄷ, ㅌ, ㅂ, ㅍ, ㅈ, ㅊ, ㆆ, ㅎ
- 이체자 : ㆁ, ㄹ, ㅿ

**정답** 06④ 07② 08②

※ 다음을 읽고, 물음에 답하시오. [09 ~ 10]

> 나랏말ᄊᆞ미 中듀ᇰ國귁에 달아, 文문字ᄍᆞᆼ와로 서르 <u>ᄉᆞᄆᆞᆺ디</u> 아니 ᄒᆞᆯᄊᆡ 이런 젼ᄎᆞ로 <u>어린 百ᄇᆡᆨ姓셩</u>이 니르고져 ᄒᆞᇙ 배 이셔도, ᄆᆞᄎᆞᆷ내 제 ᄠᅳ들 시러 펴디 몯ᄒᆞᇙ 노미 <u>하니라</u>. 내 이ᄅᆞᆯ 爲윙ᄒᆞ야 <u>어엿비</u> 너겨, 새로 스믈여듧 字ᄍᆞᆼᄅᆞᆯ ᄆᆡᇰᄀᆞ노니, 사ᄅᆞᆷ 마다 ᄒᆡᅇᅧ 수ᄫᅵ 니겨 날로 ᄡᅮ메 便뼌安한킈 ᄒᆞ고져 ᄒᆞᇙ ᄯᆞᄅᆞ미니라.

09 밑줄 친 내용의 해석이 <u>잘못된</u> 것은?

① ᄉᆞᄆᆞᆺ디 – 통하지
② 어린 百ᄇᆡᆨ姓셩 – 나이가 어린 백성
③ 하니라 – 많으니라
④ 어엿비 – 가엽게

09 '어린 백성'은 '어리석은 백성'이라는 뜻이다.

10 훈민정음에 대한 설명으로 옳지 <u>않은</u> 것은?

① 지금은 사라진 음운이 사용되었다.
② 앞 글자 받침을 뒤로 넘기는 연철 표기를 하였다.
③ '펴디' 등의 어휘를 볼 때 구개음화가 본격적으로 시작되었다.
④ '스믈' 등의 어휘를 볼 때 원순모음화가 아직 시작되지 않았다.

10 구개음화란 구개음이 아닌 자음이 구개모음 'ㅣ' 앞에서 구개음으로 발음되는 현상으로, 보통 17세기 후반부터 18세기 초반 사이 근대 국어 시기에 시작되었다.

11 표준발음법이 <u>틀린</u> 것은?

① 담요[담ː뇨]
② 송별연[송ː벼련]
③ 늑막염[능망념]
④ 직행열차[지캥열차]

11 합성어 및 파생어에서, 앞 단어나 접두사의 끝이 자음이고 뒤 단어나 접미사의 첫음절이 '이, 야, 여, 요, 유'인 경우에, 'ㄴ' 소리를 첨가하여 [니, 냐, 녀, 뇨, 뉴]로 발음하는 음운첨가 현상에 의해 '직행열차'는 [지캥녈차]로 발음된다.

**정답** 09 ② 10 ③ 11 ④

**12** 높임법의 종류가 <u>다른</u> 하나는?

① 선생님의 말씀이 있으시겠습니다.

② 나는 할머니를 모시러 터미널로 마중을 나갔다.

③ 할아버지, 아버지가 지금 퇴근하였습니다.

④ 그분은 여전히 귀가 밝으시다.

**13** 다음 발음 중 <u>틀린</u> 것을 고르면?

① 의견란[의:견난]

② 공권력[공꿘녁]

③ 상견례[상결례]

④ 광한루[광:할루]

**14** 고유어와 그 뜻이 <u>잘못</u> 연결된 것은?

① 모꼬지 – 남을 해치고자 하는 짓

② 희나리 – 채 마르지 아니한 장작

③ 시나브로 – 모르는 사이에 조금씩

④ 의뭉스럽다 – 보기에 겉으로는 어리석어 보이나 속으로는 엉큼한 데가 있음

12 ②에는 문장의 객체를 높이는 객체 높임법이 사용되었다. 객체인 '할머니'를 '모시다'라는 용언을 사용하여 높이고 있다. ①·③·④는 주체를 높이는 주체 높임법이다. 특히 ③은 문장의 주체가 화자보다 상위자더라도 청자가 주체보다 더 높은 상위자이면 청자를 고려하여 주체를 높이지 않는 압존법으로, 이는 주체 높임법과 관련된다.

13 '상견례'는 [상견녜]로 발음해야 한다. 표준발음법 제5장 20항에 따르면 음의 동화 때문에 'ㄴ'은 'ㄹ'의 앞이나 뒤에서 [ㄹ]로 발음하나 어떤 단어들의 경우는 'ㄹ'을 [ㄴ]으로 발음한다.

14 모꼬지는 놀이나 잔치 또는 그 밖의 일로 여러 사람이 모이는 일을 뜻한다. 남을 해치고자 하는 짓은 해코지이다.

**정답** 12 ② 13 ③ 14 ①

15 제시된 설명은 관용구에 대한 설명
　이다.
　① '귀가 얇다'는 '남의 말을 쉽게 받
　　아들인다'는 의미이다.
　③ '눈길을 끌다'는 '관심을 끌다'는
　　의미이다.
　④ '발이 넓다'는 '사귀어 아는 사람
　　이 많거나 교제 관계가 넓다'는
　　의미이다.

**15  다음 설명에 해당하지 <u>않는</u> 것은?**

> 두 개 이상의 단어가 연결되어 각 단어들만으로는 그 의미를 파악할 수 없는 특수한 의미를 나타내는 어구

① 사람이 그렇게 귀가 얇아서 무슨 일을 하겠어?
② 상처의 딱지를 손톱으로 뜯적대어 결국엔 피를 본다.
③ 그의 작품은 참신한 아이디어로 언론의 눈길을 끌었다.
④ 동생은 전교생을 거의 다 알 정도로 발이 넓다.

16 ② 앞말이 어간일 때에는 어미로 쓰
　인 것이니 붙여서 적는다.
　①・③・④ 의존명사는 띄어 쓴다.
　의존명사는 수식하는 말을 필요
　로 하며, 문장에서 독립적으로 쓰
　이지 못한다는 점에서 비자립적
　명사에 해당한다. 그러나 명사적
　기능을 담당하기 때문에 띄어 쓰
　는 것이 원칙이다.

**16  다음 중 띄어쓰기가 <u>잘못된</u> 것은?**

① 그녀는 답답하다는 듯이 말하였다.
② 사람마다 생김새가 다르 듯이 성격도 다르다.
③ 그는 곧 떠날 듯이 보인다.
④ 장군의 늠름한 모습에 병사들의 사기가 하늘을 찌를 듯이 올라갔다.

17 전자는 '통사적 합성어', 후자는 '비
　통사적 합성어'에 관한 내용이다. '돌
　다리'는 명사와 명사의 결합, '낯설다'
　는 '낯(이)'와 '설다'의 결합, '잘못'은
　부사 '잘'과 '못'의 결합으로 통사적
　합성어이다. '덮밥'은 동사 어간 '덮-'
　과 명사 '밥'이 결합한 것으로 동사 어
　간과 명사는 바로 결합할 수 없어 비
　통사적 합성어에 해당한다.

**17  밑줄 친 말에 해당하는 예로 적절한 것은?**

> 우리말에는 단어의 형성 방식이 우리말의 일반적인 단어배열법과 일치하는 합성어와 <u>우리말의 일반적인 단어 배열법과 다르게 결합된 합성어</u>가 있다.

① 돌다리
② 덮밥
③ 낯설다
④ 잘못

**정답**  15 ②  16 ②  17 ②

**18** 가사 유형에 대한 설명으로 옳지 <u>않은</u> 것은?

① 종교가사 – 종교의 교리를 세상에 널리 알리는 것을 주제로 하였다.

② 서민가사 – 서민이 작가이거나, 서민적 사고방식을 바탕으로 한 가사이다.

③ 규방가사 – 조선 시대 여성들의 눈에 보이는 개화기 모습들이 작품 속에 담겨 있다.

④ 사대부가사 – 유교 이념에 입각한 정치 현실이나 임금에 대한 내용을 주요 주제로 하고 있다.

**18** 규방가사는 조선 시대에 주로 양반 부녀자층에 의해 향유된 장르이다. 따라서 조선 시대 여성의 슬픔과 한, 시집살이의 힘듦 등을 주제로 이루어져 있으며, 작가와 연대가 미상인 작품들이 대부분이다.

**19** 다음 설명에 해당하는 고사성어는 무엇인가?

> 서로 적의를 가진 사람들이 협력해야 하는 상황을 비유적으로 이르는 말

① 오월동주

② 각주구검

③ 일취월장

④ 파부침주

**19** ② 융통성 없이 현실에 맞지 않는 낡은 생각을 고집하는 어리석음을 이르는 말

③ 나날이 자라거나 발전함

④ 싸움터로 나가면서 살아 돌아오기를 바라지 않고 결전을 각오함을 이르는 말

**정답** 18 ③ 19 ①

※ 다음을 읽고, 물음에 답하시오. [20 ~ 21]

> 돌하 노피곰 도두샤
> 어긔야 머리곰 비취오시라
> 어긔야 어강됴리
> 아으 다롱디리
> 져재 <u>녀러신고요</u>
> 어긔야 즌 데롤 드데욜셰라
> 어긔야 어강됴리
> 어느이다 노코시라
> 어긔야 내 가논 데 졈그롤셰라
> 어긔야 어강됴리
> 아으 다롱디리

20 이 작품은 '정읍사'로 주제는 행상 나
간 남편의 안전을 기원하는 것이다.
현전하는 유일한 백제 가요이며, 국
문으로 기록되어 전하는 가장 오래
된 가요이다.

**20** 이 작품에 대한 설명으로 적절하지 <u>않은</u> 것은?

① 궁중음악으로 연주되었다.

② 악학궤범에 기록되었다.

③ 현전 유일의 백제 가요이다.

④ 원래의 가사는 한문으로 되어 있다.

21 '져재'는 '시장에', '녀러신고요'는 '가
계신가요?'라고 풀이한다. 이를 통
하여 남편의 신분이 행상인임을 알
수 있다.

**21** 밑줄 친 부분의 현대어 해석으로 옳은 것은?

① 오다

② 가다

③ 팔다

④ 놀다

**정답** 20 ④  21 ②

## 22 괄호 안에 들어갈 내용을 순서대로 쓴 것은?

> • ( )는 제망매가를 쓴 월명사의 향가로, 두 개의 해가 나타난 괴변을 없애기 위해 부른 산화공덕의 노래이다.
> • ( )는 현전하는 가장 오래된 향가이다. 동요적인 성격을 지니고 있으며, 이 노래를 통하여 앞으로 일어날 일을 미리 암시하는 참요의 성격을 갖고 있다.

① 혜성가, 도솔가

② 서동요, 처용가

③ 도솔가, 서동요

④ 찬기파랑가, 서동요

## 23 다음 국문소설에 대한 설명으로 틀린 것은?

① 임진록 – 임진왜란을 소재로 실제로는 아군이 패했지만 작품 속에서는 승리하는 내용으로 기술하여 당대 민족의 염원을 담았다.

② 임경업전 – 임경업 장군의 업적을 객관적 태도로 서술하며, 사건을 통해 당대 집권층의 무능함을 드러낸다.

③ 전우치전 – 조선 후기 전우치가 도술을 이용해 쳐들어온 왜군을 격퇴한 이야기를 중심으로 전개된다.

④ 홍길동전 – 최초의 한글 소설로, 영웅적 면모를 지닌 홍길동이란 인물을 내세워 당대 사회의 모순과 문제점을 드러냈다.

---

22 • 혜성가 : 내침한 왜구와 혜성을 물리쳤다는 축사의 노래
   • 처용가 : 아내를 침범하는 역신에게 관용을 베푼 노래
   • 찬기파랑가 : 기파랑을 찬양하여 부른 노래

23 '전우치전'은 작가와 제작 연대를 알 수 없는 고전 소설로, 구전되어 오던 실존 인물 전우치의 행적이 소설화된 작품이다. 주인공이 가난한 백성의 편에 서서 도술을 무기로 힘과 권위에 맞선다는 내용이 중심을 이루고 있다.

정답 22 ③  23 ③

**24** '구인회'는 1930년대 서울에서 조직된 문학단체로 순수문학을 추구하려는 움직임이 강한 이들이 주류를 이루었으며 대표적인 시인으로는 이효석, 김기림, 정지용 등이 있다.

**24** 다음에서 설명하는 단체로 옳은 것은?

> • 1933년 8월에 이효석, 이무영, 유치진, 이태준, 조용만, 김기림, 정지용 등이 결성하였다.
> • '순수예술옹호'라는 문단의 분위기를 형성하여 1930년대 이후의 민족문학의 주류를 형성하는 데 이바지했다는 평가를 받는다.

① 구인회
② 생명파
③ 카프(KAPF)
④ 동인지

**25** '용비어천가' 2장의 내용이다. '바른래'는 '바다에'로 풀이할 수 있다.

**25** 다음 중 밑줄 친 부분의 의미로 옳은 것은?

> 불휘 기픈 남ᄀᆞᆫ ᄇᆞᄅᆞ매 아니 뮐ᄊᆡ
> 곶 됴코 여름 하ᄂᆞ니
> ᄉᆡ미 기픈 므른 ᄀᆞᄆᆞ래 아니 그츨ᄊᆡ
> 내히 이러 바ᄅᆞ래 가ᄂᆞ니

① 바다          ② 섬
③ 마을          ④ 물

**26** 고려속요는 평민문학으로 남녀 간의 사랑 등 진솔한 정서가 나타난다.

**26** 고려속요의 설명으로 옳지 않은 것은?

① 대체로 분절식 구성이며, 분절마다 후렴구가 붙는 것이 보통이다.
② 대표작으로는 동동, 처용가, 정석가 등이 있다.
③ 구전되다가 한글창제 이후 악학궤범에 기록되었다.
④ 사대부 문학으로 임금에 대한 충성심이 드러나는 작품이 많다.

**정답** 24 ① 25 ① 26 ④

※ 다음을 읽고, 물음에 답하시오. [27 ~ 29]

> ᄀ 괴여 닉은 술을 葛巾으로 밧타 노코
> 곳나모 가지 것거 수노코 먹으리라
> 和風이 건듯 부러 綠水를 건너오니
> 淸香은 잔에 지고 落紅은 옷새 진다
> 樽中이 뷔엿거든 날ᄃ려 알외여라
> 小童 아히ᄃ려 酒家에 술을 믈어
> 얼운은 막대 집고 아히는 술을 메고
> ㉠ 微吟緩步ᄒ야 시냇ᄀ의 호자 안자
> 明沙 ㉡ 조흔 믈에 잔 시어 부어 들고
> 淸流를 굽어 보니 써오ᄂᆞ니 桃花ㅣ로다
> 武陵이 갓갑도다 져 미이 긘 거인고

27 다음 중 위 작품에 대한 설명으로 옳지 <u>않은</u> 것은?

① 속세를 떠나 자연과 조화를 이루며 살고자 하는 작가 정극인의 생활철학을 담고 있다.

② 충신연주지사적 성격을 띠고 있다.

③ 운율은 4음보의 연속체이다.

④ 자연에 묻혀 사는 즐거움을 표방하는 은일 가사의 첫 작품이다.

28 다음 중 밑줄 친 ㉠의 의미로 옳은 것은?

① 작은 소리로 읊조리며 천천히 걷는다.

② 안개와 노을과 빛나는 햇살

③ 화창한 바람이 문득 불어

④ 붉은 꽃잎은 옷에 떨어진다.

27 정극인의 '상춘곡'은 충신연주지사적 성격과는 거리가 멀다.

28 ㉠ 微吟緩步(미음완보) : '작은 소리로 읊조리며 천천히 걷는다'는 뜻으로 한적하게 노닒을 가리키는 말이다.

**정답** 27 ② 28 ①

**29** '明沙(명사) 조흔 믈에'를 현대어로 풀이하면 '고운 모래가 비치는 맑은 물'이다. ⓛ만 따로 현대어로 풀이하면 ②의 '깨끗한'과 ④의 '맑은'은 큰 차이가 없어 보인다. 하지만 위 지문의 흐름상 '고운 모래가 비치는 맑은 물에 잔을 씻어 들고, 맑은 물을 바라보니~'라고 풀이하는 것이 적절해 보인다.
이 부분에서 화자는 맑은 물에 떠오르는 복숭아꽃을 보며 무릉도원을 떠올린다. '무릉도원'은 도연명의 '도화원기'에 나오는 말로, 이 세상을 떠난 이상향을 뜻하는 말이다. 화자는 봄의 흥취를 즐길 수 있는 봄의 아름다운 자연을 무릉도원에 비유하고 있다.

**30** '계축일기'는 광해군이 선조의 계비인 인목 대비를 폐위시키고 영창대군을 죽인 사건을 어느 궁녀가 기록한 것으로 추정되는 한글 수필이다.

**31** '여수장우중문시'는 고구려의 명장 을지문덕이 수나라 장수 우중문에게 조롱조로 지어 보낸 5언 4구의 한시로, 현전하는 가장 오래된 한시이다.

**29** 다음 중 밑줄 친 ⓛ의 의미로 옳은 것은?

① 시원한
② 깨끗한
③ 차가운
④ 맑은

**30** 다음 중 작품과 그에 대한 설명이 옳지 <u>않은</u> 것은?

① 사씨남정기 – 고진감래와 권선징악에 관한 내용이다.
② 구운몽 – 인간의 부귀영화가 한낱 꿈에 지나지 않는다는 불교적 인생관을 주제로 하고 있다.
③ 계축일기 – 시집가는 딸에게 전하는 당부의 내용이다.
④ 허생전 – 무능한 양반 계층에 대한 비판과 선비로서의 자아각성을 촉구하는 내용이다.

**31** 다음 내용과 관련된 작품 제목과 작자 연결로 옳은 것은?

- 한문학 최초의 오언시
- 조롱적 작법

① 추야우중 – 최치원
② 추야우중 – 을지문덕
③ 여수장우중문시 – 을지문덕
④ 여수장우중문시 – 최치원

**정답** 29 ④  30 ③  31 ③

**32** 다음에서 설명하는 것은?

> 갑오개혁 이후 발생한 근대 음악 형식 중 하나로 서양 악곡의 형식을 빌려 지은 간단한 노래이다. 근대적인 각성과 조국의 자주 독립에 대한 열망을 담았다.

① 잡가
② 창가
③ 신체시
④ 자유시

※ 다음을 읽고, 물음에 답하시오. [33 ~ 34]

> 유리에 차고 슬픈 것이 어른거린다.
> <u>열없이</u> 붙어서서 입김을 흐리우니
> 길든은 양 언 날개를 파닥거린다.
> 지우고 보고 지우고 보아도
> 새까만 밤이 밀려나가고 밀려와 부딪히고
> 물 먹은 별이, 반짝, 보석처럼 박힌다.
> 밤에 홀로 유리를 닦는 것은
> 외로운 황홀한 심사이어니,
> 고운 폐혈관이 찢어진 채로
> 아아, 너는 산(山)새처럼 날아갔구나!
>
> – 정지용, '유리창1'

**33** 위 시에 대한 특징으로 옳은 것은?

① 공감각적 이미지를 사용
② 직설적 이미지를 사용
③ 점층적 표현
④ 감각적 이미지를 사용

**32** • 신체시 : 창가와 자유시 사이의 징검다리 역할을 한 과도기적인 시가 형태로, 최남선의 '해에게서 소년에게'가 최초의 작품이다.
• 자유시 : 기존의 정형성에서 벗어나 자유로운 시 형태를 갖추고 있으며, 내용 면에서 개인의 개성을 중시하는 서정시를 지향하였다. 주요한의 '불놀이'를 최초의 자유시로 보기도 한다.

**33** 이 시는 어린 자식을 잃은 아버지의 애절하고 슬픈 마음을 유리창을 통해 감각적 이미지로 노래한 작품이다. 화자는 자식을 잃은 슬픈 마음을 '차고 슬픈 것', '물 먹은 별', '산새', '별' 등 객관적 사물의 상황과 연결하여 표현함으로써, 대상의 선명한 이미지를 떠올리게 하고 있다.

**정답** ( 32 ② 33 ④ )

**34** '열없이'라는 표현을 통해 자식을 잃은 상실감을 표현하고 있다.

**34** 밑줄 친 '열없이'의 의미로 옳지 <u>않은</u> 것은?

① 기운 없이

② 별다른 의미 없이

③ 겸연쩍고 부끄럽게

④ 어설프고 짜임새 없이

※ 다음을 읽고, 물음에 답하시오. [35 ~ 37]

---

(가) 여승은 합장하고 절을 했다.
<u>가지취의 내음새</u>가 났다.
쓸쓸한 낯이 옛날같이 늙었다.
나는 불경처럼 서러워졌다.

(나) 평안도의 어느 산 깊은 금전판
나는 파리한 여인에게서 옥수수를 샀다.
여인은 나어린 딸아이를 때리며 가을밤같이 차게 울었다.

(다) 섶벌같이 나아간 지아비 기다려 십년이 갔다.
지아비는 돌아오지 않고
어린 딸은 <u>도라지꽃</u>이 좋아 돌무덤으로 갔다.

(라) 산꿩도 섧게 울은 슬픈 날이 있었다.
산절의 마당귀에 여인의 머리오리가 눈물방울과 같이 떨어진 날이 있었다.

– 백석, '여승'

---

**35** 이 시는 시간의 흐름에 따른 구성이 아닌 역순행적 구성 방식으로 시상이 전개되고 있다. (가)는 현재의 상황으로 시적 화자가 여승이 된 여인과 재회하는 장면이고, (나)~(라)는 과거의 상황이다.

**35** 위 시의 (가), (나), (다), (라) 연에서 가장 이른 시기는?

① (가)

② (나)

③ (다)

④ (라)

**정답** 34 ④  35 ②

**36** 위 시에서 밑줄 친 '가지취의 내음새'의 시적 의미는?

① 탈속
② 소박
③ 빈곤
④ 애상

36 여승이 이미 속세를 떠나 있음을 보여주는 구절로, 후각적 심상을 통해 속세에 대한 미련을 버린 여승의 모습을 감각적으로 형상화하고 있다.

**37** 위 시에서 밑줄 친 '도라지꽃'의 시적 의미는?

① 슬픔
② 죽음
③ 깨끗함
④ 아름다움

37 어린 딸의 죽음을 절제된 감정으로 표현하고 있다.

**38** 다음에서 설명하는 문예지로 옳은 것은?

> 우리나라 최초의 순수 문예지로, 1919년 2월 김동인, 주요한, 전영택 등에 의해 발간되었다. 기성 문단에 대해 예리한 비판적 태도를 취하였으며, 주요한의 '불놀이', 김동인의 '약한 자의 슬픔' 등이 실렸다.

① 소년
② 백조
③ 창조
④ 폐허

38 ① "소년"은 우리나라 최초의 월간 잡지로 1908년 최남선이 주관하여 발간하였다.
② "백조"는 1922년 1월 홍사용, 이상화, 현진건, 박종화, 박영희, 노자영 등이 창간한 문학 동인지이다.
④ "폐허"는 1920년 염상섭, 오상순, 황석우, 남궁벽, 김억 등 자연주의 작가들이 발간한 문학 동인지로, 퇴폐적 · 세기말적 · 사실적 · 이상주의적인 여러 사상 경향을 보여주었다.

정답 36 ① 37 ② 38 ③

※ 다음을 읽고, 물음에 답하시오. [39 ～ 40]

조선달과 동이는 각각 제 나귀에 안장을 얹고 짐을 싣기 시작하였다. 해가 꽤 많이 기울어진 모양이었다.

드팀전 장돌림을 시작한 지 이십 년이나 되어도 허생원은 봉평장을 빼논 적은 드물었다. 충주 제천 등의 이웃 군에도 가고, 멀리 영남지방도 헤매기는 하였으나, 강릉쯤에 물건 하러 가는 외에는 처음부터 끝까지 군내를 돌아다녔다. 닷새만큼씩의 장날에는 달보다도 확실하게 면에서 면으로 건너간다. 고향이 청주라고 자랑삼아 말하였으나 고향에 돌보러 간 일도 있는 것같지는 않았다. 장에서 장으로 가는 길의 아름다운 강산이 그대로 그에게는 그리운 고향이었다. 반날 동안이나 뚜벅뚜벅 걷고 장터 있는 마을에 거지반 가까왔을 때, 거친 나귀가 한바탕 우렁차게 울면, 더구나 그것이 저녁녘이어서 등불들이 어둠 속에 깜박거릴 무렵이면, 늘 당하는 것이건만 허생원은 변치 않고 언제든지 가슴이 뛰놀았다.

젊은 시절에는 알뜰하게 벌어 돈푼이나 모아둔 적도 있기는 있었으나, 읍내에 백중이 열린 해 호탕스럽게 놀고 투전을 하고 하여 사흘 동안에 다 털어버렸다. 나귀까지 팔게 된 판이었으나 애끊는 정분에 그것만은 이를 물고 단념하였다. 결국 도로아미타불로 장돌림을 다시 시작할 수밖에 없었다. 짐승을 데리고 읍내를 도망해 나왔을 때에는 너를 팔지 않기 다행이었다고 길가에서 울면서 짐승의 등을 어루만졌던 것이었다. 빚을 지기 시작하니 재산을 모을 염은 당초에 틀리고 간신히 입에 풀칠을 하러 장에서 장으로 돌아다니게 되었다.

호탕스럽게 놀았다고는 하여도 계집 하나 후려보지는 못하였다. 계집이란 쌀쌀하고 매정한 것이다. 평생 인연이 없는 것이라고 신세가 서글퍼졌다. 일신에 가까운 것이라고는 언제나 변함없는 한필의 당나귀였다. 그렇다고 하여도 꼭 한 번의 첫 일을 잊을 수는 없었다. 뒤에도 처음에도 없는 단 한 번의 괴이한 인연! 봉평에 다니기 시작한 젊은 시절의 일이었으나 그것을 생각할 적만은 그도 산 보람을 느꼈다.

"달밤이었으나 어떻게 해서 그렇게 됐는지 지금 생각해두 도무지 알 수 없어."

허생원은 오늘 밤도 또 그 이야기를 끄집어내려는 것이다. 조선달은 친구가 된 이래 귀에 못이 박히도록 들어왔다. 그렇다고 싫증을 낼 수도 없었으나 허생원은 시치미를 떼고 되풀이할 대로는 되풀이하고야 말았다.

"달밤에는 그런 이야기가 격에 맞거든."

조선달 편을 바라는 보았으나 물론 미안해서가 아니라 달빛에 감동하여서였다. 이지러는 졌으나 보름을 갓 지난 달은 부드러운 빛을 흐뭇이 흘리고 있다. 대화까지는 팔십 리의 밤길, 고개를 둘이나 넘고 개울을 하나 건너고 벌판과 산길을 걸어야 된다. 달은 지금

긴 산허리에 걸려 있다. 밤중을 지난 무렵인지 죽은 듯이 고요한 속에서 짐승 같은 달의 숨소리가 손에 잡힐 듯이 들리며, ㉠ 콩 포기와 옥수수 잎새가 한층 달에 푸르게 젖었다. 산허리는 온통 메밀밭이어서 피기 시작한 ㉡ 꽃이 소금을 뿌린 듯이 흐뭇한 달빛에 숨이 막힐 지경이다. 붉은 대공이 향기같이 애잔하고 ㉢ 나귀들의 걸음도 시원하다. 길이 좁은 까닭에 세 사람은 나귀를 타고 외줄로 늘어섰다. ㉣ 방울소리가 시원스럽게 딸랑딸랑 메밀밭께로 흘러간다. 앞장선 허생원의 이야기 소리는 꽁무니에 선 동이에게는 확적히는 안 들렸으나, 그는 그대로 개운한 제멋에 적적하지는 않았다.

**39 위 소설에 대한 설명으로 옳지 않은 것은?**

① 이효석의 '메밀꽃 필 무렵'이다.

② '메밀꽃'으로 볼 때 계절은 봄이다.

③ 위 내용으로 보아 동이가 허 생원의 아들임을 추측할 수 있다.

④ 허생원과 나귀는 불가분적 관계이다.

**39** 이 글의 시간적 배경은 1920년대 어느 여름 날 낮부터 밤까지이다.

**40 밑줄 친 부분 중에서 공감각적 이미지가 사용되지 않은 것은?**

① ㉠

② ㉡

③ ㉢

④ ㉣

**40** ㉡은 공감각적인 이미지는 사용되지 않았고, 표현기법으로는 직유법이 사용되었다.

**정답** 39 ② 40 ②

합 격 의
공 식
시대에듀
S D E D U

교육은 우리 자신의 무지를 점차 발견해 가는 과정이다.

– 월 듀란트 –

# 제 **1** 편

〈1 · 4단계 대비〉
# 객관식 문제

교육이란 사람이 학교에서 배운 것을 잊어버린 후에 남은 것을 말한다.

– 알버트 아인슈타인 –

보다 깊이 있는 학습을 원하는 수험생들을 위한
시대에듀의 동영상 강의가 준비되어 있습니다.

www.sdedu.co.kr ➔ 회원가입(로그인) ➔ 강의 살펴보기

□☑ 부분은 중요문제 Check로 활용해 보세요!

## 01 국어에 대한 이해

□□
01 다음 중 밑줄 친 부분의 예로 가장 적절한 것은?

> 생각은 큰 그릇이고 말은 생각 속에 들어가는 작은 그릇이
> 어서 생각에는 말 외에도 다른 것이 더 있다. 그러나 아무리
> 생각이 말보다 범위가 넓고 큰 것이라고 하여도 그것을 말로
> 바꾸어 놓지 않으면 그 생각의 위대함이나 오묘함이 다른 사
> 람에게 전달되지 않는다. 그 때문에 생각이 형님이요, 말이
> 동생이라고 할지라도 생각은 동생의 신세를 지지 않을 수가
> 없게 되어 있다.

① '사과'는 언제부터 '사과'라고 부르기 시작했는지 알 수 없어.
② 동일한 사물을 두고 영국에서는 [tri:], 한국에서는 [nɑmu]
   라 표현해.
③ 이 소설은 정말 감동적이야. 내가 받은 감동은 말로는 설명
   이 안 돼.
④ 시간의 흐름을 초, 분, 시간 단위로 나눠 사용해 온 것은 인
   간의 사회적 약속이야.

01 밑줄 친 부분은 '말이 생각을 다 담을
   수 없다는 것'이다. 곧, 언어로 표현
   할 수 없다고 하여 사고(생각)까지
   못하는 것이 아니라는 '사고우위론'
   의 개념이다.
   ① '사과'라는 이름을 붙였기에 구별
      을 했다면 '언어우위론'이고, 언
      제부터 이름을 붙인 것인지 알 수
      없다는 것은 '언어우위론'과도 관
      련이 없다.
   ② 언어의 자의성 : 동일한 내용에
      대해 각 언어마다 형식이 다르다.
   ④ 분절성(불연속성) : 시간의 흐름
      을 초, 분, 시간 단위로 나눠 사용
      • 사회성 : 사회적 약속

정답 01 ③

02 자의성 : 언어의 내용과 형식과의 관계는 임의적이다.
→ 침대를 '그림'이라고 부르기로 하였다. 의자를 자명종이라고 부르기로 하였다. 책상을 양탄자라고 불렀다.
사회성 : 비록 언어가 자의성을 지녔다 할지라도 언중들에 의해 수용되면 특정 개인이 언어를 임의적으로 바꿀 수 없다. (의사소통 단절의 문제점)
→ 그 남자는 아침에 그림에서 일어나 옷을 입고는 양탄자 옆의 자명종에 앉아 무엇을 어떻게 부를까 곰곰이 생각한 것이다.

03 한국어는 형태상 형식 형태소(조사, 어미, 접사)가 실질 형태소에 첨가되어 문법적 관계를 나타내는 교착어(첨가어, 부착어)이다. 굴절어는 어형의 변화로 문법적 관계를 나타내며 영어, 불어, 독어가 여기에 해당한다.
① 파열음과 파찰음 계열의 자음은 동일한 조음의 위치에서 음가의 대립이 삼지적 상관속을 이룬다.
③ 서술어 중심의 언어이기 때문에 문장 성분들 간의 자리 옮김이 비교적 자유롭다.
④ 음성 상징어가 매우 발달되어 있다.

정답 02 ④ 03 ②

02 다음 글에서 주인공이 의도적으로 활용하고 있는 언어의 특징과 그로 인해 문제가 야기되는 언어의 특징을 바르게 묶은 것은?

"자, 이제부터 뭔가가 변화한다." 하고 그는 외쳤다. 그는 이제부터 침대를 '그림'이라고 부르기로 하였다. 아침에 눈을 뜨자 그는 한참 동안을 그림 위에 누워서 이제 의자를 무어라 부르면 좋을까 골똘히 생각하였다. 그는 의자를 자명종이라고 부르기로 하였다. 그는 벌떡 일어나서 옷을 입고는 자명종에 앉아서 두 팔을 책상에 피고 있었다. 하지만, 이제 책상을 더 이상 책상이라고 불러서는 안 되었다. 그는 이제 책상을 양탄자라고 불렀다. 그러니까 그 남자는 아침에 그림에서 일어나 옷을 입고는 양탄자 옆의 자명종에 앉아 무엇을 어떻게 부를까 곰곰이 생각한 것이다.

① 이원성 – 자의성
② 창조성 – 사회성
③ 이원성 – 역사성
④ 자의성 – 사회성

03 다음 중 국어의 특징이 아닌 것은?

① 파열음 계열의 자음이 예사소리, 된소리, 거센소리의 세 갈래의 대립을 보인다.
② 굴절어로 조사, 어미와 같은 문법적 관계를 나타내는 말이 발달하였다.
③ 문장을 작성하는 요소들 사이의 자리 옮김이 비교적 쉽게 나타난다.
④ 의성어, 의태어 같은 상징어가 발달하였다.

□□
**04** 다음 중 국어의 형태적 특징은?

① 수식어는 반드시 피수식어 앞에 온다.

② 동사와 형용사의 활용이 유사하다.

③ 문장 성분의 순서를 비교적 자유롭게 바꿀 수 있다.

④ 언어 유형 중 주어 – 목적어 – 동사의 어순을 갖는 SOV형 언어이다.

□□
**05** 다음 중 조음 기관이 좁혀진 사이로 공기가 마찰하여 나는 소리가 들어 있지 <u>않은</u> 것은?

① 개나리

② 하얗다

③ 고사리

④ 싸우다

□□
**06** 다음 중 설명이 옳지 <u>않은</u> 것은?

① 'ㄴ, ㅁ, ㅇ'은 유음이다.

② 'ㅅ, ㅆ, ㅎ'은 마찰음이다.

③ 'ㅡ, ㅓ, ㅏ'는 후설모음이다.

④ 'ㅟ, ㅚ, ㅗ, ㅜ'는 원순모음이다.

---

**04** 형태적 특징이란 '단어'의 특징을 묻는 것이다. 활용이란 어간에 어미가 결합되는 것으로 동사와 형용사는 형태가 변화하는 가변어에 속한다. ①·③·④는 모두 문법상의 특질이다.

**05** 조음 기관이 좁혀진 사이로 공기가 마찰하여 나는 소리는 마찰음으로 현행 국어의 자음에는 'ㅅ, ㅆ, ㅎ' 세 가지뿐이다.
개나리 : 'ㄱ'은 파열음, 'ㄴ'은 비음, 'ㄹ'은 유음이다.
② 하얗다 : 'ㅎ'이 마찰음, 'ㄷ'은 파열음
③ 고사리 : 'ㅅ'이 마찰음, 'ㄱ'은 파열음, 'ㄹ'은 유음
④ 싸우다 : 'ㅆ'이 마찰음, 'ㄷ'은 파열음

**06** 유음(流音) : 혀끝을 윗잇몸에 댄 채 공기를 양옆으로 흘려 내보내면서 내는 소리 → 'ㄹ'
비음(鼻音) : 입안의 통로를 막고 코로 공기를 내보내면서 내는 소리 → 'ㄴ, ㅁ, ㅇ'
② 마찰음(摩擦音) : 입안이나 목청 사이의 통로는 좁혀서 공기가 그 사이를 비집고 나오면서 마찰하는 소리 → 'ㅅ, ㅆ, ㅎ'
③ 후설모음(喉舌母音) : 혀의 정점이 입 안의 뒤쪽에 위치하여 발음되는 소리 → 'ㅡ, ㅓ, ㅏ, ㅜ, ㅗ'
④ 원순모음(圓脣母音) : 입술을 둥글게 오므려 발음하는 소리 → 'ㅟ, ㅚ, ㅗ, ㅜ'

**정답** 04 ② 05 ① 06 ①

07 음운은 뜻을 구별할 수 있는 소리의 가장 작은 단위다. 또한 표기가 아닌 발음의 개수를 파악한다.
ㄲ / ㅐ / ㄱ / ㅗ / ㄴ / ㅏ / ㄹ / ㅇ /
ㄱ / ㅏ / ㄷ / ㄸ / ㅏ = 13개
② 첫소리의 'ㅇ'은 음운의 개수로 인정하지 않는다.
③ 된소리도 하나의 음운이다.
④ '갔'이 '가 + 았'의 축약형이라도 형태소에서는 나누어 파악하지만 음운은 그대로 발음을 센다.

08 축약: 보 + 이 + 다 → 뵈다
① 따르 + 아 → 따라('으' 탈락)
② 바늘 + 질 → 바느질('ㄹ' 탈락)
③ 우러르 + 어 → 우러러('으' 탈락)

09 손난로[손날로]: 유음화 현상. 앞 자음이 바뀌는 역행 동화
② 불놀이[불로리]: 유음화 현상. 순행 동화
③ 찰나[찰라]: 유음화 현상. 순행 동화
④ 강릉[강능]: 비음화 현상. 순행 동화

**정답**  07 ①  08 ④  09 ①

---

07 다음 〈보기〉의 문장에서 밑줄 친 부분에 쓰인 우리말 음운은 몇 개인가?

> ― 보기 ―
> 총알이 창을 깨고 날아갔다.

① 13개
② 14개
③ 15개
④ 16개

08 다음 중 음운의 탈락 현상이 반영된 어휘가 <u>아닌</u> 것은?

① 따라
② 바느질
③ 우러러
④ 뵈다

09 다음 중 동화의 방향이 <u>다른</u> 것은?

① 손난로
② 불놀이
③ 찰나
④ 강릉

## 10 다음 중 발음이 잘못된 것은?

① 함부로 꽃을 <u>밟지[발찌]</u> 마시오.

② 그 종이는 그렇게 <u>얇지[얄찌]</u> 않아.

③ 어머니의 사랑은 <u>넓고도[널꼬도]</u> 높다.

④ 그 사람 얼굴은 <u>넓둥글게[넙뚱글게]</u> 생겼어.

## 11 다음 중 단어의 형성 방법이 <u>다른</u> 하나는?

① 맨손

② 손발

③ 부채질

④ 한여름

## 12 다음 중 파생어로만 묶인 것은?

① 톱질, 슬픔, 잡히다

② 접칼, 작은아버지, 치솟다

③ 헛고생, 김치찌개, 어른스럽다

④ 새해, 구경꾼, 돌보다

---

**10** 밟지[밥찌] : 겹받침 'ㄼ'은 어말과 자음 앞에서 'ㄹ'로 발음되나, 활용에서 '밟'은 자음의 어미 앞에서 '밥'으로 발음되며, 된소리되기 현상이 적용된다.
② 얇지[얄찌] : 얇지[자음군 단순화] → 얄찌[된소리되기 현상]
③ 넓고도[널꼬도] : 널고도[자음군 단순화] → 널꼬도[된소리되기 현상]
④ 넓둥글게[넙뚱글게] : '넓'은 활용에서는 예외 없이 '널'로 발음되지만, 파생어 '넓죽하다'[넙쭈카다]와 '넓적하다'[넙쩌카다] 그리고 합성어 '넓둥글다'[넙뚱글다]에서는 '넙'으로 발음되는 예외이다.

**11** 손발: 손(명사) + 발(명사) → 합성어
① 맨손 : 맨(접두사) + 손(명사) → 파생어
③ 부채질 : 부채(명사) + 질(접미사) → 파생어
④ 한여름 : 한(접두사) + 여름(명사) → 파생어

**12** 톱(실질) + 질(접미사), 슬프(실질) + ㅁ(명사화 접미사), 잡(실질) + 히(피동 접미사) + 다(어미)
② 접(실질) + 칼(실질), 작(실질) + 은(어미) + 아버지(실질), 치(접두사) + 솟(실질) + 다(어미)
③ 헛(접두사) + 고생(실질), 김치(실질) + 찌(실질) + 개(접미사), 어른(실질) + 스럽(접미사) + 다(어미)
④ 새(실질) + 해(실질), 구경(실질) + 꾼(접미사), 돌(실질) + 보(실질) + 다(어미)
→ '김치찌개'는 '파생의 합성'이므로 '합성어'이며 '접칼', '작은아버지', '새해', '돌보다'도 합성어이다.

 **정답** 10 ① 11 ② 12 ①

13 합성의 과정에서 용언의 어간 뒤의 어미가 생략이 된 경우 '비통사적 합성어'이다. 다만 어미가 생략되지 않았다면 '통사적 합성어'이다.
① 크(어간) + ㄴ(관형사형 전성어미) + 집(명사) : 통사적 합성어
② 덮(어간) + [은(관형사형 전성어미)] + 밥(명사) : 비통사적 합성어
③ 늦(어간) + [은(관형사형 전성어미] + 더위(명사) : 비통사적 합성어
④ 검(어간) + [고(대등적 연결어미)] + 붉(어간) + 다(어미) : 비통사적 합성어

14 미학적 기능(시적 기능) : 화자에 의하여 쓰인 말은 화자의 의식적, 무의식적 노력에 의해 되도록 듣기 좋은 짜임새를 가지려 하며, 이는 청자에게 즐거움을 주고, 주로 문학적인 글에서 많이 나타난다.

15 책가방 : 종속 합성어. 책이나 학용품 따위를 넣어서 들거나 메고 다니는 가방이란 뜻으로 앞 어근이 뒤 어근에 의미상 종속되어 있다.
① 손발 : 대등 합성어. '손과 발'. 다만 자기의 손이나 발처럼 마음대로 부리는 사람을 비유적으로 이르는 말일 때는 '융합 합성어'
② 논밭 : 대등 합성어. '논과 밭'
④ 연세 : 융합 합성어. '나이'라는 제삼의 의미

□□
13 다음 중 통사적 합성어인 것은?

① 큰집
② 덮밥
③ 늦더위
④ 검붉다

□□
14 다음 글의 내용과 가장 관계가 깊은 언어의 기능은?

'순이와 바둑이'라고 말하는 경우와 '바둑이와 순이'라고 말하는 경우에 어느 것이 우리 귀에 부드럽게 들리는가를 생각해 보자. 보통 우리는 음절수가 적은 단어부터 말하는 것이 자연스러움을 느낄 것이다. 이와 같이 말은 그 말 자체 속에 보다 듣기 좋은 표현을 가지려는 본능적인 모습이 감추어져 있다.

① 미학적 기능
② 표출적 기능
③ 친교적 기능
④ 감화적 기능

□□
15 다음 밑줄 친 부분에 해당하는 것은?

합성어는 형성 방식에 있어서 앞의 어근과 뒤의 어근의 의미상 결합 방식이 어떠하냐에 따라 나눌 수 있다. 예를 들어 '앞뒤'는 두 어근의 결합 방식이 대등하므로 대등 합성어, '돌다리'는 앞 어근이 뒤 어근에 의미상 종속되어 있으므로 종속 합성어, '춘추'는 두 어근과는 완전히 다른 제삼의 의미가 도출되므로 융합 합성어라 할 수 있다.

① 손발
② 논밭
③ 책가방
④ 연세

정답 13 ① 14 ① 15 ③

## 02 훈민정음과 한글에 대한 이해

□□
**01 다음 중 한글에 대한 설명으로 틀린 것은?**

① 음소 문자이다.
② 현재 40개의 자음과 모음이 있다.
③ 창제 당시는 자음과 모음이 24자이다.
④ 표음주의와 형태주의가 혼용된 표기를 한다.

01 창제 당시 훈민정음은 28자(초성 17자 + 중성 11자)였으나, 현재로 오면서 그 중 네 글자(ㆍ, ㅿ, ㆆ, ㆁ)가 소멸되었다.
① 한글은 음소가 모여 하나의 글자(음절)를 이루는 음소문자이다.
② 현대국어의 음운은 40개(자음 19자 + 모음 21자)이다
④ '표음주의 = 소리 나는 대로 쓰기'와 '형태주의 = 어법에 따라 쓰기'가 혼용된 표기를 한다.

□□
**02 다음 중 ㉠에 해당하지 않는 것은?**

> 나·랏:말ᄊᆞ·미 中듕國·귁·에 달·아 文문字·ᄍᆞᆼ·와 ·로 서르 ᄉᆞᄆᆞᆺ·디 아·니ᄒᆞᆯ·ᄊᆡ ·이런 젼·ᄎᆞ·로 어·린 百·ᄇᆡᆨ姓·셩·이 니르·고·져 ·홇·배 이·셔·도 ᄆᆞ·ᄎᆞᆷ:내 제·ᄠᅳ·들 시·러 펴·디 :몯ᄒᆞᇙ ·노·미 하·니·라 ·내 ·이·ᄅᆞᆯ 爲·윙·ᄒᆞ·야 :어엿·비 너·겨 ·새·로 ㉠ ·스·믈 여·듧 字·ᄍᆞᆼ·ᄅᆞᆯ ᄆᆡᆼ·ᄀᆞ노·니 :사ᄅᆞᆷ:마·다 :ᄒᆡ·ᅇᅧ :수·ᄫᅵ 니·겨 ·날·로 ·ᄡᅮ·메 便뼌安한·킈 ᄒᆞ·고·져 ᄒᆞᇙ ᄯᆞᄅᆞ·미니·라

① ㅿ
② ㅸ
③ ㆆ
④ ㆍ

02 연서법의 'ㅸ'과 병서법의 전탁 6자는 28자에서 제외한다.
① ㅿ(반치음) : 치음의 이체자
③ ㆆ(여린히읗) : 후음의 가획자
④ ㆍ(아래아) : 하늘을 본뜬 모음의 기본자

**정답** 01 ③ 02 ②

03 병서(竝書) : 자음을 옆으로 나란히 적어 낱글자를 만드는 방법으로 같은 자음을 적는 '각자병서(ㄲ, ㄸ, ㅃ, ㅆ, ㅉ, ㆅ)'와 서로 다른 자음을 섞어 쓰는 '합용병서(ㅺ, ㅼ, ㅽ, ㅳ, ㅄ, ㅴ, ㅵ, ㅶ)'로 나눈다.
① 상형(象形) : 사물의 형상을 본뜬 것으로 자음에서는 발음 기관의 모양을, 모음에서는 '천, 지, 인'의 모습을 본떠서 만들었다.
② 가획(加畫) : 자음에서 발음 기관을 상형하여 만든 다섯 글자(ㄱ, ㄴ, ㅁ, ㅅ, ㅇ)에 획을 더하여 글자를 만드는 원리이다.
④ 연서(連書) : 순음 아래에 'ㅇ'을 적어 '순경음'을 만드는 규정이다.

□□
03 다음에서 설명하는 훈민정음 제자 원리에 해당하는 것은?

> 'ㄱ, ㄷ, ㅂ, ㅅ, ㅈ, ㅎ' 등을 가로로 나란히 써서 'ㄲ, ㄸ, ㅃ, ㅆ, ㅉ, ㆅ'을 만드는 것인데, 필요한 경우에는 'ㅺ, ㅼ, ㅽ, ㅳ, ㅄ, ㅴ, ㅵ' 등도 만들어 썼다.

① 象形
② 加畫
③ 竝書
④ 連書

04 중세 국어의 일반적인 표기법은 '표음 위주(소리 나는 대로)'다. 표음 위주의 대표적 특성으로는 i) 띄어쓰기가 없고, ii) 이어적기(연철)를 위주로 하고, iii) 8종성법을 사용한다. '종성부용초성'은 표의적 표기에 맞는 것으로써, 원칙적인 표기였을 뿐(용비어천가나 월인천강지곡 등 실험적 과정에서만 사용) 중세 국어의 표음주의 표기상의 특징이라고 할 수 없다. 현대 국어가 표의 위주라는 사실을 주목해야 한다. (종성부용초성의 규정은 세종 당시 실험적 과정에서만 사용되었고, 표음 위주의 원칙에 맞추어 '8종성가족용법'이 안으로 등장했으며, 현대 국어의 원칙에 맞추기 위하여 부활하였다)

□□
04 다음 중 중세 국어의 표음주의 표기 체계상의 표현이라고 볼 수 없는 것은?

① 곶
② 닙
③ 심미
④ 스뭇디

**더 알아두기**
① 곶(종성부용초성 – 표음 위주의 8종성으로 바꾸려면 '곳'이 되어야 한다)
② 닙(8종성 – 종성부용초성의 규정으로는 '닢')
③ 심미(이어적기 – 연철 : 표의 위주는 분철 '심이')
④ 스뭇디(8종성 – 종성부용초성의 규정으로는 '스몿디')

정답 03 ③ 04 ①

☐☐
**05** 다음 글에 대한 설명으로 옳은 것은?

> 나랏말ᄊᆞ미 中듕國귁에 달아, 文문字ᄍᆞ와로 서르 ᄉᆞᄆᆞᆺ디 아니 홀ᄊᆡ 이런 젼ᄎᆞ로 어린 百ᄇᆡᆨ姓셩이 니르고져 홇 배 이셔도, ᄆᆞᄎᆞᆷ내 제ᄠᅳᆮ들 시러 펴디 몯홇 노미 하니라. 내 이ᄅᆞᆯ 爲윙ᄒᆞ야 어엿비 너겨, 새로 스믈여듧 字ᄍᆞᄅᆞᆯ 밍ᄀᆞ노니, 사ᄅᆞᆷ 마다 ᄒᆡ여 수ᄫᅵ 니겨 날로 ᄡᅮ·메 便뼌安한킈 ᄒᆞ고져 홇 ᄯᆞᄅᆞ미니라.

① 훈민정음은 1443년에 창제해서 1445년 반포되었다.
② 나랏ᄆᆞᆯ싸미가 바른 표기다.
③ '어린'은 '愚', '어엿비'는 '憫'의 뜻이다.
④ '젼ᄎᆞ'는 '故', '시러'는 '載', '하니라'는 '多'의 뜻이다.

☐☐
**06** 다음 훈민정음에 대한 설명 중 틀린 것을 모두 고른 것은?

> 가. 1443년에 창제하고 1446년에 반포하였다.
> 나. 초성자의 기본자는 'ㄱ, ㄴ, ㄷ, ㅁ, ㅅ, ㅇ'이다.
> 다. 중성자의 기본자는 조음 기관을 상형하여 창제하였다.
> 라. 종성자는 따로 창제하지 않고 초성자를 다시 사용하게 하였다.
> 마. 'ㄲ', 'ㄸ', 'ㅃ'처럼 글자를 나란히 쓰는 방식을 합용병서 라고 한다.

① 가, 다
② 가, 나, 라
③ 나, 라
④ 나, 다, 마

**05** 〈출전 : 『훈민정음 언해본』, 세종의 어지〉
15세기 당시 '어린'은 '愚(어리석다)', '어엿비'는 '憫(불쌍하다)'의 뜻이었으나 현대에 이르러 '幼(나이가 어리다)'와 '艶(얼굴이 예쁘다)'로 의미가 이동되었다.
① 훈민정음은 세종 25년(1443) 창제되어 세종 28년(1446)에 반포되었다. 창제란 세종이 '예의' 규정을 완성했음을 의미하고, 반포란 한문본인 '해례본 훈민정음'의 간행을 뜻한다.
② 15세기에 '말ᄊᆞᆷ'이 맞는 표기이고, 또한 표음적 표기인 연철을 사용했으므로 '나랏말ᄊᆞ미'가 옳은 표기다.
④ 당시 '젼ᄎᆞ'는 '故(까닭으로)', '하니라'는 '多(많다)'의 뜻이지만, '시러'는 '載(싣다)'가 아니라 '得'으로 '能히'로 해석한다.

**06** 나 : 초성자의 기본자는 발음기관의 형상을 본뜬 것으로 'ㄱ, ㄴ, ㅁ, ㅅ, ㅇ'의 5자이다. 'ㄷ'은 설음 'ㄴ'의 이체자이다.
다 : 조음 기관을 상형하여 창제한 것은 초성자의 기본자이고, 중성자의 기본자는 '天, 地, 人' 삼재의 모양을 본뜬 'ㆍ, ㅡ, ㅣ'의 세 글자이다.
마 : 'ㄲ', 'ㄸ', 'ㅃ'처럼 전청음을 글자를 나란히 쓰는 방식은 '각자병서'이다.
가 : 1443년 '예의'규정을 완성했음을 '창제'라 하고, 1446년 한문본인 '해례본 훈민정음'의 간행을 '반포'라 한다.
라 : 종성자는 '종성부용초성'이라 하여 초성 17자를 종성자에 다시 사용하게 하였다.

 정답 ( 05 ③  06 ④ )

07 가비야본 : 'ㅸ'은 자모의 운용 규정 중 '연서법'에 의해 만들어진 자음으로 세조 때까지 순우리말의 자음으로 사용되었으나, 훈민정음 창제 당시 초성 17자에는 포함되지 않았다.
① 님금 : 'ㄱ(아음), ㄴ(설음), ㅁ(순음)'은 기본자
② 늣거사 : 'ㅅ(치음)'은 기본자, 'ㅿ'은 이체자
③ 바올 : 'ㅂ'은 가획자, 'ㆁ'은 이체자

07 다음 중 한글 창제 당시 초성 17자에 포함되지 않는 글자가 쓰인 것은?

① 님금
② 늣거사
③ 바올
④ 가비야본

08 16세기 이후 발간된 문헌을 찾는다.
소학언해 : 선조 19년(1586년) 간행. 중국 남송 때의 유자징이 편찬한 어린이용 수신서인 '소학'을 직역
② 석보상절 : 세종 29년(1447년) 간행. 소헌왕후 심씨의 죽음을 추모하는 뜻으로 수양대군이 '석가보'를 번역한 석가모니의 일대기
③ 월인천강지곡 : 세종 31년(1449년) 간행. 불교 찬가(讚歌)
① 월인석보 : 세조 5년(1459년) 간행. '월인천강지곡'과 '석보상절'의 합본

08 다음 중 괄호 안에 들어갈 문헌으로 옳은 것은?

음소적 표기법에서는 어간의 받침이 다음 음절의 초성 자리가 비어 있을 경우, 즉 다음 음절이 모음으로 시작될 경우에 그 자리로 이동하여 표기된다. 이처럼 받침이 다음 음절로 이어진다고 해서 이러한 표기 방식을 '연철(連綴)'이라고 부르기도 한다. 이러한 표기 방식은 15세기 중세국어를 대표하는 표기방식이었으나, (      )이(가) 간행된 16세기 이후에는 받침을 끊어서 표기하는 방식으로 바뀌게 되었다.

① 월인석보
② 석보상절
③ 월인천강지곡
④ 소학언해

정답 07 ④ 08 ④

## 03 표준어와 방언

□□
**01** 다음 중 현재의 국어 표준어에 대한 설명으로 옳은 것은?

① 표준어는 서울의 중류사회에서 쓰는 말이다.

② 표준어는 방언에 비해 수준이 높은 말이다.

③ 표준어는 공용어의 자격을 부여받은 말이다.

④ 표준어는 국가가 정한 말이므로 어떤 자리에서든 사용해야 한다.

□□
**02** 다음 중 표준어인 것은?

① 광우리

② 우렁쉥이

③ 담배꽁추

④ 부스럭지

**03** 다음 중 복수 표준어가 <u>아닌</u> 것은?

① 넝쿨 – 덩굴

② 부침질 – 지짐질

③ 새앙 – 생강

④ 엿가락 – 엿가래

---

01  표준어란 한 국가의 정치적·문화적 공용어이다.
    ① 표준어는 교양 있는 사람들이 두루 쓰는 현대 서울말이다.
    ② 표준어는 수준이 높고 방언은 수준이 낮다는 발상은 그릇된 것이다.
    ④ 방언의 효용이 있으므로, 문학작품이라든가, 개인적 자리에서는 써도 문제가 없다.

02  우렁쉥이 / 멍게 : 복수 표준어
    ① 광우리 〉 광주리
    ③ 담배꽁초 : '담배꼬투리 / 담배꽁치 / 담배꽁추'는 비표준어
    ④ 부스럭지 〉 부스러기

03  '넝쿨 / 덩굴'은 복수 표준어이나 '덩쿨'은 비표준어
    ② '부침질 / 지짐질 / 부침개질'은 표준어이나 '부치개질'은 비표준어
    ③ '생 / 새앙 / 생강'은 복수 표준어
    ④ '엿가락 / 엿가래'는 복수 표준어

**정답**  01 ③  02 ②  03 ①

04 대학교는커녕 : '커녕'은 체언의 뒤에 붙어, 주로 부정을 나타내는 문장에 쓰여, 어떤 사실을 부정하는 뜻을 강조할 뿐 아니라 그보다 못한 것까지 부정하는 뜻을 나타내는 보조사이므로 앞말과 반드시 붙여 써야 한다.
① '바'와 ② '데'는 의존명사이므로 앞말(관형어)과 띄어 쓴다.
③ 그럴∨만한 / 그럴만한 : '만하다'가 보조용언이므로 본용언과 보조용언은 띄어 씀이 원칙이나 붙여 씀도 허용한다.

05 한잎∨두잎 / 한∨잎∨두∨잎 : 단음절로 된 단어가 연이어 올 때에는 띄어 쓰는 것을 원칙으로 하되, 수식과 피수식의 관계로 붙여 씀도 허용한다.
떠내려가∨버렸다 : 본용언이 합성동사일 경우에는 본용언과 보조용언은 붙여 쓸 수 없다.
② 스물∨내지∨서른 : 두 말을 이어 주거나 열거할 때 쓰이는 말(겸, 등, 대, 내지, 및 등)들은 앞말과 반드시 띄어 쓴다.
③ 김∨부장님 : 성과 이름은 붙여 쓰지만, 호칭이나 관직명은 띄어 써야 한다.
④ 김동식∨박사 : 성과 이름은 붙여 쓴다.

정답 04 ④ 05 ①

□□
04 다음 중 띄어쓰기가 올바르지 <u>않은</u> 것은?

① 뜻한∨바가∨있었다.
② 더∨이상∨도망칠∨데가∨없었다.
③ 그럴∨만한∨이유가∨충분히∨있었다.
④ 대학교는∨커녕∨고등학교도∨다녀∨본∨적이∨없다.

□□
05 다음 중 밑줄 친 부분의 띄어쓰기가 모두 옳은 것은?

① 꽃잎이 <u>한잎∨두잎</u> 강물에 <u>떠내려가∨버렸다.</u>
② 이곳에서 주문할 물품의 개수는 <u>스물내지∨서른</u> 정도입니다.
③ <u>부장∨겸∨대외협력실장</u>을 맡고 계신 <u>김부장님</u>을 모셨습니다.
④ <u>김∨동식∨박사</u>께서는 열심히 <u>노력하신∨만큼</u> 큰 상을 받게 되셨다.

## 06 다음 중 표준어끼리 묶이지 <u>않은</u> 것은?

① 등물, 남사스럽다, 쌉싸름하다, 복숭아뼈

② 까탈스럽다, 걸판지다, 주책이다, 겉울음

③ 찰지다, 잎새, 꼬리연, 푸르르다

④ 개발새발, 이쁘다, 덩쿨, 마실

**더 알아두기**

① 등목 – 등물 : 복수 표준어(2011)
  남우세스럽다 – 남사스럽다 : 복수 표준어(2011)
  쌉사래하다 – 쌉싸름하다 : 복수 표준어(2011)
  복사뼈 – 복숭아뼈 : 복수 표준어(2011)

② 까다롭다 – 까탈스럽다 : 복수 표준어(2016)
  거방지다 – 걸판지다 : 복수 표준어(2016)
  주책없다 – 주책이다 : 복수 표준어(2016). '주책맞다'와 '주책스럽다'도
  같은 의미로 인정한다.
  건울음 – 겉울음 : 복수 표준어(2016)

③ 차지다 – 찰지다 : 복수 표준어(2015)
  잎사귀 – 잎새 : 복수 표준어(2015)
  가오리연 – 꼬리연 : 복수 표준어(2015)
  푸르다 – 푸르르다 : 복수 표준어(2015)

## 07 다음 중 비표준어가 포함된 것은?

① 마을 – 마실

② 예쁘다 – 이쁘다

③ 새초롬하다 – 새치름하다

④ 부스스하다 – 부시시하다

---

06 '넝쿨'과 '덩굴'은 복수 표준어이지
  만, '덩쿨'은 표준어가 아니다.
  괴발개발 – 개발새발 : 복수 표준어
  (2011)
  예쁘다 – 이쁘다 : 복수 표준어(2015)
  마실 : '이웃에 놀러가는 일'. 표준어
  인정(2015)

07 부스스하다 : 머리카락이나 털 따위
  가 몹시 어지럽게 일어나거나 흐트
  러져 있다. 전설모음화 형태인 '부시
  시하다'는 비표준어이다. 다만, '푸시
  시하다'는 표준어이다.
  ① 마을 – 마실 : 둘 다 표준어이다.
    2015년 '마실'을 표준어로 인정
    했으나 '이웃에 놀러 다니는 일'
    의 의미에 한하여 써야 하며 '여
    러 집이 모여 사는 곳'인 '마을'과
    구별해야 한다.
  ② 예쁘다 – 이쁘다 : 2015년 '이쁘
    다'도 복수 표준어로 인정하였다.
  ③ 새초롬하다 – 새치름하다 : '쌀쌀
    맞게 시치미를 떼는 태도가 있
    다.'의 '새치름하다'에 2011년 '새
    초롬하다'도 복수 표준어로 인정
    하였다.

 **정답** ( 06 ④  07 ④ )

**08** 수퇘지 : 수컷을 나타내는 접두사 '숫
－'은 '수－'로 통일하고, 접두사 다
음의 거센소리를 표기로 인정한다.
접두사 '암－'이 결합되는 경우도 마
찬가지다.

**09** 쪽밤 〉 쌍동밤 : 단수 표준어
① '아무렇게나 함부로 쓴 글씨'를
나타내는 말은 '괴발개발'과 '개
발새발' 모두를 인정한다.
② '뜰'과 '뜨락'을 모두 인정. 다만
'뜨락'에는 추상적 공간을 비유하
는 뜻이 있다.
③ '나래'는 '날개'의 문학적 표현

**10** 'ㅣ'모음 역행 동화와 관련된 표준어
규정이다.
① 시골내기
② 미장이
③ 멋쟁이

☐☐
**08** 다음의 밑줄 친 단어 중에서 표준어가 <u>아닌</u> 것은?

① 영수는 형의 장난에 <u>삐쳐서</u> 화를 냈다.

② 겨울이 되기 전에 <u>먹을거리</u>를 장만해야 한다.

③ 그는 종이 위에 무엇인가 <u>끼적거리고</u> 있다.

④ 사냥꾼은 산에서 길을 잃은 <u>숫돼지</u> 한 마리를 발견했다.

**더 알아두기**
① 삐치다(O) / 삐지다(O) : '토라지다'의 뜻인 '삐치다'는 2014. 12. 13.부터
'삐지다'도 복수표준어로 추가되어 인정하고 있다.
② 먹을거리(O) : 2011년부터는 사람이 살아가기 위하여 먹는 음식을 통틀
어 이르는 '먹거리'도 표준으로 인정하고 있다.
③ 끼적거리다(O) / 끄적거리다(O) : 2011부터 '끄적거리다'도 표준어로 인
정하고 있다.

☐☐
**09** 다음의 밑줄 친 단어 중에서 표준어가 <u>아닌</u> 것은?

① 담벼락에는 <u>개발새발</u> 아무렇게나 낙서가 되어 있었다.

② 어제 딴 <u>쪽밤</u>을 아이들이 몰래 까서 먹고 있다.

③ 창을 통해서 <u>뜨락</u>을 바라보니 완연한 가을이었다.

④ "상상의 <u>나래</u>를 펴는 중국어"는 듣기, 말하기 중심의 학습을
도와주는 교재이다.

☐☐
**10** 다음 중 밑줄 친 부분이 표준어인 것은?

① 그는 <u>시골나기</u>라 농사에 대한 관심이 많다.

② 그는 <u>미쟁이</u> 신분이지만 언제나 당당하다.

③ 그는 우리 마을의 <u>멋장이</u>로 통한다.

④ 저 집 담벽은 온통 <u>담쟁이</u> 넝쿨로 뒤덮였다.

**정답** 08 ④  09 ②  10 ④

□□
**11 다음 중 표준어가 <u>아닌</u> 것은?**

① 윗목

② 윗돈

③ 위층

④ 웃옷

11 웃돈 : 상하의 구별이 없는 경우에는 '웃-'으로 표기한다.
　① 윗목 : 상하의 구별이 있는 경우에는 '윗-'으로 표기한다.
　③ 위층 : 상하의 구별과 관계없이 뒷말의 첫소리가 된소리나 거센소리일 경우에는 '위-'로 표기한다.
　④ 웃옷 : 겉옷. 다만 상의(上衣)일 때는 '윗옷'이 맞는 표기이다.

□□
**12 다음 괄호 안에 들어갈 단어를 바르게 나열한 것은?**

> • 내가 이래 (　　　) 잘 나가던 사람이야.
> • 인터넷 범죄 유형은 다양해서 잘 (　　　)되지 않는다.
> • 요즘에 (　　　)되는 영화들은 다 재미가 없다.
> • 내가 언제까지 너의 (　　　　　)를 해야 하니?

① 뵈도 – 노출 – 상영 – 뒤치닥거리

② 봬도 – 부각 – 상연 – 뒤치닥꺼리

③ 봬도 – 노출 – 상영 – 뒤치다꺼리

④ 뵈도 – 부각 – 상연 – 뒤치다꺼리

12 • 봬도 : '뵈 + 어도'의 준말
　• 노출 : 보이거나 알 수 있도록 드러나게 되다.
　• 부각 : 특징적으로 두드러지게 나타나다.
　• 상영 : 영화나 영상을 영사기나 비디오 등을 통해서 영사하여 보여 줌
　• 상연 : 연극을 무대나 극장에서 관객에게 보이는 일
　• 뒤치다꺼리 : 뒤에서 일을 처리하고 보살펴 줌. 뒤(명사) + 치다꺼리(명사)

 **정답**　11 ②　12 ③

## 04 언어 예절

**01** '압존법'이란 주체높임의 제약으로 화자보다 주체가 높다 하더라도 주체보다 청자가 더 높임의 대상일 때는 주체를 높일 수 없음을 말한다. 화자보다 주체인 '아버지'가 높임의 대상이지만, 청자가 '할아버지'이므로 주체높임의 표시인 선어말어미 '-시'와 높임 주격조사 '-께서'를 사용할 수 없다.

**02** ㉠ 주체(주어인 '형님')를 높임 : 높임 주격 조사 '께서', 주체 높임 선어말어미 '-시' 사용
㉡ 객체(목적어인 '은사님')를 높임 : 서술어 '뵈었다'
㉢ 압존법 : 주체인 '아빠'보다 상대(청자인 할머니)를 높임

**03** 객체 높임은 부사어나 목적어의 대상을 높이는 것으로 주로 특정 서술어(드리다, 뵙다, 모시다, 여쭙다 등)에 의해 실현된다.
주체(할머니) 간접 높임: 께서 ~시
① 객체(어머니) 높임: 께 ~ 드리다
③ 객체(아버지) 높임: 모시다
④ 객체(할아버님) 높임: 뵙다

**정답** 01 ① 02 ① 03 ②

**01** 다음 중 '압존법'이 바르게 쓰인 문장은?

① 할아버지, 아버지가 진지 잡수시라고 했습니다.
② 할아버지, 아버지가 진지 잡수시라고 하셨습니다.
③ 할아버지, 아버지께서 진지 잡수시라고 했습니다.
④ 할아버지, 아버지께서 진지 잡수시라고 하셨습니다.

**02** 다음 중 아래의 ㉠~㉢에서 높임을 받고 있는 인물을 바르게 짝지은 것은?

> ㉠ 형님께서 아버지를 대신하여 나를 업어 키우셨다.
> ㉡ 나는 어제 길 가다가 우연히 은사님을 뵈었다.
> ㉢ 할머니, 아빠가 방금 들어왔어요.

① ㉠ - 주체  ㉡ - 객체  ㉢ - 상대
② ㉠ - 객체  ㉡ - 주체  ㉢ - 상대
③ ㉠ - 상대  ㉡ - 객체  ㉢ - 주체
④ ㉠ - 상대  ㉡ - 주체  ㉢ - 객체

**03** 다음 중 객체 높임법을 확인할 수 없는 것은?

① 어머니께 이 편지를 전해 드리고 오너라.
② 할머니께서는 잠귀가 매우 밝으신 편입니다.
③ 아버지를 모시고 병원에 좀 다녀오도록 해요.
④ 이번 일요일에는 할아버님을 꼭 뵙고 오도록 해라.

**04** 다음 중 우리말 표현으로 옳은 것은?

① (시청 간부가 외부 전문가에게) 저는 시청에 근무하는 전우치 과장입니다. 교수님께 하반기 경제 전망에 대해 자문을 구하고자 전화를 드렸습니다.

② (간호사가 환자에게) 환자분, 주사 맞게 침대에 누우실게요.

③ (며느리가 시어머니에게) 어머니, 아범은 아직 안 들어왔어요.

④ (한국인이 외국인에게) 저희나라 국민들은 독도 문제에 대해 매우 민감합니다.

**더 알아두기**

① "○○과 과장 전우치입니다.": 전화 예절에서 직함이 있을 경우 상대에게 자신을 소개할 때는 직함을 이름 앞에 두어야 한다.
'자문을 하고자' / '조언(助言)을 구하고자' : '자문(諮問)'은 전문가에게 물어 보는 것이므로 구할 수는 없다.

② "침대에 누우세요.": '-ㄹ게'는 어떤 행동을 할 것을 약속하는 뜻을 나타내는 종결 어미이므로 상대에게 무엇을 요청할 때는 쓸 수 없다.

④ '우리나라' : 주어가 1인칭일 때 높일 수 없는 것이 원칙이나 주어가 절대적 대상(나라, 국가, 국민 등)일 경우에는 낮출 수 없음에 유념해야 한다.

**04** 시어머니에 대한 호칭으로 '어머님'이 원칙이나, 어머니도 맞는 표현으로 인정하고 있다.

**05** 다음 중 전화를 사용할 때, 표준 언어 예절로 적절하지 <u>않은</u> 것은?

① 아닌데요, 전화 잘못 거셨습니다.

② 네, 잠깐 기다려 주십시오. 바꾸어 드리겠습니다.

③ 지금 안 계십니다. 들어오시면 뭐라고 전해 드릴까요?

④ 잘 알겠습니다. 이만 끊겠습니다. 안녕히 계십시오.

**05** 전화 잘못 거셨습니다. → 전화 잘못 걸렸습니다 : 전화가 잘못 걸려온 경우라도, '전화 잘못 거셨습니다.'와 같이 말하는 것은 상대의 잘못을 지적한 것이 되어, 상대방에게 '전화도 제대로 못 거는가?'란 느낌이 들게 할 수 있기 때문에 언어 예절에 어긋난 표현이다.

**정답**  04 ③  05 ①

06 자기 부모를 지칭할 때 '–님'은 돌아가신 분에게만 붙이므로 살아계신 부모를 가리켜 말할 때에는 '아버님, 어머님'이 아니라 '아버지, 어머니'라고 해야 옳다.

06 다음 중 가장 올바른 설명은?

① 자신의 살아계신 부모를 가리켜 말할 때에는 '아버님, 어머님'이 아니라 '아버지, 어머니'라고 해야 옳다.
② 남편의 누이동생은 아이들에 기대어 '고모'라고 불러도 좋다.
③ 사장 앞에서 과장에 대해 이야기할 때에는 "사장님, 이 과장은 은행에 갔습니다."처럼 낮추어 말해야 한다.
④ 부모 앞에서 아내를 가리켜 말할 때에는 '집사람'이라고 한다.

**더 알아두기**
② 전통적인 직접 호칭어가 있을 경우 아이에게 기대어 '삼촌, 고모, 큰엄마, ……' 등의 간접 호칭어를 써서는 안 된다. 따라서 남편의 누이동생은 '아가씨, 아기씨'라고 부른다.
③ 가정과 달리 직장에서는 압존법이 적용되지 않는다. 즉, 사장 앞에서 과장에 대해 이야기할 때에 과장을 낮춰 말하면 안 된다. 따라서 "사장님, 이 과장님은 은행에 가셨습니다."처럼 낮추지 않는다.
④ 부모에게 아내를 가리켜 말할 때는 '○○어미(어멈)'라고 하고, 아이가 없으면 '이 사람, 그 사람, 저사람'으로 쓴다. 부모 앞에서는 아내를 낮추어야 하므로 '○○엄마'라고 하지는 않으며 '집사람, 안사람, 처'라고 하지도 않는다.

07 남의 모친 : 慈堂(자당), 萱堂(훤당), 北堂(북당), 母堂(모당), 母夫人(모부인), 大夫人(대부인)
'가친(家親)'은 살아계신 '자기 아버지'를 이르는 말이다.

07 다음 중 남에 대한 존칭어가 <u>잘못된</u> 것은?

① 남의 맏형 – 백씨
② 남의 아내 – 영부인
③ 남의 아우 – 계씨
④ 남의 모친 – 가친

**정답** ( 06 ① 07 ④ )

□□
**08** 다음 중 회사에서의 언어 예절이 적절하지 <u>않은</u> 것은?

① 평사원이 과장을 부장에게 말할 때 : "부장님, 이 과장님 어디 가셨습니까?"
② 부장이 과장을 다른 회사 부장에게 말할 때 : "김 과장 은행에 갔습니다."
③ 부장이 과장을 다른 회사 평사원에게 말할 때 : "김 과장 은행에 갔습니다."
④ 평사원이 과장을 다른 회사 부장에게 말할 때 : "김 과장님 은행에 가셨습니다."

□□
**09** 다음 대화의 괄호 안에 알맞은 호칭은?

> ㉮ : ( ㉠ )이 계신다니까 저희랑 같이 가세요, 어머님. 여보, 당신도 좀 말씀드려 봐요.
> ㉯ : 그래요, 어머니, 가세요. 민수 엄마 말대로 하세요. 형이 있겠다고 하잖아요.
> ㉰ : 싫어, 그냥 가.
> ㉯ : 그러시지 말고 저희랑 함께 들어가세요.
> ㉱ : 그러다가 큰일이라도 생기면 어떡해?
> ㉲ : 아무 일 없어요. 걱정 마시고 들어가세요. 제가 있을게요. 가세요. 너도 ( ㉡ )하고 같이 가.

| | ㉠ | ㉡ |
|---|---|---|
| ① | 삼촌 | 계수씨 |
| ② | 서방님 | 제수씨 |
| ③ | 도련님 | 형수님 |
| ④ | 아주버님 | 계수씨 |

**08** 직급이 있는 사람을 다른 회사의 그 사람과 같은 직급의 사람이나 그 아래 사람에게 말할 때는 자기보다 직급이 낮더라도 "(부장이 다른 회사 평사원에게) 김 과장 은행에 가셨습니다."처럼 '- 시'를 넣어야 한다.
① 압존법에는 어긋나는 듯 하지만 직장과 사회에서는 윗사람에게 말할 때 듣는 사람이 누구이든지 '- 시 -'를 넣어 말하는 것이 원칙이다.
② 직급이 있는 사람을 다른 회사의 그 사람 직급 이상의 사람에게 말할 때는 "(부장이 과장을 다른 회사 부장에게) 김 과장 은행에 갔습니다."처럼 '- 시 -'를 넣지 않고 말한다.
④ 자기보다 직급이 높은 사람을 다른 회사 사람에게 말할 때는 상대방의 직급에 관계없이 "(평사원이 과장을 다른 회사 부장에게) 김 과장님 은행에 가셨습니다."처럼 '- 시 -'를 넣어 말한다.

**09** ㉮와 ㉯는 부부이고, ㉲는 ㉯의 형이다. '아주버님'은 남편과 항렬이 같은 사람 가운데 남편보다 나이가 많은 사람을 이르는 말이고, '제수씨(弟嫂 -)'는 '계수씨'라고도 하고 남자 형제 사이에서 동생의 아내를 대접하여 이르는 말이다.

**정답** 08 ③  09 ④

10 〈보기〉는 '주체 높임법'에 대한 설명이다.
'드리다' : 객체 높임법. 문장 속의 객체(대상)인 어머니를 높이기 위해 '주다'를 '드리다'로 사용
① 높임 명사 '진지'를 통한 주체 높임법(할머니)
③ 높임 선어말어미 '시'를 통한 주체 높임법(할아버지)
④ 주격 조사 '께서'를 통한 주체 높임법(선생님)

11 '말씀'은 간접 높임과 간접 낮춤에 두루 쓰이는 어휘다. 여기에서는 간접 낮춤말
① 이빨〉치아 : 주체 간접 높임
② 계시다〉있으시다 : '계시다'는 주체 직접 높임, '있으시다'는 주체 간접 높임
④ 준〉주신 : 주체 높임 선어말어미 '-시'

**정답** 10 ② 11 ③

**10** 다음 중 밑줄 친 표현이 〈보기〉의 높임법에 해당하지 <u>않는</u> 것은?

┌ 보기 ┐
주체 높임법은 서술어가 나타내는 행위의 주체를 높이는 표현법으로, 높임 선어말 어미 '-(으)시-', 조사, 동사, 명사 등에 의해 실현된다.

① 할머니께서 <u>진지</u>를 드신다.
② 나는 어머니께 과일을 <u>드렸다</u>.
③ 할아버지께서 병원에 <u>다녀오셨다</u>.
④ <u>선생님께서</u> 부모님께 가정통신문을 발송하였다.

**11** 다음 중 우리말의 높임법(혹은 존대법) 체계에 비추어 볼 때 옳은 것은?
① 할아버지께서는 이빨이 참 좋으십니다.
② 교수님은 두 살 된 따님이 계신다.
③ 선생님, 제 말씀 좀 들어주십시오.
④ 이 책은 우리 선생님이 준 책이야.

□□
**12** 다음 대화에서 A가 범한 어법 사용의 오류와 가장 유사한 것은?

> A : 여보세요.
> B : 여보세요. 김 선생님 계신가요?
> A : 지금 안 계시는데요.
> B : 어디 멀리 가셨나요?
> A : 예, 지금 수업 중이십니다.
> B : 수업은 언제 끝나나요?
> A : 글쎄요, 수업 끝나고 학생들과 면담이 계시다고 하셨어요.
> B : 아유, 그럼 통화하기가 어렵겠군요.

① 내일 서울역전 앞에서 만나자.
② 손님, 주문하신 햄버거 나오셨습니다.
③ 국장님, 과장님이 외부에 나갔습니다.
④ 선생님은 학교에 볼일이 있으셔서 일찍 학교에 가셨습니다.

□□
**13** 다음 〈보기〉의 문장에 사용된 높임법의 종류가 일치하는 것끼리 묶인 것은?

> ─ 보기 ─
> ㄱ. 얘들아, 우리 빨리 이 과제 끝내자.
> ㄴ. 어머니께서 선생님께 이 편지를 드리라고 하셨어요.
> ㄷ. 할아버지께서는 우리들을 많이 사랑해주셔서 자주 뵙고 싶습니다.
> ㄹ. 잘 모르겠으면 아버지께 여쭤보는 게 좋겠어.

① ㄱ, ㄴ
② ㄴ, ㄷ
③ ㄷ, ㄹ
④ ㄱ, ㄴ, ㄷ

**12** 예시문은 주체 높임법에서 직접 높임과 간접 높임을 구별할 수 있느냐를 묻고 있다. '계시다'는 직접 높임에, '있으시다'는 간접 높임에 사용한다. '면담'을 통해서 주체인 선생님을 간접 높임으로 '면담이 있으시다'가 맞는 표현이다.
'햄버거'를 통한 간접 높임이므로 '햄버거가 나왔습니다.'로 표현한다.
① 서울 역전 앞 : 잉여적 표현(의미 중복). '전(前)'과 '앞'
③ 직장에서의 언어 예절 : 직장에서는 '압존법'이 적용되지 않으므로 청자의 직급에 관계없이 화자보다 주체의 직급이 높다면 주체 높임법을 사용해야 한다. → 국장님, 과장님이 외부에 나가셨습니다.
④ 주체 간접 높임이므로 '볼일이 있으시다'가 맞는 표현이다.

**13** ㄴ. 어머니께서 선생님께 이 편지를 드리라고 하셨어요. : 주체 높임(께서, ~ 시), 객체 높임(께, ~ 드리다), 상대 높임(~ 요)이 모두 사용된 문장이다.
ㄷ. 할아버지께서는 우리들을 많이 사랑해주셔서 자주 뵙고 싶습니다. : 주체 높임(께서, ~ 시), 객체 높임(뵙다), 상대 높임(~ 습니다)을 사용하고 있다. 결국 ㄴ과 ㄷ은 주체 높임, 객체 높임, 상대 높임을 모두 사용하고 있다.
ㄱ. 얘들아, 우리 빨리 이 과제 끝내자. : 어떠한 높임법의 사용도 없다.
ㄹ. 잘 모르겠으면 아버지께 여쭤보는 게 좋겠어. : 객체 높임(께 ~ 여쭙다)만 사용하고 있다.

 정답 ( 12 ② 13 ② )

14 상가는 유족의 슬픔과 고통을 함께 나누는 장소이다. 문상을 가면 일단 고인에게 두 번 절하고 상주에게 맞절을 한 후 아무 말도 하지 않고 물러나오는 것이 예의다. 상을 당한 사람을 가장 극진히 위로해야 할 자리이지만, 그 어떤 말도 유족에게는 위로가 될 수 없기 때문이다. 다만 굳이 말을 해야 할 상황이라면 "삼가 조의를 표합니다." 또는 "뭐라 위로의 말씀을 드려야 할지 모르겠습니다." 등이 적합하다.

## 14 다음 중 어법에 맞는 표현은?

① (면접을 마친 후 면접관에게) 면접관님, 수고하십시오.

② (문상을 가서 상주에게) 삼가 조의를 표합니다.

③ (점원이 손님에게) 손님께서 찾으시는 물건은 품절이십니다.

④ (아내가 남편에게) 오빠, 외식하러 가요.

**더 알아두기**

① '수고'는 아랫사람이 윗사람에게 사용하는 말이 아니라, 윗사람이 아랫사람에게 또는 동년배 사이에 사용하는 말이다.

③ 손님께서 찾으시는 물건은 품절입니다. : 주체인 손님을 높이는 말은 조사 '-께서'와 선어말어미 '-시'다. 주체와 관련된 서술어는 '찾다'이므로 여기에는 '-시'를 사용할 수 있지만, '물건'을 높일 수는 없다.

④ 결혼을 한 상황이므로 결혼 전의 '오빠'라는 호칭을 적절하지 않다. 결혼한 배우자에게는 '여보'나 '○○아빠' 정도가 적절한 호칭이다.

15 여자의 입장에서 남편의 누나는 '형님'으로 호칭한다.

① 여자의 입장에서 남편의 형에 대한 호칭은 '아주버님'이다. '큰아버지', '큰아빠'는 자녀들이 아버지의 형을 부르는 말이다.

② 여자의 입장에서 시부모에게 남편을 지칭할 때는 '아비' 또는 '아범'이라 해야 한다.

④ '부인'은 남의 아내를 높여 호칭하는 말이므로 다른 사람에게 자기 배우자를 지칭할 때는 '집사람' 또는 '안사람'이라 부른다.

## 15 다음 중 호칭어와 지칭어의 사용이 적절한 것은?

① (남편의 형에게) 큰아빠, 전화 받으세요.

② (시부모에게 남편을) 오빠는 요즘 무척 바빠요.

③ (남편의 누나에게) 형님, 어떤 것이 좋을까요?

④ (다른 사람에게 자기 배우자를) 이쪽은 제 부인입니다.

**정답** 14 ② 15 ③

## 05 올바른 국어 사용

01 다음 물품의 총 개수는?

> • 조기 두 두름
> • 북어 세 쾌
> • 마늘 두 접

① 170개
② 200개
③ 280개
④ 300개

01 • 두름 : 조기 따위의 물고기를 짚으로 한 줄에 열 마리씩 두 줄로 엮은 것을 세는 단위
→ 두 두름 : 40마리
• 쾌 : 북어 스무 마리
→ 세 쾌 : 60마리
• 접 : 채소나 과일 백 개
→ 두 접 : 200개

02 다음 중 밑줄 친 단어와 같은 뜻으로 바꾸어 쓸 수 있는 말은?

> 돛이 오르자 썰물에 갈바람을 맞으며 배는 조용히 미끄러져 나갔다.

① 샛바람
② 하늬바람
③ 마파람
④ 된바람

02 '갈바람'은 가을바람을 의미하는 고유어로 서쪽을 뜻하는 '하늬'에 '바람'을 합성하여 '하늬바람'이라고도 한다.
하늬바람 : 가을바람(= 서풍, 추풍, 갈바람, 가수알바람)
① 샛바람 : 봄바람(= 동풍, 춘풍, 동부새)
③ 마파람 : 여름철 장마바람(= 남풍, 앞바람)
④ 된바람 : 겨울바람(= 북풍, 덴바람)

**정답**  01 ④  02 ②

03 옹골지다 : 실속 있게 꽉 차 있다.
　① 에워가다 : '빙 돌아 둘러 가다, 피하여 둘러 가다.', '바쁘다'와 문맥상 어울리지 않는다.
　　→ 가로지르다 : 잘라 지나다
　③ 마뜩하다 : '제법 마음에 들어 좋다'의 뜻을 지닌 긍정적 표현
　　→ 마뜩잖다 : 별로 마음에 달갑지 않다.
　④ 미쁘다 : '믿음성이 있다'는 말로 '미인대회'와는 어울리지 않는다. 또한 '너무'는 '정도에 지나치게'의 뜻이므로 문맥에 맞지 않는다.

04 희수(喜壽) : '喜' 자를 초서체로 쓰면 '七十七'을 세워 놓은 모양과 유사하다는 '파자'에서 유래된 말로 '희수(稀壽)'는 70세다.

05 望(망) : '보름(15일)', '기망(旣望)'은 '음력 16일', '망간(望間)'은 '보름께'
　① 朔(삭) : 초하루 또는 한 달을 의미
　② 旬(순) : 열흘
　④ 念(염) : 스무날

---

□□
**03 다음 밑줄 친 낱말이 바르게 쓰인 것은?**

① 바쁘니까 길을 <u>에워가자</u>.
② 돈 버는 재미가 <u>옹골지다</u>.
③ 운이 나쁜지 <u>마뜩한</u> 일만 계속 일어났다.
④ 그녀는 너무 <u>미뻐서</u> 미인대회에 나가도 될 것 같다.

□□
**04 다음 중 나이와 한자어가 바르게 연결된 것은?**

① 62세 – 화갑(華甲)
② 77세 – 희수(喜壽)
③ 88세 – 백수(白壽)
④ 99세 – 미수(米壽)

**더 알아두기**
① 화갑(華甲) : 61세. '화(華)'자는 십(十)이 여섯 개에 다 일(一)이 하나 있는 모양이라는 '파자'에서 유래된 말이다. ≒ '회갑(回甲)', '환갑(還甲)', '망칠(望七)', '환력(還曆)'
　'進甲(진갑)'은 '새로운 갑자로 나아간다.'는 뜻으로 '62세'
③ 백수(白壽) : 99세. '百'에서 '一'을 빼면 99가 되고 '白' 자가 된다는 '파자'에서 유래된 말
④ 미수(米壽) : 88세. '米' 자를 풀면 '八十八'이 된다는 '파자'에서 유래된 말

□□
**05 다음 중 '보름'을 뜻하는 한자어는?**

① 朔
② 旬
③ 望
④ 念

---

**정답** 　03 ② 　04 ② 　05 ③

## 06 다음 한자성어의 풀이가 잘못된 것은?

① 緣木求魚 – 당치 않은 일을 무리하게 하려 함.

② 守株待兎 – 노력을 하지 않고 요행을 바람.

③ 張三李四 – 평범한 사람들

④ 塞翁之馬 – 변방 노인이 탄 말

**더 알아두기**

① 연목구어 : 나무에 올라가서 물고기를 구한다는 뜻으로, 도저히 불가능한 일을 굳이 하려 함을 비유적으로 이르는 말

② 수주대토 : 한 가지 일에만 얽매여 발전을 모르는 어리석은 사람을 비유적으로 이르는 말. 중국 송나라의 한 농부가 우연히 나무 그루터기에 토끼가 부딪쳐 죽은 것을 잡은 후, 또 그와 같이 토끼를 잡을까 하여 일도 하지 않고 그루터기만 지키고 있었다는 데서 유래한다.

③ 장삼이사 : 장씨(張氏)의 셋째 아들과 이씨(李氏)의 넷째 아들이라는 뜻으로, 이름이나 신분이 특별하지 아니한 평범한 사람들을 이르는 말

## 07 다음 중 밑줄 친 한자성어의 사용이 자연스럽지 못한 것은?

① <u>적반하장(賊反荷杖)</u>이라더니, 잘못한 주제에 큰 소리를 치니?

② <u>고장난명(孤掌難鳴)</u>이라는데, 너 혼자 외쳐 봐야 무슨 소용이 있겠니?

③ <u>백년하청(百年河淸)</u>이라잖아, 열심히 노력하면 이루지 못할 게 뭐가 있겠니?

④ <u>오비이락(烏飛梨落)</u>이라고, 네가 거기 있었으니 의심을 받는 것 아니겠니?

**더 알아두기**

① 적반하장(賊反荷杖) : [도둑이 되레 매를 든다는 뜻으로] '잘못한 사람이 도리어 잘한 사람을 나무라는 경우'를 이르는 말

② 고장난명(孤掌難鳴) : [외손뼉은 울릴 수 없다는 뜻으로]
  ㉠ '혼자서는 일을 이루지 못함'을 이르는 말
  ㉡ '맞서는 사람이 없으면 싸움이 되지 않음'을 이르는 말. 독장난명(獨掌難鳴)

④ 오비이락(烏飛梨落) : [까마귀 날자 배 떨어진다는 뜻으로] '공교롭게도 어떤 일이 같은 때에 일어나 남의 의심을 받게 됨'을 이르는 말

---

06 새옹지마 : 인생의 길흉화복은 변화가 많아서 예측하기가 어렵다는 말. 옛날에 새옹이 기르던 말이 오랑캐 땅으로 달아나서 노인이 낙심하였는데, 그 후에 달아났던 말이 준마를 한 필 끌고 와서 그 덕분에 훌륭한 말을 얻게 되었으나 아들이 그 준마를 타다가 떨어져서 다리가 부러졌으므로 노인이 다시 낙심하였는데, 그로 인하여 아들이 전쟁에 끌려 나가지 아니하고 죽음을 면할 수 있었다는 이야기에서 유래한다.

07 ③번은 의미의 결합이 모순되어 있다. '백년하청'이라고, 열심히 노력하면 뭐하니? 정도가 맞다.
백년하청(百年河淸) : [황허 강의 물이 맑기를 기다린다는 뜻으로] '아무리 바라고 기다려도 실현될 가망이 없음'을 이르는 말

**정답** 06 ④  07 ③

08 '교각살우(矯角殺牛)'는 소의 뿔을 바로잡으려다가 소를 죽인다는 말로, 잘못된 점을 고치려다가 그 방법이 지나쳐 오히려 일을 그르칠 수 있다는 뜻이다(≒ 소탐대실). 의미가 상통하는 속담은 ③의 '빈대 잡으려다 초가삼간 태운다.'이다.
① 철없이 함부로 덤비는 경우를 비유적으로 이르는 말
② ㉠ 원인이 없으면 결과가 있을 수 없음을 비유적으로 이르는 말
㉡ 실제 어떤 일이 있기 때문에 말이 남을 비유적으로 이르는 말
④ 아무리 눌려 지내는 미천한 사람이나, 순하고 좋은 사람이라도 너무 업신여기면 가만히 있지 아니한다는 말

09 ㄴ. 입에 발린[붙은] 소리 : 마음에도 없이 겉치레로 하는 말
ㄷ. 눈에 밟히다 : 잊히지 않고 자꾸 눈에 떠오르다.
ㄱ. 배가 등에 붙다 : 먹은 것이 없어 배가 홀쭉하고 몹시 허기지다.
ㄹ. 손이 뜨다 : 일하는 동작이 매우 굼뜨다.

10 소 죽은 귀신 같다 : '소가 고집이 세고 힘줄이 질기다는 데서, 몹시 고집 세고 질긴 사람의 성격'을 비유적으로 일컫는 말

---

**08** 다음 중 '교각살우(矯角殺牛)'와 비슷한 뜻은?

① 하룻강아지 범 무서운 줄 모른다.
② 아니 땐 굴뚝에 연기 나랴.
③ 빈대 잡으려다 초가삼간 태운다.
④ 지렁이도 밟으면 꿈틀한다.

**09** 다음 중 밑줄 친 관용구가 적절하게 쓰인 것으로만 묶은 것은?

> ㄱ. 그는 복권에 당첨되어 요즘 배가 등에 붙었다.
> ㄴ. 그 사람은 고지식해서 입에 발린 소리를 못한다.
> ㄷ. 그녀는 군대에 간 아들이 눈에 밟혀 잠을 못 잔다.
> ㄹ. 우리 엄마는 손이 떠서 일 처리가 빠르시다.

① ㄱ, ㄴ
② ㄱ, ㄷ
③ ㄴ, ㄷ
④ ㄴ, ㄹ

**10** 다음 중 관용구의 뜻풀이로 옳지 않은 것은?

① 대추나무 방망이다 – 모질고 단단하게 생긴 사람
② 소 죽은 귀신 같다 – 행동이 매우 느리고 느긋함.
③ 물 찬 제비 – 몸매가 매우 깔끔하게 좋은 사람
④ 찬 물에 돌 – 지조가 맑고 굳셈.

**더 알아두기**

① 대추나무 방망이다 : ㉠ 단단하고 야무지게 생긴 사람을 비유적으로 이르는 말 ㉡ 대추나무로 만든 방망이처럼 단단해서 아무리 어렵고 힘든 일이라도 참아낼 수 있음을 이르는 말
③ 물 찬 제비 : ㉠ 물을 차고 날아오른 제비처럼 몸매가 아주 매끈하여 보기 좋은 사람을 비유하여 이르는 말 ㉡ 동작이 민첩하고 깔끔하여 보기 좋은 행동을 함을 비유적으로 이르는 말
④ 찬 물에 돌 : 지조가 맑고 굳셈을 비유적으로 이르는 말

정답 08 ③ 09 ③ 10 ②

☐☐
**11** 다음 중 국어의 조사에 대한 설명으로 옳지 <u>않은</u> 것은?

① '에서'는 '집에서 가져 왔다.'의 경우에는 부사격 조사이지만 '우리 학교에서 우승을 차지했다.'의 경우에는 주격 조사이다.

② '는'은 '그는 학교에 갔다.'의 경우에는 주격 조사이지만 '일을 빨리는 한다.'의 경우에는 보조사이다.

③ '가'는 '아이가 운동장에서 놀고 있다.'의 경우에는 주격 조사이지만 '그것은 종이가 아니다.'의 경우에는 보격 조사이다.

④ '과'는 '눈과 같이 하얗다'의 경우에는 부사격 조사이지만 '책과 연필이 있다.'의 경우에는 접속 조사이다.

☐☐
**12** 다음 〈보기〉의 밑줄 친 표현들 중에서 주어를 구성하는 주격 조사가 <u>아닌</u> 것은?

┌ 보기 ┐
ㄱ 철수는 학생<u>이</u> 아니다.
ㄴ 정부<u>에서</u> 학생들에게 장학금을 주었다.
ㄷ 영수<u>가</u> 물을 마신다.
ㄹ 할아버지<u>께서</u> 집에 오셨다.
└────────────────────────┘

① ㄱ의 '이'
② ㄴ의 '에서'
③ ㄷ의 '가'
④ ㄹ의 '께서'

**11** '그는'에서 '는'은 '차이' 대조의 의미를 지닌, 주격 조사 대신 사용한 '보조사'이고, '빨리는'에서 '는'은 부사 뒤에 붙어 의미를 더하는 '보조사'이다.
① '집에서'의 '에서'는 '앞말이 행동이 이루어지고 있는 처소의 부사어임'을 나타내는 '부사격 조사'이고, '우리 학교에서'의 '에서'는 (단체를 나타내는 명사 뒤에 붙어) 앞말이 주어임'을 나타내는 '주격 조사'이다.
③ '아이가'에서 '가'는 '주격 조사'이지만, '아니다' 앞의 '종이가'의 '가'는 '보격 조사'이다.
④ 부사 '같이' 앞의 '눈과'의 '과'는 '부사격 조사'이지만, 두 체언을 이어주는 '책과 연필'에서 '과'는 '접속 조사'이다.

**12** 조사 '이 / 가'는 주격 조사와 보격 조사의 기능을 둘 다 가진다.
서술어 '되다 / 아니다' 앞의 조사 '이 / 가'는 보격 조사이다.
② 에서: 단체 주격 조사. '장소'를 의미할 때는 처소 부사격 조사이다.
③ 가: 주격 조사
④ 께서: 높임 주격 조사

**정답** 11 ② 12 ①

13 ㄱ. 큰다 : 현재시제 선어말어미 'ㄴ'을 취하고 있으므로 동사이다.

ㄴ. 않은 : 본용언 '중시하지'가 동사이므로 보조용언 '않은'도 동사이다. 관형사형 어미 '은'은 과거시제

ㄷ. 늙는 : 현재시제 관형사형 전성어미 '는'을 취하고 있으므로 동사이다. '늙다'는 항상 동사

14 ㉠ 관형어는 체언(명사, 대명사, 수사)을 수식하는 문장 성분이다.

㉡ 일반적으로 체언에 관형격 조사 '의'를 사용하여 관형어가 실현되지만, '시골 풍경'처럼 조사 '의'가 생략되어 명사가 그대로 관형어가 될 수 있다.

㉢ 용언(동사, 형용사)은 문장의 성분에서 서술어가 되는 것이 원칙이나 관형사형 전성 어미를 취하면 품사는 바뀌지 않지만 성분은 관형어가 된다.

㉣ 체언에 붙어 관형어를 만드는 '의'는 '관형격 조사'이다.

**정답** 13 ④  14 ①

13 **다음 밑줄 친 단어 중 동사만을 모두 고른 것은?**

> ㄱ. 옥수수는 가만 두어도 잘 <u>큰다</u>.
> ㄴ. 이 규칙을 중시하지 <u>않은</u> 사람은 아무도 없었다.
> ㄷ. 그 연예인도 사람인지라 <u>늙는</u> 것은 어쩔 수 없구나.

① ㄱ, ㄴ

② ㄱ, ㄷ

③ ㄴ, ㄷ

④ ㄱ, ㄴ, ㄷ

14 **다음 〈보기〉 가운데 우리말의 관형어에 대한 설명으로 옳은 것을 모두 고르면?**

> ─ 보기 ─
> ㉠ 관형어는 명사, 대명사, 수사와 같은 체언류를 꾸미는 문장 성분이다.
> ㉡ 명사는 그대로 관형어가 될 수 있다.
> ㉢ 동사나 형용사도 관형어가 될 수 있다.
> ㉣ 조사 '의'는 관형어를 만드는 중요한 격조사이다.

① ㉠, ㉡, ㉢, ㉣

② ㉠, ㉢, ㉣

③ ㉡, ㉢

④ ㉡, ㉣

## 15 다음 중 밑줄 친 부분의 문장 성분이 다른 것은?

① 어느 학교의 <u>동창회에서</u> 있었던 일이다.

② <u>손에</u> 익은 연장이라서 일이 빨리 끝나겠다.

③ <u>정부에서</u> 실시한 조사 결과가 드디어 발표되었다.

④ 그 고마운 <u>마음에</u> 보답하고자 편지를 드리려고 합니다.

## 16 다음 중 밑줄 친 문장을 목적어와 서술어가 호응이 되도록 바르게 고친 것은?

> 저희는 사후(事後) 수습에 최선을 다함과 동시에 <u>사고 원인 파악과 재발 방지 대책을 조속히 마련하여</u> 여러분의 심려를 씻어 드릴 것을 거듭 다짐합니다.

① 사고 원인과 재발 방지 대책을 조속히 마련하여

② 사고 원인을 파악하고 재발 방지 대책을 조속히 마련하여

③ 사고 원인 및 재발 방지 대책을 조속히 마련하여

④ 사고 원인으로 재발 방지 대책을 조속히 마련하여

## 17 다음 중 어법에 맞는 것은?

① 내가 도착했을 때 아무도 나에게 알은체하지 않았다.

② 상장 주식을 양도한 대주주에게서 양도소득세를 과세한다.

③ 연수생들은 강도 높은 실무 훈련과 세법 이론을 공부했다.

④ 후보들은 다양한 공약으로 유권자들에 환심을 사려고 노력하고 있다.

---

15 정부에서[주어] : 단체 주격조사 '에서'가 사용되었다.
① 동창회에서[부사어] : '에서'는 앞말이 행동이 이루어지고 있는 처소의 부사어임을 나타내는 격조사
② 손에[부사어] : '에'는 앞말이 조건, 환경, 상태 따위의 부사어임을 나타내는 격조사
④ 마음에[부사어] : '에'는 앞말이 어떤 움직임을 일으키게 하는 대상의 부사어임을 나타내는 격조사

16 접속(조응) 규칙의 오류 : 문장이 대등하게 접속될 경우에는 양쪽 문장의 성분 배열이 동일해야 한다. 또한 접속조사 '과'는 두 단어를 동일하게 연결하기 때문에 두 문장이 이어질 때는 대등적 연결어미 '고'로 바꾸어야 한다.

17 '알은체하다'와 '알은척하다'는 한 단어이므로 띄어 쓸 수 없다.
• 알은체하다 : 인사를 하는 등의 안다는 듯한 표정을 짓다.
• 아는∨체하다 : 남의 일에 대하여 혹은 그 일에 대하여 모르면서 알고 있는 척하다.
② 대주주에게서→ 대주주에게, 과세하다→ 부과하다
③ 부당한 공유 : ~ 실무 훈련을 하고, 세법 이론을 공부하였다.
④ 호응 : ' ~의 환심을 사다'

**정답** 15 ③ 16 ② 17 ①

18 말길이 되다 : '남에게 소개하는 의논의 길이 트이다'
① 말꼬리를 물다 : '남의 말이 끝나자마자 이어 말하다'
③ 말이 있다 : '어떤 말이 상정되거나 토론이 되다'
④ 맛(을) 붙이다 : '마음에 당겨 재미를 붙이다'

18 다음 중 밑줄 친 말의 의미로 옳은 것은?

> 몇 달 만에야 <u>말길이 되어</u> 겨우 상대편을 만나 보았다.

① 남의 말이 끝나자마자 이어 말하다.
② 자신을 소개하는 길이 트이다.
③ 어떤 말이 상정되거나 토론이 되다.
④ 마음에 당겨 재미를 붙이다.

19 '굴다'는 ' – 게'의 꼴과 함께 쓰여 '그러하게 행동하거나 대하다.'의 뜻을 지닌 자동사이다. 그러므로 부사어 '비겁하게'는 문장에서 생략할 수 없는 '필수적 부사어'이다.

19 다음 중 밑줄 친 부사어의 문장 내에서의 역할이 나머지 셋과 가장 <u>다른</u> 것은?

① 고기가 <u>까맣게</u> 탔다.
② <u>비겁하게</u> 굴지 마라.
③ 두 사람은 <u>격렬하게</u> 싸웠다.
④ 이 술은 <u>시원하게</u> 마셔야 맛있다.

**더 알아두기**
① '타다'는 '뜨거운 열을 받아 검은색으로 변할 정도로 지나치게 익다.'의 뜻을 지닌 자동사로 부사어 '까맣게'는 생략이 가능한 '수의적 부사어'이다.
③ '싸우다'는 '말, 힘, 무기 따위를 가지고 서로 이기려고 다투다.'의 뜻을 지닌 자동사로 부사어 '격렬하게'는 생략이 가능한 '수의적 부사어'이다. 그러나 '~와 / 과 싸우다'의 형태라면 부사어는 생략할 수 없다.
④ '마시다'는 '물이나 술 따위의 액체를 목구멍으로 넘기다.'의 뜻을 지닌 타동사로 '목적어'는 필수적 성분이나 '시원하게'는 생략이 가능한 '수의적 부사어'이다.

**정답** 18 ② 19 ②

**20** 다음 중 어법에 맞는 문장은?

① 그는 당대 최고의 피아니스트인 김 교수에게 피아노를 사사했다.

② 주민들은 정부 당국에게 건의 사항을 전달했다.

③ 인간은 현실을 지배하기도 하고 복종하기도 한다.

④ 여러분 가정에 행운이 가득하기를 기원하는 것으로 치사에 갈음합니다.

20 주술 호응도 용어의 사용도 문제없이 어법에 맞는 문장이다. '사사하다'는 '「…에게(서) …을 사사하다」 스승으로 섬기다. 또는 스승으로 삼고 가르침을 받다.'의 뜻이므로 '김 교수에게 피아노를 사사했다.'는 어법에 맞는 표현이다.

② 정부 당국에 ~ : 조사의 오류이다. 동작주가 유정명사이면 '-에게'를, 무정명사이면 '-에'를 사용한다.

③ 현실을 지배하기도 하고 현실에 복종하기도 한다. : 부당한 공유이다. 두 개의 서술어 '지배하다'와 '복종하다'가 하나의 목적어 '현실을'을 공유할 수 없으므로 '복종하다'와 호응할 수 있는 부사어 '현실에'를 넣어야 어법에 맞다.

④ 것으로 치사를 갈음합니다 : 호응의 오류이다. '갈음하다'는 '(…을 …으로) 다른 것으로 바꾸어 대신하다.'의 구성이므로 부사어 '치사에'를 목적어 '치사를'로 바꾸어야 어법에 맞다.

**정답** 20 ①

# 제 **2** 장 | 고전문학

## 01 총론

01

**01** 다음 중 구비문학에 포함되지 않는 장르는?

① 수수께끼

② 민담

③ 판소리

④ 가전체

01 '가전체'는 고려시대 한문으로 창작된 기록문학이며, 넓은 의미로 한문수필에 속한다. ①～③은 모두 구비문학에 속한다. '구비문학'은 사람들의 입을 통하여 전승되어 온 문학으로 '공동작, 단순하고 보편적, 민중적이고 민족적'인 성격을 지닌다. 말(속담, 수수께끼 등), 이야기(신화, 전설, 민담 등), 노래(민요, 서사무가, 판소리 등), 놀이(무당굿, 꼭두각시놀음, 탈춤) 등이 이에 속한다.

**02** 다음 중 고려시대 작품이 <u>아닌</u> 것은?

① 만전춘별사

② 상춘곡

③ 쌍화점

④ 이상곡

02 정극인의 '상춘곡(賞春曲)'은 조선 성종 1년(1470)에 지어진 최초의 가사(歌辭)이다. 나머지는 고려 때의 평민문학인 고려속요이다.

**정답** ( 01 ④ 02 ② )

**03** 다음 중 조선전기 문학의 특징이 <u>아닌</u> 것은?

① 훈민정음의 반포로 본격적인 국문학의 출발 기점이 되었다.
② 경서와 문학서 등의 언해 사업이 활발하게 추진되었다.
③ 악장, 가사, 고대소설 등의 새로운 문학 양식이 대두되었다.
④ 운문문학보다 산문문학이 성행하였다.

**더 알아두기**
① 1446년 훈민정음이 반포됨으로써 진정한 의미의 국문학이 출발될 수 있는 기점을 마련하였다.
② 훈민정음의 반포, 인쇄술의 발달로 중국의 유교적 경서와 문학서, 불교적 경전 등의 언해 사업이 활발하게 추진되었다.
③ 전대의 문학에는 없었던 악장, 가사, 한문 고대소설 등의 새로운 문학 양식이 발생하였다.

03 조선전기는 유교적 관념론이 중심이었으므로 산문문학보다 시조와 가사 등 운문문학이 중심이었고, 산문문학은 실학의 도입 이후 현실적 사고의 대두와 평민 의식의 성장으로 조선후기에 성행하게 된다.

**04** 다음 중 한국문학의 특질이라 할 수 <u>없는</u> 것은?

① 한의 정서
② 해학과 풍자의 미학
③ 조화와 풍류의 정신
④ 선비 기질과 부끄러움의 미학

**더 알아두기**
① 한의 정서 : 주어진 운명에 대결하지 않고 순응함으로써 슬픔을 승화시키는 것
② 해학과 풍자의 미학
ㄱ 해학 : 희극적 인물을 통해 고통과 갈등을 화해의 세계로 변화시키는 웃음의 정신
ㄴ 풍자 : 현실의 부조리와 모순을 빗대어 폭로함으로써 현실에 대한 부정과 비판 의식을 간접적으로 표현하는 정신
③ 조화와 풍류의 정신
ㄱ 조화 : 여유와 품위를 주는 아름다움.
ㄴ 풍류 : 약간의 변형을 통해 전체적인 조화에 활력을 줌.

04 한국문학의 특질로 '선비 기질과 지조'는 해당될 수 있으나, '부끄러움의 미학'은 포함될 수 없다. '부끄러움의 미학'은 윤동주 시의 특질이다. '고상한 품위와 위엄으로 대의명분에 충실하려는 강한 의지와 절개'를 지닌 '선비 기질과 지조'가 한국문학의 특질이다.

**정답** 03④ 04④

## 02 고전시가

**01** 정읍사는 백제 유일의 현존가요이며, 국문으로 전해지는 최고가요다. 후렴구를 제외하면 4음보 3연 6구로 구성되어 있는데 이는 4음보 3장 6구의 시조의 형식과 유사하여 시조의 원형을 지닌 작품으로 평가받는다.

□□
**01 다음 고대가요 중 시조의 원형을 지닌 백제 유일의 현존가요는?**

① 황조가
② 정읍사
③ 구지가
④ 해가사

**더 알아두기**

① 황조가 : 내용이 전해지는 유일한 고구려 가요로 국문학상 사랑을 주제로 한 서정시의 효시이며, 집단적인 서사문학에서 개인적인 서정문학으로 옮아가는 단계의 한역시가이다.
③ 구지가 : 현재 전하는 가장 오래된 집단무가이며 주술성을 가진 현전 최고의 노동요. 한역시가이다.
④ 해가사 : 구지가의 아류작으로 소재, 주술성, 집단적이라는 측면에서 구지가와 공통적. 한역시가이다.

**02** 〈출전 : 유리왕, '황조가'〉
꾀꼬리의 정겨운 모습만을 바라볼 뿐 원경에서 근경으로 시선이 이동된 것은 아니다.
① 대조 : 정다운 꾀꼬리 ↔ 외로운 자기 처지
② 형식 전개 : 4언 4구체(기승전결의 4단 구성)
③ 내용 전개
  ㉠ 전반부(기, 승) – 꾀꼬리의 정다운 모습(선경)
  ㉡ 후반부(전, 결) – 화자의 고독한 심정(후정)

**정답** 01 ②  02 ④

□□
**02 다음 작품의 시상 전개 방식으로 적절하지 않은 것은?**

> 翩翩黃鳥 / 雌雄相依 / 念我之獨 / 誰其與歸

① 대조를 통해 시상을 전개하고 있다.
② 기승전결의 시상 전개 방식을 보이고 있다.
③ 선경 후정의 시상 전개 방식을 보이고 있다.
④ 근경에서 원경으로 시선을 이동하면서 전개하고 있다.

**03** 다음 중 민요 계열의 4구체 향가가 <u>아닌</u> 것은?

① 모죽지랑가

② 서동요

③ 풍요

④ 헌화가

**04** 다음 중 향가에 대한 설명이 <u>틀린</u> 것은?

① 4구체, 8구체, 10구체 중 10구체가 가장 정제된 형식이다

② 한자의 음과 훈을 빌린 차자 표기 체계인 향찰로 표기되어 있다.

③ 대표적 향가집으로 각간 위홍과 대구화상이 편찬한 『삼대목』이 전해지고 있다

④ 신라 유리왕 때 지어진 '도솔가'가 최초의 작품으로 추정되는데, 현존하지는 않는다.

**05** 다음 중 향찰로 표기된 것은?

① 정과정곡

② 도이장가

③ 정읍사

④ 황조가

**03** 현전향가 중 8구체는 '모죽지랑가'와 '처용가'이다.
※ 4구체 향가: 서동요, 풍요, 헌화가, 도솔가

**04** 『삼대목』은 진성여왕 2년(888년) 각간 위홍과 대구화상에 의해 편찬된 부전 향가집이다. 현전 향가 25수는 '삼국유사(14수)'와 '균여전(11수)'에 전해지고 있다.
① 향가는 민요의 정착형인 4구체, 과도기 중첩형인 8구체, 완성형인 10구체로 구성된다. 이중 10구체는 완성형의 시가로 '사뇌가'라고도 불린다.
② '향가'는 한자의 음과 훈을 빌려 우리말 어순대로 적는 향찰로 표기되어 있다.
④ 최초의 정형시이며 향가의 모태인 '도솔가'는 현존하지는 않는다. 4구체 향가인 월명사의 '도솔가'와 혼동해서는 안 된다.

**05** 정과정곡과 도이장가는 같은 '향가계여요'이지만, 「정과정곡」이 국문으로 표기되어 『악학궤범』에 전해지고 있으며, 반면 「도이장가」는 현전 향찰 표기의 마지막 작품으로 『평산신씨장절공유사』에 실려 전한다.
③ 정읍사는 백제 유일의 현존가요로 국문 표기로 된 최고(最古)의 작품이다.
④ 황조가는 고구려 2대 유리왕의 작품으로 구비 전승되다가 『삼국사기』에 한역되어 전해진다.

**정답** 03 ① 04 ③ 05 ②

06  ⓒ에서 '잣가지'는 기파랑의 높은 인품(지조)를 비유하는 보조관념이지만, '눈'은 현실의 '고난, 시련, 유혹' 등을 상징한다.
① 향가 중 표현 기교(비유와 상징)가 뛰어나 예술적 측면에서 향가 문학의 백미로 꼽는 작품은 '제망매가'와 '찬기파랑가'이다.
② '기파랑'은 추모하면서도 작가가 따르고 싶어 하는 '화랑'이다.
③ ⓐ에서 시적 화자는 현실에서는 없는 기파랑의 자취를 달에게 물어보면서 슬퍼하고 있다.

06  다음 작품에 대한 설명으로 가장 적절하지 <u>않은</u> 것은?

> 흐느끼며 바라보매
> ㉠ 이슬 밝힌 달이
> 흰 구름 따라 떠간 언저리에
> 모래 가른 물가에
> 기랑(耆郎)의 모습이올시 수풀이여.
> 일오(逸烏)내 자갈 벌에서
> 낭(郎)이 지니시던
> 마음의 갓을 좇고 있노라.
> ㉡ 아아, 잣나무 가지가 높아
> 눈이라도 덮지 못할 고깔이여.

① 표현 기교가 뛰어난 작품으로 「제망매가」와 함께 향가 문학의 백미로 꼽는다.
② 기파랑이라는 화랑을 추모하면서 그의 높은 덕을 기리고 있는 작품이다.
③ ㉠에서 화자는 지금은 없는 기파랑의 자취를 찾으며 슬퍼하고 있다.
④ ㉡에서 화자는 기파랑의 높은 인품을 잣나무 가지와 눈에 비유하고 있다.

07  정과정곡 : 접동새 – 소쩍새. 이슷ㅎ다 – 비슷하다
② 동동 : 아아 벼랑에 (빗질 후에) 버린 빗 같구나. 별ㅎ – 벼랑. 다호라 – 같다
③ 처용가 : 진귀한 향기 맡으셔서 우묵해진 코에. 우긔어신 – 우묵해진. 고ㅎ – 코
④ 정석가 : 무쇠로 큰 소를 지어다가. 한쇼 – 큰소[대우]

07  다음 중 고려속요의 구절풀이가 바르게 된 것은?

① 山 접동새 난 이슷ㅎ요이다. – 산 소쩍새 나와 비슷합니다.
② 아으 별해 바룐 빗 다호라 – 아아 별에 버린 빗과 같구나
③ 五香 마타샤 우긔어신 고해 – 오향을 맡으시어 쑥 내미신 곳에
④ 므쇠로 한쇼를 디여다가 – 무쇠로 소 한 마리를 만들어

정답  06 ④  07 ①

□□
## 08 다음 중 남녀 간의 사랑을 읊은 고려가요가 <u>아닌</u> 것은?

① 서경별곡
② 이상곡
③ 쌍화점
④ 유구곡

**더 알아두기**

① 서경별곡 : 서경을 무대로 한 남녀 간의 애끓는 이별가. 임을 따르겠다는 적극적 의지와 임에 대한 질투의 감정이 드러나는 등 적극적인 정서가 돋보인다.
② 이상곡 : 제목은 '서리 밟는 노래'라는 뜻으로 여인의 한스러움을 서리라는 것에 비유했다. 서리를 밟는다는 뜻인 '이상'은 '서리를 밟게 되면 장차 단단한 얼음의 계절이 올 것을 미리 알고 있어야 된다.'는 경계의 교훈으로 사용하는 말이다. 이 노래의 전체 뜻이 사람을 가르쳐 일깨우는 것이어서 고려 궁중악으로 사용되기도 하였으나, 표현이 음란하여 조선 궁중악에서는 배척을 당하게 되었다.
③ 쌍화점 : 퇴폐적이고 문란한 성윤리를 노골적으로 그린 노래이다. 모두 4장으로 되어 있으며, 노래 대상에 따라 장이 바뀐다. 회회아비, 삼장사의 사주, 우물의 용, 술집아비 등이 화자인 여자를 유혹하여 불륜의 관계를 갖고 그 소문을 들은 다른 사람들이 '나도 그곳에 자러 가겠다.'고 한다는 내용이다.

□□
## 09 다음 작품에 대한 설명이 적절하지 <u>않은</u> 것은?

① 제망매가 : 향찰로 기록된 신라 시대의 노래로, 죽은 누이를 추모하는 내용이다.
② 가시리 : 평양을 배경으로 한 고려가요로, 떠나는 임을 향한 질투를 표현하고 있다.
③ 이춘풍전 : 남성의 허위의식을 비판하고 진취적인 여성상을 강조하는 고전소설이다.
④ 무정 : 형식, 영채, 선형 사이의 삼각 애정과 신교육을 내용으로 하는 계몽소설이다.

**더 알아두기**

① 제망매가 : 신라 경덕왕 때 월명사가 지은 10구체 향가. 기록에 따르면 죽은 누이의 명복을 비는 노래로, 작가가 제(齋)를 올리며 이 노래를 지어 불렀더니 홀연히 바람이 불어 지전(紙錢)을 날려 서쪽(서방 극락세계 방향)으로 사라졌다고 한다.

08 '유구곡(維鳩曲)'은 일명 '비두로기'라 한다. 비둘기는 울기는 하지만 겁이 많아 잘 우는 뻐꾸기에는 미치지 못해 뻐꾸기가 더 좋다는 것으로, 눈치만 보고 할 말을 하지 못하는 당대 신하들의 비겁함을 풍자한 노래이며 예종의 '벌곡조'란 작품과 내용상 일치한다.

09 평양을 배경으로 한 고려가요로, 떠나는 임을 향한 질투를 표현하고 있는 작품은 '서경별곡'이다. '가시리'는 임을 떠나보내는 이별의 안타까움을 노래했다. '귀호곡'이라고도 하며 전체 4절로 되어 있다. 후렴구를 제외한 각 절은 2행으로 나뉘고 각 행은 대개 3음보의 운율을 보인다. 반복되는 후렴구의 '대평성대'를 제외하면 작품 전체가 우리말로 되어 있으며, 후렴구 '위 증즐가 대평성대'는 작품의 주조를 이루는 이별의 정조와는 달리 왕의 선정과 나라의 태평함을 드러내고 있다.

**정답** 08 ④  09 ②

③ 이춘풍전 : 조선 후기 고전소설이다. 우리나라를 배경으로, 평범한 서민을 주인공으로 하여 일상적인 삶의 모습을 그리고 있다는 점에서 판소리계 소설과 같은 평민문학이다. 가정이 무능하고 방탕한 남편 때문에 몰락하고, 슬기롭고 유능한 아내의 활약으로 재건되는 이야기의 전개는 허위에 찬 남성 중심의 사회를 비판하고 여성의 능력이나 기능을 부각시키려 한 의식을 보여준다.

④ 무정 : 1917년 이광수가 지은 현대 최초의 장편소설이다. 민족주의 사상과 계몽주의 사상을 바탕으로, 1910년대의 시대상을 그리고 있다. 근대 문명에 대한 동경, 신교육사상, 자유연애, 신결혼관 등을 주제로 하고, 일체의 봉건적인 것에 대하여 비판·저항함으로써 새 시대의 계몽을 꾀한 이상주의적 소설이다.

---

**10** 고려가요 '가시리'는 이별의 정한과 애이불비(哀而不悲)의 정서를 읊고 있다. 유사한 정서를 현대로 계승한 대표적 작품에는 김소월의 '진달래꽃'이 꼽힌다.

① 한용운, 「님의 침묵」 : 임에 대한 영원한 사랑과 현실에 대한 초극의 의지

② 김상용, 「남으로 창을 내겠소」 : 전원생활을 통한 달관의 삶(자연 친화적인 삶의 자세)

③ 서정주, 「국화 옆에서」 : 온갖 고뇌와 시련을 거쳐 도달한 삶의 원숙미

---

□□
**10** 다음 작품과 가장 유사한 정서를 지니는 것은?

> 가시리 가시리잇고 나는
> 부리고 가시리잇고 나는
> 위 증즐가 대평셩디(大平盛代)
> 날러는 엇디 살라 하고 부리고 가시리잇고 나는
> 위 증즐가 대평셩디(大平盛代)
> 잡스와 두어리마나는
> 선하면 아니 올셰라
> 위 증즐가 대평셩디(大平盛代)
> 셜온 님 보내옵노니 나는
> 가시는 듯 도셔 오쇼셔 나는
> 위 증즐가 대평셩디(大平盛代)

① 한용운, 「님의 침묵」

② 김상용, 「남으로 창을 내겠소」

③ 서정주, 「국화 옆에서」

④ 김소월, 「진달래꽃」

## 11 다음 중 경기체가에 대한 설명으로 바르지 <u>않은</u> 것은?

① 기록문학이며, 정형시가이다.

② 조선시대 가사문학의 기원이 되었다.

③ 상하층이 공유했던 국민문학이다.

④ 한문구가 나열되어 있고, 부분적으로 이두를 사용하였다.

**더 알아두기**

①·④ 한문구가 나열되어 있고 부분적으로 이두를 사용한 기록문학이다. 3·3·4조 또는 4·4·4조를 기본 음수율로 하며, 음보율은 3음보인 정형시가이다.

② 조선 초 '악장' 문학의 형성에 영향을 주었고, 형식은 속요를 모방하면서, 내용은 사대부의 삶을 소개한 특이한 형태의 문학으로, 조선 시대에 와서 가사(歌詞)로 통합되면서 발전적 해체를 하게 된다.

## 12 다음 글의 주제는?

> 불휘 기픈 남ᄀᆞᆫ ᄇᆞᄅᆞ매 하니 뮐씨, 곶 됴코 여름 하ᄂᆞ니.
> ᄉᆡ미 기픈 므른 ᄀᆞᄆᆞ래 아니 그츨씨, 내히 이러 바ᄅᆞ래 가ᄂᆞ니.

① 조선의 영원한 발전 기원

② 조선 건국의 정당성

③ 문화의 우수성

④ 이성계의 용맹성

11 '경기체가'는 평민계층은 향유할 수 없었다. 무신난 이후 등장한 신흥 사대부의 호탕한 기상과 자부심을 드러낸 귀족계층의 문학이다. 상하층이 공유했던 국민문학으로는 '시조'와 '판소리'가 있다.

12 〈출전: 용비어천가 2장〉
- 전절: 곶 됴코 여름 하ᄂᆞ니 – 문화의 번성
- 후절: 조선의 영원한 발전 축원(ᄉᆡ ᄆ 내 ᄉ 바롤)

'불휘 기픈 남ᄀᆞᆫ'은 국기(國基)가 튼튼함을, 'ᄉᆡ미 기픈 므른'은 유서가 깊음을 비유하였고, '곶 됴코 여름 하ᄂᆞ니'는 문화가 융성함을, '내히 이러 바ᄅᆞ래 가ᄂᆞ니'는 무궁한 발전을 비유하여 조선 창업이 정당하며 왕조의 운명이 영원할 것임을 밝히고 있다. 한편 이 장은 고유어로만 쓰였고, 중국 고사가 전혀 없으며, 비유가 돋보여 용비어천가 125장 중에서 가장 문학성이 뛰어나다는 평가를 받고 있다.

**정답** ( 11 ③ 12 ① )

13 용비어천가의 전반적 구성이 주로 전절에는 중국 역사상의 사적을, 후절에는 앞의 것에 부합되는 조선 건국의 사적을 적었지만, 1장, 2장, 110장부터 125장은 이 구성 형태를 취하지 않았다. 제시문은 용비어천가의 총결사인 125장이다.

① 110장에서 125장은 '계왕훈'으로 후대 왕에 대한 권계가 주 내용이다. 125장은 그 중에서도 총결사이며 '敬天勤民(경천근민)'이라는 권계를 주제로 하고 있다.

② '累仁開國(누인개국)'은 (육조께서) '어진 덕을 쌓아서 나라를 열었다.'는 뜻이다.

③ '聖神(성신)'은 '聖子神孫(성자신손)'의 준말로 위대한 후대 왕들을 지칭한다.

---

□□

**13** 다음의 '용비어천가 125장'에 대한 설명으로 <u>틀린</u> 것은?

> 千世 우희 미리 定ᄒ샨 漢水北에 累仁開國ᄒ샤 卜年이 ᄀᆞ 업스시니
> 聖神이 니ᅀᅳ샤도 敬天勤民ᄒ샤ᅀᅡ 더욱 구드리시이다
> 님금하 아ᄅᆞ쇼셔 落水예 山行가 이셔 하나빌 미드니잇가

① 용비어천가는 전반적으로 조선 건국의 당위성을 담고 있는데 이 125장은 후대 왕에게 주는 권계(勸誡)가 그 주제가 된다.

② '累仁開國'은 '어진 덕을 쌓아서 나라를 열었다.'라는 뜻이다.

③ '聖神'은 '聖子神孫'의 준말이다. 위대한 후대 왕들을 지칭한다.

④ 앞에는 중국 역사상의 사적을 적고, 뒤에는 앞의 것에 부합되는 조선 건국의 사적을 적고 있다.

---

14 자연친화적인 '강호가도'의 시풍은 양반시조의 특징이다.

**〈사설시조〉**

㉠ 개념 : 평시조의 형식에서 종장 첫 구를 제외한 한 장 이상이 무제한적으로 길어진 장형 시조(長型時調) – 농시조, 사슬시조

㉡ 형성 : 평민 의식의 분출과 산문 정신의 발달로 발생

㉢ 제재 : 실학사상의 영향으로 현실에서 제재를 취했다.

㉣ 주제 : 양반사회의 비판, 승려에 대한 희롱, 가족제도에서의 갈등, 서민생활의 애환, 진솔한 애정표현 등

㉤ 미의식 : 골계미 중심. 해학과 건강한 비판 정신을 반영한 풍자성

㉥ 표현 : 가사투와 민요풍의 혼입, 반어와 풍자, 익살, 재담의 삽입, 대화체 사용 등

---

□□

**14** 다음 중 사설시조에 대한 설명으로 옳지 <u>않은</u> 것은?

① 평시조의 형식에서 종장 첫 구를 제외한 한 장 이상이 무제한적으로 길어진 시조이다.

② 평민 의식의 분출과 산문 정신의 발달로 발생하였다.

③ 실학사상의 영향으로 현실에서 제재를 취했다.

④ '강호가도'의 정신을 반영하였다.

---

정답 ( 13 ④  14 ④ )

**15** 다음 시조 중 '맥수지탄(麥秀之嘆)'의 주제가 나타난 것은?

① 흥망이 유수ᄒ니 만월대도 추초ㅣ로다.
오백 년 왕업이 목적에 부쳐시니,
석양에 지나는 객이 눈물계워 ᄒ노라.

② 춘산에 눈 녹인 바람 건듯 불고 간 ᄃᆡ 업다.
져근 덧 비러다가 마리 우희 불니고져
귀 밋틔 ᄒᆡ묵은 서리를 녹여 볼가 ᄒ노라.

③ 방 안에 혓ᄂᆞᆫ 촉불 눌과 이별 ᄒᆞ엿관ᄃᆡ
것츠로 눈물 디고 속타는 줄 모로ᄂᆞᆫ고
뎌 촉불 날과 갓트여 속타는 줄 모로도다.

④ 삼동에 뵈옷 닙고 암혈에 눈비 마자
구름 씬 볏뉘도 쮠 적이 업건마ᄂᆞᆫ
서산에 ᄒᆡ 지다 ᄒ니 눈물겨워 ᄒ노라.

**16** 다음 중 아래의 시조를 먼저 창작된 순서대로 나열한 것은?

> (가) 두터비 ᄑ리를 물고 두험 우희 치ᄃ라 안자
> 것년 산(山) ᄇ라보니 백송골(白松骨)이 떠잇거ᄂᆞᆯ 가슴이
> 금즉ᄒ여 풀덕 쮜여 내 ᄃᆞᆺ다가 두험 아래 잣바지거고
> 모쳐라 놀낸 낼식만졍 에헐질 번ᄒ괘라
>
> (나) 간밤에 우던 여흘 슬피 우러 지내여다
> 이제야 생각하니 님이 우러 보내도다
> 져 물이 거스리 흐르고져 나도 우러 녜니라
>
> (다) 오백년 도읍지를 필마(匹馬)로 도라드니
> 산천(山川)은 의구(依舊)하되 인걸(人傑)은 간 ᄃᆡ 업다
> 어즈버 태평연월(太平烟月)이 꿈이런가 하노라

① (가) – (다) – (나)
② (나) – (다) – (가)
③ (나) – (가) – (다)
④ (다) – (나) – (가)

**15** 원천석, '회고가' : 고려의 멸망을 슬
퍼함. 맥수지탄(麥秀之嘆)
② 우탁, '탄로가' : 늙음에 대한 탄
식과 그 극복 의지
③ 이개, '연군가' : 단종과의 이별의
슬픔, 연군지정
④ 조식, '연군가' : 임금(중종)의 승
하의 애도

**16** (다) 길제, '회고가' : 고려 멸망 이후
(조선 초기)
(나) 원호, '연군가' : 계유정란 이후
(단종 유배 직후)
(가) 사설시조 : 조선 후기

정답 15 ① 16 ④

17 '눈 속에', '곳[花]', '봄 기운'을 통해서 중심 소재가 이른 봄에 피는 '매화'임을 알 수 있다. 매화사 8절 중 제7수이다.

〈출전 : 안민영, '매화사'〉
현종 6년 어느 겨울날, 안민영이 그의 스승 박효관의 산방에서 벗, 미녀들과 함께 거문고를 타고 노래를 부르면서 놀다가, 박효관이 가꾼 매화가 피어 있는 것을 보고 이 노래를 지었다고 한다. 총 8수의 연시조로 매화의 고매함(아치고절)을 노래했는데, 이를 매화사 혹은 영매가라고 한다.

**17** 다음 시가 표현하는 대상으로 적절한 것은?

> 저 건너 나부산 눈속에 검어 우뚝 울퉁불퉁 광대 등걸아
> 네 무삼 힘으로 가지 돋쳐 곳조차 저리 피었는다
> 아무리 썩은 배가 반 남았을망정 봄 기운을 어찌하리오.

① 소나무
② 대나무
③ 국화
④ 매화

18 양반(사대부) 계층의 작품이 아닌 것을 찾는다.
'용부가(庸婦歌)'는 용렬한 여인이 시집을 가서 갖은 추행을 일삼는 것을 꼬집어 풍자적으로 묘사하여 이를 경계한 것으로 서민층 아녀자의 계녀가사, 내방가사이다.
① 관동별곡 : 정철. 양반가사
② 일동장유가 : 김인겸. 양반가사
③ 상춘곡 : 정극인. 양반가사

**18** 다음 중 작가 계층이 다른 것은?

① 관동별곡(關東別曲)
② 일동장유가(日東壯遊歌)
③ 상춘곡(賞春曲)
④ 용부가(庸婦歌)

**정답** 17 ④  18 ④

**19** 다음 중 조선시대 가사가 <u>아닌</u> 것은?

① 송순 – 면앙정가

② 안축 – 죽계별곡

③ 정철 – 관동별곡

④ 백광홍 – 관서별곡

**더 알아두기**

① 송순, '면앙정가' : 이 작품은 작가가 벼슬에서 물러나 고향인 전남 담양에 머물던 시기에 창작하였다. 작가는 면앙정이 위치한 지세(地勢), 제월봉의 형세, 면앙정의 경치, 면앙정 주변의 풍경을 묘사하고 면앙정 주변의 아름다운 자연에서 얻은 흥취를 사계절의 변화에 따라 서술하였다. 조선전기 양반가사.

② 정철, '관동별곡' : 선조 13년 정철이 강원도 관찰사로 원주에 부임하여, 3월에 내금강, 외금강, 해금강과 관동팔경을 두루 유람하는 가운데 뛰어난 경치와 그에 따른 감흥을 표현한 작품이다.

④ 백광홍, '관서별곡' : 최초의 기행가사로 평안도 지방의 자연 풍물을 두루 돌아보고 그 아름다움을 읊었다. 정철의 '관동별곡'에 영향을 주었다.

**20** 다음 중 밑줄 친 부분이 의미하는 것으로 옳은 것은?

> 磨마訶하衍연 妙묘吉길祥샹 雁안門문재 너머 디여, 외나모 뼈근 드리 佛블頂뎡臺디 올라ㅎ니, 千쳔尋심絕졀壁벽을 半반空공애 셰여 두고, <u>銀은河하水슈 한 구비를 촌촌이 버혀 내여, 실ㄱ티 플텨이셔 뵈ㄱ티 거러시니,</u> 圖도經경 열두 구비, 내 보매는 여러히라. 李니謫뎍仙션 이제 이셔 고텨 의논ㅎ게 되면, 廬녀山산이 여긔도곤 낫단 말 못 ㅎ려니.

① 나무                    ② 폭포

③ 시냇물                  ④ 산봉우리

**더 알아두기** 〈현대어 해설〉

마하연, 묘길상, 안문재를 넘어 내려가 썩은 외나무다리를 건너 불정대에 오르니, (조물주가) 천길이나 되는 절벽을 하늘 가운데 세워 두고, 은하수 큰 굽이를 마디마디 잘라내어 실처럼 풀어서 베처럼 걸어 놓았으니, 도경에는 열두 굽이로 그려졌지만, 내가 보기에는 그보다 더 많아 보인다. 이태백이 지금 있어서 다시 의논하게 되면 여산 폭포가 십이 폭포보다 아름답다는 말은 못 할 것이다.

---

**19** 안축의 '죽계별곡'은 고려시대의 경기체가이다.

**20** 〈출전 : 정철, '관동별곡'〉
금강산의 '십이폭포'에 대한 묘사이다. '은하수, 실, 뵈'는 모두 폭포의 보조관념

**정답** 19 ② 20 ②

21 〈출전 : 정철, '사미인곡'〉
나 오직 젊어 있고, 님 오직 날 사랑
하시니, 'ᄒ나'는 오직, '괴다'는 '사
랑하다'의 뜻

〈현대어 풀이〉
이 몸이 태어날 때에 임을 따라 태어
나니, 한평생 함께 살아갈 인연이며
이 또한 하늘이 어찌 모를 일이던가?
나는 오직 젊어 있고, 임은 오직 나를
사랑하시니, 이 마음과 사랑을 비할
곳이 전혀 없다. 평생에 원하되 임과
함께 살아가려 하였더니, 늙어서야
무슨 일로 외따로 두고 그리워하는
고? 엊그제에는 임을 모시고 광한전
에 올라 있었더니, 그 동안에 어찌하
여 속세에 내려왔느냐? 내려올 때에
빗은 머리가 헝클어진 지 3년일세.

□□
21 다음 중 밑줄 친 부분의 현대어 풀이가 **잘못된** 것은?

> ㉠ <u>이 몸 삼기실 제 님을 조차 삼기시니</u>, 혼ᄉᆞᆼ 緣연分분이며 하ᄂᆞᆯ 모ᄅᆞᆯ 일이런가. ㉡ <u>나 ᄒᆞ나 졈어 잇고 님 ᄒᆞ나 날 괴시</u> 니, 이 ᄆᆞᆷ 이 ᄉᆞ랑 견졸 ᄃᆡ 노여 업다. ㉢ <u>平평生ᄉᆡᆼ애 願원</u> <u>ᄒᆞ요ᄃᆡ ᄒᆞᆫ뎌 녜쟈 ᄒᆞᆫ얏더니</u>, ㉣ <u>늙거야 므슨 일로 외오 두고</u> <u>글이ᄂᆞᆫ고</u>. 엊그제 님을 뫼셔 廣광寒한殿뎐의 올낫더니, 그 더딘 엇디ᄒᆞ야 下하界계예 ᄂᆞ려오니, 올적의 비슨 머리 얼 키연디 三삼年년이라.

① ㉠ 이 몸이 태어날 때 임을 따라 태어나니
② ㉡ 나 혼자만 젊어 있고 임은 홀로 나를 괴로이 여기시니
③ ㉢ 평생에 원하되 임과 함께 살아가려 했더니
④ ㉣ 늙어서야 무슨 일로 외따로 그리워하는고?

22 제시문은 망양정에서 바다를 조망하
고 있는 장면이다.
㉡ ᄀᆞᆺ득 노한 고래 : 성난 파도
㉠ 天텬根근 : 하늘의 끝
㉢ 銀은山산 : 흰 물결(파도)
㉣ 白뵉雪셜 : 물거품, 포말(파도)

〈현대어 풀이〉
하늘의 끝을 내내 보지 못하여 망양
정에 오르니, (수평선 멀리) 바다 밖
은 하늘인데, 하늘 밖은 무엇인가?
가뜩이나 성난 고래(파도)를 누가 놀
라게 하기에, (물을) 불거니 뿜거니
어지럽게 구는 것인가? 은산(흰 물
결)을 꺾어 내어 온 세상에 흩뿌려 내
리는 듯, 오월의 드높은 하늘에 백설
(흰 포말)은 무슨 일인가?

□□
22 다음 중 ㉠~㉣에 대한 풀이로 가장 적절한 것은?

> ㉠ <u>天텬根근</u>을 못내 보와 望망洋양亭뎡의 올은말이, 바다 밧근 하ᄂᆞᆯ이니 하ᄂᆞᆯ 밧근 므서신고. ㉡ <u>ᄀᆞᆺ득 노한 고래</u>, 뉘라 셔 놀래관ᄃᆡ, 블거니 ᄲᅳᆷ거니 어즈러이 구는디고. ㉢ <u>銀은山</u> <u>산</u>을 것거 내여 六뉵合합의 ᄂᆞ리는 듯, 五오月월 長댱天텬 의 ㉣ <u>白뵉雪셜</u>은 므스일고.
>
> – 정철, '관동별곡' 중에서

① ㉠ 은하수
② ㉡ 성난 파도
③ ㉢ 태백산
④ ㉣ 흰 갈매기

**정답** 21 ② 22 ②

## 23 다음 작품에 대한 설명으로 적절한 것은?

> 생사(生死) 길은
> 예 있으매 머뭇거리고
> 나는 간다는 말도
> 못다 이르고 어찌 갑니까.
> 어느 가을 이른 바람에
> 이에 저에 떨어질 잎처럼
> 한 가지에 나고
> 가는 곳 모르온저.
> 아아, 미타찰(彌陀刹)에서 만날 나
> 도(道) 닦아 기다리겠노라.
>
> – 월명사, '제망매가(祭亡妹歌)'

① 시적 대상과의 재회에 대한 소망을 담고 있다.

② 반어적 표현을 통해 화자의 정서를 부각하고 있다.

③ 세속의 인연에 미련을 두지 않은 구도자의 자세를 드러내고 있다.

④ 상황 인식–객관적 서경 묘사–종교적 기원의 3단 구성으로 되어 있다.

## 24 다음 중 〈보기〉의 시조를 이해한 내용으로 가장 옳지 <u>않은</u> 것은?

> ┌ 보기 ┐
> 가노라 ㉠ 三角山아 다시 보쟈 ㉡ 漢江水야
> ㉢ 故國山川을 써느고쟈 ᄒ랴마는
> 時節이 하 ㉣ 殊常ᄒ니 올동 말동 ᄒ여라
>
> – 김상헌

① ㉠의 다른 명칭은 '인왕산'이다.

② ㉡은 여전히 사용하는 명칭이다.

③ ㉢의 당시 국호는 '조선'이다.

④ ㉣은 병자호란 직후의 상황을 뜻한다.

---

**23** ① 9~10행에서 시적 대상(요절한 여동생)과 극락(미타찰)에서 재회를 소망하면서 현실의 슬픔을 극복하겠다는 의지를 보여주고 있다.

② 비유나 상징의 기법은 나타나 있으나 반어적 표현은 제시되어 있지 않다.

③ 요절한 여동생에 대한 그리움이나 인생에 대한 허무감이 제시된 작품이므로 '세속의 인연에 미련을 두지 않은 구도자의 자세를 드러내고 있다.'는 지적은 옳지 않다.

④ 구성 방식은 과거 : 비극적 상황의 제시(1~4행) → 현재 : 인생의 무상감, 한탄(5~8행) → 미래 : 불교적 믿음을 통한 재회의 소망(9~10행)의 3단이다. 그러나 '5~8'행은 '객관적 서경 묘사'가 아니라 누이의 요절에 대한 '비유'이다.

**24** 〈보기〉는 작가가 병자호란 때 주전론을 주장하다가 인조가 항복을 하자, 청나라에 볼모로 끌려가는 심정을 노래한 작품으로 사대부 특유의 비장함과 절실함이 느껴지는 우국충절의 노래이다.

㉠ 삼각산 : '북한산'의 별칭. '백운대, 인수봉, 만경대'의 세 봉우리가 있다 하여 붙여진 이름이다.

㉡ 한강 : 백제 때는 중국식 한자어의 영향으로 '한수'라 불렸고, 조선 시대에는 '경강' 혹은 '한강'이라 불렀다. 이는 지금도 여전히 사용하는 명칭이다.

㉢ 고국 : '병자호란'은 조선 후기 사건이니 당시 국호가 '조선'이란 설명은 옳다.

㉣ 수상하니 : 병자호란 직후의 어수선하고 불안한 상황을 의미한다.

**정답** 23 ① 24 ①

25 허난설헌의 가사 '규원가'의 일부다.
밑줄 친 '약수(弱水)'는 '銀河水(은하수)'와 같이 시적 자아와 임 사이를 가로막는 장애물이다.
정철, 속미인곡 : '구름'은 산(뫼), 안개 등과 더불어 님과 나 사이를 가로막는 장애물
① 황진이 시조 : '청산'은 변하지 않은 나의 마음(사랑)
③ 정철, 관동별곡 : '명월'은 임금의 은혜
④ 정극인, 상춘곡 : '도화행화'는 봄을 느낄 수 있는 자연적 소재

□□
25 다음 글에서 약수(弱水)와 같은 역할을 하는 어휘가 들어 있는 작품은?

> 天上(천상)의 牽견牛우織직女녀 銀河水(은하수) 막혀서도, 七月 七夕(칠월칠석) 一年一度(일년일도) 失期(실기)치 아니거든, 우리 님 가신 후는 무슨 弱水(약수) 가렷관딕, 오거나 가거나 消息(소식)조차 쯔첫는고.

① 靑山(청산)은 내 뜻이오 綠水(녹수)난 님의 情(정)이
終水(녹수) 흘너간들 靑山(청산)이야 變(변)할손가
緣水(녹수)도 靑山(청산)을 못니져 우러 예어 가난고.

② 님다히 消쇼息식을 아므려나 아쟈 흐니
오늘도 거의로다. 닉일이나 사룸 올가.
내 무음 둘 딕 업다. 어드러로 가쟛 말고
잡거니 밀거니 놉픈 뫼히 올라가니
구롬은ㅋ니와 안개는 므스 일고.

③ 나도 잠을 깨여 바다를 구버보니
기픠를 모르거니 가인들 엇디 알리
明명月월이 千천山산萬만落낙의 아니 비쵠 딕 업다.

④ 엇그제 겨울 지나 새 봄이 도라오니
도화행화(桃花杏花)는 석양리(夕陽裏)예 퓌여 잇고,
녹양방초(綠楊芳草)는 세우중(細雨中)에 프르도다.

## 26 다음 노래의 특징으로 알맞은 것은?

> (가) 구룸 비치 조타 ᄒ나 검기롤 ᄌ로 ᄒ다.
> ᄇ람 소리 묽다 ᄒ나 그칠 적이 하노매라.
> 조코도 그칠 뉘 업기는 믈쑨인가 ᄒ노라.
>
> (나) 고즌 무스 일로 픠며셔 쉬이 디고,
> 플은 어이ᄒ야 푸르ᄂ 듯 누르ᄂ니,
> 아마도 변티 아닐손 바회쑨인가 ᄒ노라.
>
> (다) 더우면 곳 픠고 치우면 닙 디거늘
> 솔아, 너는 얻디 눈서리를 모르ᄂ다.
> 九泉(구천)에 불휘 고ᄃ 줄을 글로 ᄒ야 아노라.
>
> (라) 나모도 아닌 거시, 플도 아닌 거시
> 곳기는 뉘 시기며, 속은 어이 뷔연ᄂ다.
> 뎌러코 四時(사시)예 프르니 그를 됴하ᄒ노라.

① 다른 사물과 비교하여 대상의 특징을 드러내고 있다.
② 감정을 직접적으로 토로하여 강한 호소력을 얻고 있다.
③ 시어의 반복을 통하여 정서를 점층적으로 강화하고 있다.
④ 개인의 정서 표출보다 집단의 정서를 주로 노래하고 있다.

## 27 다음 시조에 대한 설명으로 옳은 것은?

> 잔 들고 혼자 앉아 먼 뫼흘 ᄇ라보니
> 그리던 님이 오다 반가옴이 이러ᄒ랴
> 말쏨도 우움도 아녀도 몯내 됴하 ᄒ노라
> ― 윤선도, '만흥' 중에서

① 그리던 임을 만났을 때보다 더 반가운 일은 없다고 주장하고 있다.
② 다양한 은유를 사용하여 자신의 감정을 표현하고 있다.
③ 세속적 즐거움을 초월한 자연에 대한 사랑을 표현하고 있다.
④ 고유어에 한자어를 적절히 혼합하여 표현 효과를 높이고 있다.

---

26 〈출전 : 윤선도, '오우가'〉
'물', '바위', '소나무', '대나무'를 다른 사물의 속성과 대비하여 예찬하고 있다.
(가) : 구룸 – 자주 변함, 바람 – 자주 그침 / 물 – 영원함
(나) : 곳 – 쉽게 떨어짐, 플 – 바로 시듦 / 바회 – 불변함
(다) : 곳, 닙 – 가변성 / 솔 – 항상 푸르름, 곧음(절개)
(라) : 대나무 – 곧음, 사시에 푸름 (절개)
② 감정을 사물에 의탁하여 우회적으로 표현하고 있다.
③ 시어의 반복이나 점층적 효과 없이 사물을 병렬식으로 나열하고 있다.
④ 개인의 주관적 정서를 표출. 집단의 정서와는 관계없다.

27 인용한 시조는 고산 윤선도가 병자호란 때 왕을 호종(임금의 거가를 모시고 따라감)하지 않았다 하여 경상도 영덕에 유배되어 있다가 풀려나 해남의 금쇄동에 은거하고 있을 때 지은 것으로, '산중신곡' 가운데 6수로 된 연시조 '만흥(漫興)' 3이다. 이는 '강호가도'의 시풍을 극대화한 것으로 자연 속에 묻혀 사는 은사의 즐거움을 표현하고 있다. 특히 '만흥' 6수에는 벼슬하지 않고 자연 속에 사는 것이 자기의 분수에 맞는 일이라고 자위하고 있다.

**정답** 26 ① 27 ③

## 03 고전산문

01 '군담소설'이란 임·병란 이후 '실존 인물(역사군담)'과 '허구적 영웅들(창작군담)'의 활약상을 통해 실제로는 패배했지만 이에 대한 정신적 보상과 민족적 적개심을 불러 일으켜 민족의식을 고취하려는 의도에서 창작된 고대소설이다.
'창작군담'은 주로 중국을 무대로 한 가공적 영웅을 허구화한 소설이고, '역사군담'은 '조선'을 배경으로 실존했던 인물들의 행적이나 사건을 다루었다.

01 **다음 중 창작군담소설(일명 영웅소설)의 특징이 아닌 것은?**

① 영웅의 일생이라는 전형적 구조로 되어 있다.

② 조선 후기에 활발하게 창작되었다.

③ 비현실적인 요소가 많다.

④ 시·공간적 배경은 16 ~ 17세기 조선인 경우가 대부분이다.

02 〈출전 : '규중칠우쟁론기'〉
척 부인 – 자
① 세요 각시 – 바늘
③ 교두 각시 – 가위
④ 인화 부인 – 인두

02 **다음 중 괄호 안에 알맞은 것은?**

> 이른바 규중 칠우는 부인내 방 가운데 일곱 벗이니 글하는 선배는 필묵과 조희 벼루로 문방사우를 삼았나니 규중 녀잰들 홀로 어찌 벗이 없으리오. 그러므로 침선돕는 유를 각각 명호를 정하여 벗을 삼을새, 바늘로 세요 각시라 하고, 척을 척 부인이라 하고, 가위로 교두라 하고, 인도로 인화부인이라 하고, 달우리로 울낭자라 하고, 실로 청홍흑백 각시라 하며, 골모로 감토할미라 하여, 칠우를 삼아 규중 부인내 아츰 소세를 마치매 칠위 일제히 모여 종시하기를 한가지로 의논하여 각각 소임을 일워 내는지라.
> 일일은 칠위 모혀 침선의 공을 의논하더니 (      )이(가) 긴 허리를 자히며 이르되
> "제우는 들으라. 나는 세명지 굵은 명지 백저포 세승포와 청혹녹라 자라 홍단을 다 내여 펼쳐 놓고 남녀의 옷을 마련할 새, 장단 광협이며 수품제도를 내 곧 아니면 어찌 일으리오. 이러므로 의지공이 내 으뜸되리라."

① 세요 각시

② 척 부인

③ 교두 각시

④ 인화 부인

정답 ( 01 ④  02 ② )

□□
## 03 다음 중 여성 작가의 작품이 아닌 것은?

① 조침문
② 윤씨행장
③ 한중록
④ 동명일기

□□
## 04 다음 중 판소리 전에 소설로 먼저 만들어진 것은?

① 변강쇠타령
② 적벽가
③ 춘향전
④ 토별가

□□
## 05 다음 중 여성의 고난을 그린 작품과 관계가 없는 것은?

① 제석본풀이
② 숙향전
③ 화용도 타령
④ 바리데기

03 윤씨행장 : 김만중이 어머니 윤씨가 죽자, 살아생전의 행장을 기록하여 여자 조카들에게 교훈을 주고자 쓴 국문수필이다.
① · ④ 조선 후기 여류 국문수필
③ 한중록 : 정조의 어머니 혜경궁 홍씨가 쓴 자서전적 회고록 형식의 궁중수필

04 '적벽가'는 중국 소설 나관중의 '삼국지연의'에서 '절정'을 이루는 '적벽대전' 대목을 판소리로 극화한 것이다. 보통의 판소리 대부분은 '설화 → 판소리사설 → 판소리계 소설'의 형성 과정을 거치나 '적벽가'는 소설이 먼저 쓰였고 이를 판소리로 극화한 점이 나머지 작품과 다르다.

05 '화용도 타령(적벽가)'는 중국소설 '삼국지연의'의 적벽대전을 판소리화한 작품으로 여성의 고난은 나타나지 않는다.
① 제석본풀이 : 천부지모형(天父地母型)의 서사무가로 여성의 수난이 드러나 있다.
② 숙향전 : 조선후기 고전소설. 천상계의 인물인 주인공이 지상계로 내려와 온갖 시련을 극복하면서 사랑을 성취하는 애정소설로, 비현실적인 사건 전개와 영웅의 일대기 구조가 나타나는 작품이다.
④ 바리데기 : 바리데기의 고난과 성취의 일생을 통해 본 무속 신의 내력을 그려낸 서사무가이다.

정답 ( 03 ②  04 ②  05 ③ )

**06** '염정소설'이란 남녀 간의 애정 문제를 다룬 소설을 말한다.
사씨남정기 : 김만중. 숙종이 인현왕후를 쫓아냄을 풍자한 것으로, 요첩과의 환락이나 수신제가에 누가 됨을 풍자하여 숙종의 마음을 돌리기 위한 정치적인 목적을 지닌 가정소설이다.

**07** 길동이 '적당(활빈당)'에 빠졌다는 것은 '도적'들과 함께 했다는 뜻으로 뒤 문장 '죄명이 이에 미치었사오니'로 미루어 길동의 죄명을 유추할 수 있는 단서가 된다.
① '체읍주왈(涕泣奏曰)'은 '눈물을 흘리며 흐느끼며 아뢴다.'는 뜻으로 ㉠의 감상과는 거리가 멀다.
② '천생(賤生)'이란 '천첩의 소생'이라는 뜻으로 길동이 자신의 처지를 한탄하는 대목이다. 앞부분 '부형(父兄)의 훈계를 듣지 말고자 함이 아니오라'로 미루어 ㉡의 감상은 잘못이다.
④ '참연(慘然)'은 '슬퍼 가슴 아프다'는 말로 '감사 길동을 철쇄로 결박하여 보낼새'는 감사로 파견된 형이 길동을 철쇄로 결박한 것이다.

**06** 다음 중 '염정소설(艶情小說)'이 <u>아닌</u> 것은?

① 숙영낭자전
② 채봉감별곡
③ 옥단춘전
④ 사씨남정기

**더 알아두기**
① 숙영낭자전 : '춘향전'의 아류작. 선비 백선군과 꿈에서 본 숙영과의 사랑을 그린 염정소설
② 채봉감별곡 : '추풍감별곡'이라고도 한다. 사실적인 묘사로 조선 말기 부패한 관리들의 추악한 이면을 폭로하고, 진취적인 한 여성이 부모의 명령을 거역하면서까지 사랑을 성취한다는 내용의 염정소설
③ 옥단춘전 : '춘향전'의 아류작. 이혈룡과 기생 옥단춘과의 사랑을 그린 염정소설

**07** 다음 중 문맥을 고려하여 ㉠~㉣을 가장 적절하게 감상한 것은?

> 길동이 ㉠ 체읍주왈(涕泣奏曰), 이 불초한 동생 길동이 본래 부형(父兄)의 훈계를 듣지 말고자 함이 아니오라, ㉡ 팔자 기박하여 천생(賤生)됨을 평생 한일 뿐더러 가(家) 중에 시기하는 사람을 피하여 정처 없이 다니다가 천만 몽매(蒙昧)로 몸이 ㉢ 적당(賊黨)에 빠져 잠시 생애를 붙였더니, 죄명이 이에 미치었사오니 명일에 소제(小弟) 잡은 연유를 장계하옵고, 소제를 결박하여 나라에 바치옵소서 하며, 담화로 날을 새우고 평명(平明)에 감사 길동을 철쇄로 결박하여 보낼새 ㉣ 참연(慘然)히 낯빛을 고치고 하염없이 눈물을 흘리더라.

① ㉠ : 길동이 상대를 속이기 위해 거짓 웃음을 짓고 있군.
② ㉡ : 길동이 부형의 훈계를 듣지 않은 것을 한탄하고 있군.
③ ㉢ : 길동의 죄명을 유추할 수 있는 단서라고 하겠군.
④ ㉣ : 길동이 감사를 결박하고서 슬픈 표정을 짓고 있군.

**정답** 06 ④ 07 ③

## 08 다음 글의 표현상 특징으로 적절하지 않은 것은?

> 홍식이 거록ᄒ야 붉은 긔운이 하놀을 쒸노더니 이랑이 소 리를롤 놉히 ᄒ야 나를 블러 져긔 믈밋촐 보라 웨거놀 급히 눈을 드러 믈밋 홍운을 헤앗고 큰 실오리 ᄀ톤 줄이 붉기 더옥 긔이ᄒ며 긔운이 진홍 ᄀ톤 것이 ᄎᄎ 나 손바닥 너비 ᄀ톤 것이 그믐 밤의 보는 숫불빗 ᄀ톤더라. ᄎᄎ 나오더니 그 우흐로 젹은 회오리밤 ᄀ톤 것이 붉기 호박 구슬 ᄀ고 뉡고 통낭ᄒ기는 호박도 곤 더 곱더라.
> 그 붉은 우흐로 흘흘 움즉여 도ᄂᄃ디 처엄 낫던 붉은 긔운 이 빅지 반 장 너비만치 반ᄃᄉ시 비최며 밤 ᄀ톤던 긔운이 히 되야 ᄎᄎ커 가며 징반만 ᄒ여 붉웃붉웃 번듯번듯 쒸놀며 젹식이 왼 바다희 씨치며 몬져 붉은 기운이 ᄎᄎ 가시며 히 흔들며 쒸놀기 더욱 ᄌ로 ᄒ며 항 ᄀ고 독 ᄀ톤 것이 좌우로 쒸놀며 황홀히 번득여 냥목이 어즐ᄒ며 붉은 긔운이 명낭ᄒ 야 첫 홍식을 헤앗고 텬듕의 징반 ᄀ톤 것이 수레박희 ᄀ톤ᄒ 야 믈 속으로셔 치미러 밧치ᄃ시 올나 붓흐며 항독 ᄀ톤 긔 운이 스러디고 처엄 붉어 것촐 빗최던 거슨 모혀 소혀텨로 드리워 믈 속의 풍덩 쌔디ᄂᄂ듯 시브더라. 일식이 됴요ᄒ며 물결이 붉은 긔운이 ᄎᄎ 가시며 일광이 청낭ᄒ니 만고 텬하 의 그런 장관은 되두홀 되 업슬 둣ᄒ더라.

① 시간의 흐름에 따라 내용이 전개되고 있다.
② 여성의 섬세한 문체를 잘 보여주고 있다.
③ 해돋이 광경을 비유적으로 잘 묘사하고 있다.
④ 관찰 대상을 객관적으로 표현하여 현장감을 주고 있다.

## 09 다음 글의 성격으로 적절하지 않은 것은?

> 아깝다 바늘이여, 어여쁘다 바늘이여, 너는 미묘한 품질과 특별한 재치를 가졌으니 물품의 명물이여 철중의 쟁쟁이라. 민첩하고 날래기는 백대의 협객이요, 굳세고 곧기는 만고의 충절이라 추호 같은 부리는 말하는듯하고 뚜렷한 귀는 소리 를 듣는 듯한지라. 능라와 비단에 난봉과 공작을 수놓을 제, 그 민첩하고 고귀함은 귀신이 돕는 듯하니, 어찌 인력의 미 칠 바이요.

① 글의 소재와 형식이 자유롭다.
② 다양한 구성법을 활용할 수 있다.
③ 행동이나 사건이 구조의 중심을 이룬다.
④ 관조적인 자세로 자아와 사물을 통찰하는 글이다.

08 〈출전 : 의유당 김씨, '동명일기(東溟日記)'〉
이 작품은 귀경대에서 일출의 장면을 시간적 흐름(추보식)에 따라 사실적으로 묘사했다. 전반부에서는 일출의 장관에 대한 호기심과 기대, 일출을 기다리는 과정을, 후반부에서는 해돋이 광경을 여성 특유의 세심한 문체와 고유어를 사용하여 비유적으로 표현하고 있다.
관찰 대상(해돋이 광경)을 주관적이고 비유적으로 생생하게 표현하여 현장감을 더해주고 있다.

09 〈출전 : 국문 여류 수필, '조침문'〉
'수필'의 특성이 아닌 것을 고른다. 긴밀한 사건, 행동이 중심인 것은 서사장르인 소설의 특징이다.
① 무형식의 형식, 소재의 다양성
② 제문 형식이든 기행문 형식이든 혹은 서간문 형식이든 작가의 개성에 따라 선택할 수 있다.
④ 인생의 체험과 관조의 문학

 정답  08 ④  09 ③

## 04 한문학

**01** 이 시는 先景(기, 승)에서는 외적 상황(노동과 보리타작하는 마당 정경)을 먼저 제시한 다음 後情(전, 결)에서는 정신과 육체가 합일된 노동의 기쁨과 함께 관직에 몸담은 자신의 삶에 대한 반성(마음이 몸의 노예가 될 벼슬길에서 헤매지 않겠다)을 하고 있다.

**01** 다음 시에서 서정적 자아의 정서 변화를 가장 잘 나타낸 것은?

> 새로 걸러낸 막걸리 젖빛처럼 뿌옇고
> 큰 사발에 보리밥의 높기가 한 자로세.
> 밥을 먹자 도리깨 잡고 마당에 나서니
> 검게 탄 두 어깨 햇빛 받아 번쩍이네.
> 응헤야, 소리 내며 발 맞추어 두드리니
> 삽시간에 보리 낟알 온 마당에 가득하네.
> 주고받는 노랫가락 점점 높아지는데
> 보이느니 지붕 위에 보리 티끌뿐이로다.
> 그 기색을 살펴보니 즐겁기 짝이 없어
> 마음이 몸의 노예가 되지 않았네.
> 낙원이 먼 곳에 있는 것이 아닌데
> 무엇하려고 벼슬길에 헤매고 있으리요.

① 장소를 옮겨가며 장면을 묘사
② 낮에서 밤으로 시간이 바뀜
③ 먼 곳에서 가까운 곳으로 시선이동
④ 외적 상황을 먼저 제시한 후 내면 세계를 드러냄

**더 알아두기**

정약용의 '타맥행 = 보리타작'으로 농민들의 보리타작의 모습을 보면서 그 노동에서 얻는 즐거움을 느끼고 자신의 삶을 반성한 다산(茶山)의 중농(重農) 사상과 현실주의 시 정신을 잘 나타내는 작품이다. 기, 승, 전, 결의 4단 구성과 선경후정(先景後情)의 방식으로 시상을 전개하고 있다.
(1) 기(1 – 4행) : 노동하는 농민의 건강한 삶의 모습
(2) 승(5 – 8행) : 보리타작하는 마당의 정경
(3) 전(9 – 10행) : 정신과 육체가 합일된 노동의 기쁨
(4) 결(11 – 12행) : 관직에 몸담은 자신의 삶에 대한 반성

**정답** 01 ④

**02** 다음 시의 설명과 거리가 <u>먼</u> 것은?

> 어제 영명사를 지나다가
> 잠시 부벽루에 올랐네.
> 성은 텅 빈 채로 달 한 조각 떠 있고
> 오래된 조천석 위에 천 년의 구름 흐르네.
> 기린마는 떠나간 뒤 돌아오지 않는데
> 천손은 지금 어느 곳에 노니는가?
> 돌다리에 기대어 휘파람 부노라니
> 산은 오늘도 푸르고 강은 절로 흐르네.
>
> – 이색, '부벽루'

① 선정후경의 시상전개 방식을 사용했다.

② 시간의 흐름을 감각적으로 표현했다.

③ 대자연의 무한함과 인간의 유한성을 대비하여 표현했다.

④ 소재의 특성 면에서 민족 문학적 성격이 드러난다.

**03** 다음 〈보기〉에서 설명하는 작품에 속하지 <u>않는</u> 것은?

> ┌ 보기 ┐
> • 중국의 전통적인 시가양식이다.
> • 삼국시대부터 조선시대에 걸쳐 쓰인 시가이다.
> • 절구와 율시가 있고 압운이 있다.

① 정지상의 송인

② 임제의 무어별

③ 월명사의 제망매가

④ 정약용의 보리타작

**02** '선정후경'이 아니라 '선경후정'의 시상전개 방식을 사용했다.

목은 이색이 고려 말에 고구려의 유적지인 평양성을 지나다가 지은 오언율시(五言律詩)이다. 그 옛날 찬연했던 고구려의 모습은 이제 찾을 수 없고, 다만 지난날을 되돌아보게 하는 퇴색한 자취만이 남아있는 데서 느껴지는 인생의 허무함을 웅대하게 노래한 시다. 화자는 유구한 자연사에 비해 허망한 인간사에 쓸쓸해하고 있으며, 하늘에 떠 있는 한 조각의 달과 무심히 흐르는 구름이 더욱 더 그런 분위기에 젖게 한다. 그런데 이 작품은 역사 속에서 사라져 간 옛 왕조를 단순히 회고하며 자취를 더듬는 시가 아니다. 원나라의 침입 후 쇠약해진 국력을 안타까워하며 고구려의 웅혼한 역사를 다시금 생각하고 현재를 반성하는 목은 이색의 역사의식이 숨어 있는 작품이다.

**03** 〈보기〉는 '한시(漢詩)'에 대한 설명이다.

월명사의 제망매가는 '향가'이다.

**정답** 02 ① 03 ③

04 〈출전 : 황현, '절명시' 제3수〉

제시된 작품은 작가가 1910년 8월 한일 병합의 소식을 듣고 음독자살을 하면서 남긴 '절명시(絕命詩)' 중 제3수이다. '국권을 강탈당하는 상황에 처한 지식인의 고뇌'가 주제이므로 '망국의 한'과 관련된 작품을 찾는다.

원천석, '회고가' : 망국의 한(고려 멸망)과 회고의 정

① 계량, '연정가' : 이별한 임에 대한 그리움.

② 성혼, '한정가' : 자연을 즐기는 한가한 정

③ 박인로, '조홍시가' : 효를 못 다함에 대한 탄식

□□

04 다음 한시의 화자가 처한 상황을 고려할 때 시적 정서가 가장 유사한 것은?

> 鳥獸哀鳴海岳嚬
> 槿花世界已沈淪
> 秋燈掩卷懷千古
> 難作人間識字人

① 이화우(梨花雨) 훗쌛릴 제 울며 잡고 이별ᄒᆞᆫ 님,
추풍낙엽(秋風落葉)에 저도 날 싱각ᄂᆞᆫ가.
천 리에 외로운 쑴만 오락가락 ᄒᆞ노매.

② 말 업슨 청산(靑山)이요 태(態) 업슨 유수(流水) ㅣ로다.
갑 업슨 청풍(淸風)이요 님ᄌᆞ 업슨 명월(明月)이라.
이 중(中)에 병(病) 업슨 이 몸이 분별(分別) 업시 늘그리라.

③ 반중(盤中) 조홍(早紅)감이 고아도 보이ᄂᆞ다.
유자(柚子) ㅣ 안이라도 품엄 즉도 ᄒᆞ다마ᄂᆞᆫ
품어 가 반기리 업슬ᄉᆡ 글노 설워ᄒᆞᄂᆞ이다.

④ 흥망(興亡)이 유수(有數)ᄒᆞ니 만월대(滿月臺)도 추초(秋草)
ㅣ로다.
오백 년(五百年) 왕업(王業)이 목적(牧笛)에 부쳐시니,
석양(夕陽)에 지나ᄂᆞᆫ 객(客)이 눈물계워 ᄒᆞ노라.

05 다음 중 이규보의 '동명왕편(東明王篇)'에 대한 설명으로 옳지 않은 것은?

① 우리나라 최초의 건국 서사시이다.

② 향찰로 기록된 우리나라 최초의 정형시이다.

③ 북방계 난생(卵生)설화에 해당하며 천손 하강 모티프를 지니고 있다.

④ 중화(中華) 사상에서 벗어나 우리 민족의 우월성을 드높이고 있다.

05 ②는 향가에 대한 설명이다. 이규보의 '동명왕'은 5언 연속체, 전 282구의 영웅의 일대기 구조를 지닌 우리나라 최초의 건국 서사시이다. 민족의식을 고취하고 민족의 자주성을 널리 알리고자 고구려의 건국 시조인 동명왕의 신화를 장편 서사시의 형태로 재창조한 서사시로 고려가 위대한 고구려를 계승하고 있다는 자부심이 드러나 있다.

06 다음 중 김시습의 한문단편소설집 『금오신화』에 수록된 작품이 아닌 것은?

① 원생몽유록

② 용궁부연록

③ 취유부벽정기

④ 만복사저포기

06 김시습의 『금오신화』에는 '만복사저포기, 이생규장전, 취유부벽정기, 남염부주지, 용궁부연록'의 5편의 단편이 수록되어 전해지고 있다.
원생몽유록 : 선조 때 임제가 지은 한문소설로 생육신의 한 사람인 남효온의 처지를 슬퍼하여 쓴 몽유록계 전기소설(傳奇小說)이다. 세조의 왕위 찬탈을 배경으로 한 정치 권력의 모순을 묘사하고 있다.

07 다음 중 '국순전'에 대한 설명으로 옳지 않은 것은?

① 작가는 엽전을 의인화한 '공방전'도 지었다.

② 이규보의 '국선생전'에 영향을 주었다.

③ 가전체 문학의 효시가 되는 작품이다.

④ 술의 긍정적인 측면을 부각하여 바람직한 인간의 모습을 나타내고 있다.

07 ④는 이규보의 '국선생전'에 대한 설명이다. '국선생전'은 술을 의인화한 '국성'의 일생을 통해 바람직한 인간의 모습을 나타낸 가전이다. 작가는 주인공인 '국성'을 신하로 설정하여 유생(儒生)의 바른 삶이란 신하로서 군왕을 모시고 나라를 다스리는 이상을 실현하는 데 있음을 드러내고 있다. 임춘의 '국순전'은 주로 술의 폐해를 다룬 작품으로 술의 내력과 그 흥망성쇠를 통해 술 때문에 향락에 빠진 임금과 이를 따르는 간신들을 풍자하고 있다.

정답 05 ② 06 ① 07 ④

08 '아내가 몰아 세우기를 ~'에서 짐작할 수 있는 것은 외경심보다는 남편의 무능을 신랄하게 비판하며 무시하는 태도이다. '외경심(畏敬心)'이란 '공경하고 두려워하는 마음'이다.
① 그 양반은 밤낮으로 훌쩍거리며 울었지만 별다른 대책도 생각해 낼 수 없었다.
② "군수는 마음속으로 그 양반이 가난해서 갚을 길이 없는 것을 불쌍히 여겼지만"에서 알 수 있다.
③ 관찰사가 각 고을을 돌아다니다가 이곳의 환곡 출납을 검열하고는 매우 노하여, "어떤 놈의 양반이 군량을 이렇게 축내었느냐"라고 하였다. 그리고는 명령을 내려 그 양반을 잡아 가두라고 하였다.

## 08 다음 글의 등장인물에 대한 설명으로 적절하지 않은 것은?

양반이라는 말은 선비 족속의 존칭이다. 강원도 정선군에 한 양반이 있었는데, 그는 어질면서도 글 읽기를 좋아하였다. 군수가 새로 부임하면 반드시 그 집에 몸소 나아가서 경의를 표하였다. 그러나 그는 집안이 가난해서 해마다 관가에서 환곡을 빌려 먹다 보니 그 빚이 쌓여서 천 석에 이르렀다. 관찰사가 각 고을을 돌아다니다가 이곳의 환곡 출납을 검열하고는 매우 노하여, "어떤 놈의 양반이 군량을 이렇게 축내었느냐"라고 하였다. 그리고는 명령을 내려 그 양반을 잡아 가두라고 하였다. 군수는 마음속으로 그 양반이 가난해서 갚을 길이 없는 것을 불쌍히 여겼지만 그렇다고 해서 가두지 않을 수도 없었다.

그 양반은 밤낮으로 훌쩍거리며 울었지만 별다른 대책도 생각해 낼 수 없었다. 그런 상황에서 그의 아내가 몰아 세우기를, "당신은 한평생 글 읽기를 좋아했지만 관가의 환곡을 갚는 데 아무런 도움이 못 되는구려. 양반 양반 하더니 양반은 한 푼 가치도 못 되는구려."라고 하였다.

– 박지원, '양반전' 중에서

① 양반은 자구책을 마련하지 못하고 있다.
② 군수는 양반에게 측은지심을 느끼고 있다.
③ 관찰사는 공평무사하게 일을 처리하고 있다.
④ 아내는 남편에 대해 외경하는 마음을 지니고 있다.

□□
**09** 다음 글의 내용과 직접적 연관성이 <u>없는</u> 것은?

> 남원에 양생이 살았는데 일찍 부모를 여의고 장가들지 못한 채 만복사 동쪽에서 홀로 지내고 있었다. 방 밖에 서 있는 한 그루 배나무는 바야흐로 봄을 맞아 꽃이 활짝 피어 마치 옥으로 된 나무에 은덩이가 붙어 있는 것 같았다. 양생은 달 밝은 밤이면 그 나무 아래를 거닐며 낭랑하게 시를 읊조렸다. '한 그루 배나무 꽃 쓸쓸함을 달래주나 / 가련히도 밝은 달밤을 저버리누나. / 청춘에 홀로 누운 외로운 창가로 / 어디선가 미인이 봉황 퉁소 부는구나. // 비취 새 외로이 날아 짝을 맺지 못하고 / 원앙새 짝을 잃고 맑은 강에 몸을 씻네. / 어느 집에 인연 있나 바둑으로 점치다가 / 밤엔 등불 꽃 점복하고 근심스레 창에 기대네.' 읊기를 마치자 홀연히 공중에서 소리가 들려 왔다. "그대가 좋은 짝을 얻고자 하니 어찌 이루지 못할까 걱정하는가?"

① 주인공은 고독한 처지에 놓여 있다.
② 사건 전개에 비현실적인 내용이 들어 있다.
③ 인물의 내면이 시를 통하여 표출되고 있다.
④ 고난과 고난 극복의 서사가 이어지고 있다.

**더 알아두기**
① 주인공 양생은 '일찍 부모를 여의고 장가 또한 들지 못한' 고독한 노총각이다.
② 제시된 부분의 마지막에서 보이듯 '공중에서 말소리가 들려온다'는 설정이라든가 탑돌이를 하던 여인이 알고 보니 귀신이라든가 하는 비현실적인 내용이 종종 등장하고 있다.
③ '한 그루 배나무 꽃', '청춘에 홀로 누운 외로운 창가', '외로이 나는 비취 새와 원앙새' 등의 시 표현을 통해 인물의 고독함이 잘 표출되고 있다.

**09** 제시문은 김시습의 『금오신화』 속에 수록된 '만복사저포기' 중 일부이다. 이 작품은 남녀 간의 사랑을 다룬 '염정소설'이면서 귀신과 사람의 사랑을 소재로 다룬 '명혼(冥婚)소설'이지만 고난과 고난 극복의 서사가 이어지는 부분은 없다.

**정답** 09 ④

10 허물을 수용하는 처세의 필요성을 설파한 한문수필이다. 거사는 못생긴 사람이 많은 혼탁한 세상 속에서 맑은 거울을 취하기보다는 부정적 현실을 어느 정도 눈감고 수용하는 태도가 필요하다고 말하고 있으므로 ④의 이상주의적이고 결백한 자세로 현실에 맞서고자 하는 거사의 높은 의지와는 관련이 없다.

① 잘생긴 사람은 적고 못생긴 사람은 많기 때문에 '흐린 거울'을 그대로 두는 것이 낫다는 말은 '맑은 거울'이 용납되지 않는다는 부패하고 혼탁한 당대의 현실에 대한 비판이다.

② 용모에 대한 거사의 논의는 단순히 외모가 아니라 도덕성, 지혜, 안목 등을 비유한 것이다.

③ 현실이 '맑은 거울'을 취할 수 없는 현실이니 지금은 '흐린 거울'을 취하였다가 잘생기고 예쁜 사람(도덕성, 지혜, 안목 등을 가진 인재들)이 인정받는 세상이 왔을 때 자신도 품성을 닦아 세상에 출사하겠다는 처세관을 보여주고 있다.

□□
**10** 다음 글에 대한 설명으로 옳지 <u>않은</u> 것은?

> 거사는 이렇게 대답했다.
> "얼굴이 잘생기고 예쁜 사람은 맑고 아른아른한 거울을 좋아하겠지만, 얼굴이 못생겨서 추한 사람은 오히려 맑은 거울을 싫어할 것입니다. 그러나 잘생긴 사람은 적고 못생긴 사람은 많기 때문에, 만일 맑은 거울 속에 비친 추한 얼굴을 보기 싫어할 것인즉 흐려진 그대로 두는 것이 나을 것입니다. 그래서 차라리 깨쳐 버릴 바에야 먼지에 흐려진 그대로 두는 것이 나을 것입니다. 먼지로 흐리게 된 것은 겉뿐이지 거울의 맑은 바탕은 속에 그냥 남아 있는 것입니다. 만약 잘생기고 예쁜 사람을 만난 뒤에 닦고 갈아도 늦지 않습니다. 아! 옛날에 거울을 보는 사람들은 그 맑은 것을 취하기 위함이었지만, 내가 거울을 보는 것은 오히려 흐린 것을 취하는 것인데, 그대는 이를 어찌 이상스럽게 생각합니까?" 하니 나그네는 아무 대답이 없었다.
>
> — 이규보, '경설' 중에서

① 잘생긴 사람이 적고 못생긴 사람이 많다는 말에서 거사의 현실인식을 알 수 있다.

② 용모에 대한 거사의 논의는 도덕성, 지혜, 안목 등을 비유한 것으로 볼 수 있다.

③ 잘생기고 예쁜 사람을 만난 후 거울을 닦겠다는 말에서 거사가 지닌 처세관을 엿볼 수 있다.

④ 이상주의적이고 결백한 자세로 현실에 맞서고자 하는 거사의 높은 의지가 드러나 있다.

**정답** 10 ④

## 05 구비문학

□□
01 다음 중 민요의 특성에 대한 설명으로 맞지 않는 것은?

① 문자에 의한 기록과 무관하게 입에서 입으로 전승된다.
② 노래로 불리기에 적합하도록 그 율격이나 형식이 다듬어져 있다.
③ 무격이 의례를 진행할 때 부르는 노래이다.
④ 노동과 밀접한 관계를 갖는다.

01 ③은 무가에 대한 설명이다. 민요는 주로 삶의 현장인 노동과 밀접한 관련을 맺으며, 특정한 작자가 없이 자생적으로 발생하였고, 구전으로 발전하고 전파되었다.

□□
02 다음은 어떤 유형의 무가에 대한 설명인가?

> '본풀이'라고도 하며 무속 신의 내력을 이야기하고 있다는 점에서 무속신화이고, 악기 반주에 맞추어서 많은 사람에게 재미있는 이야기를 노래로 들려준다는 점에서는 구비서사시라고 할 수 있다.

① 서정무가
② 교술무가
③ 서사무가
④ 희곡무가

02 서사무가에 대한 설명이다. 전국적으로 전승되는 서사무가로 '바리공주'나 '제석본풀이' 등을 들 수 있는데 '바리공주'는 '바리데기', '칠공주', '오구풀이' 등의 다른 명칭도 있다.

**더 알아두기**

① 서정무가 : 서정무가는 신이나 인간의 주관적 정감을 표현한 무가로서 주로 신과 인간이 서로 어울려 놀면서 부르는 분연체 노래들이 여기에 속한다. '노랫가락', '대감타령', '창부타령' 등이 그것이다.
② 교술무가 : 교술무가는 무의를 진행하는 일정한 기능을 가지고 있다. 교술무가의 언어를 지시기능을 중심으로 다시 나누면 무당이 신에게 하는 언어인 청배, 축원과 신이 인간에게 전하는 말인 공수로 나누어진다.
④ 희곡무가 : '무극' 또는 '굿놀이'를 채록한 무가를 희곡무가라고 하는데 주요 자료는 경기, 서울 지역에 '소놀이굿', '장님놀이', '사자놀이', '어둥이놀이', 동해안 지역에 '도리강관원놀이', '거리굿', '중잡이놀이', '범굿', 황해도 지역에 '사또놀이', '사냥굿', '도산말명', 제주도에 '세경놀이', '영감놀이', '전상놀이' 등이 있다.

**정답** 01 ③  02 ③

독학사 동영상 강의_시대에듀(www.sdedu.co.kr)

03 '무가'는 무속의식에서 무당이 부르
는 노래로 개인의 감정을 담은 '서정
성'과는 관련이 없다.
① 오락성: 무가의 구연은 참관하는
사람들에게 흥미로운 구경거리
가 된다.
② 주술성: 치병(治病), 점복(占卜),
예언 등을 할 때 이용된다.
③ 신성성: 신을 대상으로 구연(口
演)한다.

04 [문제 하단의 표 내용 참고]

03 다음 중 '무가(巫歌)'의 특징이 아닌 것은?

① 오락성
② 주술성
③ 신성성
④ 서정성

04 다음 중 〈보기〉의 밑줄 친 부분에 해당하는 판소리 용어를 바르
게 짝지은 것은?

┌ 보기 ┐

문화센터에서 무료로 '춘향가'를 공연한다고 하여 아이들
과 함께 방문하였다. 갓을 쓰고 도포를 입은 광대가 서서 노
래를 부르고 옆에 앉은 고수는 북으로 장단을 맞추며 이따금
㉠ "얼씨구" 하며 분위기를 돋우었다. 이몽룡이 춘향이를 업
고 ㉡ 사랑을 속삭이는 노래를 부르는 장면에서는 절로 흥이
일었고 암행어사가 된 이몽룡이 거지로 변장하여 ㉢ 월매와
말을 주고받는 장면에서는 웃음이 터져 나왔다. 암행어사 출
두 장면에서 잔치에 모인 벼슬아치들이 ㉣ 허둥지둥 도망치
는 모습을 몸짓으로 흉내 내는 것을 보니, 노래뿐만 아니라
연기도 잘해야 판소리 공연을 제대로 할 수 있겠다는 생각이
들었다.

| | ㉠ | ㉡ | ㉢ | ㉣ |
|---|---|---|---|---|
| ① | 추임새 | 소리 | 발림 | 아니리 |
| ② | 너름새 | 더늠 | 발림 | 아니리 |
| ③ | 너름새 | 더늠 | 아니리 | 발림 |
| ④ | 추임새 | 소리 | 아니리 | 발림 |

**더 알아두기** 〈판소리 용어〉

| 추임새 | 고수가 발하는 탄성. 소리의 끝 구절에 '좋지', '얼씨구', '흥' 등으로 흥을 돋우는 소리 |
|---|---|
| 소리(창) | 광대가 부르는 노래 |
| 아니리 | 창을 하는 도중 곡조를 빼고 하는 말. 창 도중에 장면 변화나 정경 묘사를 하는 이야기 |
| 발림 | 노래를 부르면서 하는 무용적인 동작 |
| 너름새 | 발림과 같은 것이나 가사, 소리, 몸짓이 일체가 되었을 때 일컫는 말. 좁은 의미로는 '발림'과 같은 말 |
| 더늠 | 판소리 명창들에 의하여 노랫말과 소리가 새로이 만들어지거나 다듬어져 이루어진 판소리 대목 |

**정답** 03 ④  04 ④

**05** 다음 중 속담의 기능으로 볼 수 없는 것은?

① 설득성
② 교훈성
③ 쾌락성
④ 생동성

**06** 다음 중 속담의 특성에 포함되지 않은 것은?

① 은유나 직유 같은 비유의 형식으로 표현한다.
② 민중의 지혜, 길거리의 철학이 담겨 있다.
③ 인간의 본성이나 심리 등을 날카롭게 제시한다.
④ 말장난을 통한 오락성을 강조한다.

**더 알아두기** 〈속담의 특징〉
㉠ 은유나 직유 같은 비유의 형식으로 표현한다.
㉡ 민중의 지혜, 길거리의 철학이 담겨 있다.
㉢ 인간의 본성이나 심리 등을 날카롭게 제시한다.
㉣ 선인들의 감정, 사고, 기질 등이 반영되어 있다.
㉤ 표면적 의미와 이면적 의미가 서로 다르지만 속담을 구성하고 있는 단어의 의미를 통해 전체적인 의미를 추정해 낼 수 있도록 되어 있다.
㉥ 속담은 우회적인 표현에 효과적이며 시대에 맞게 적절하게 변용되어 사용될 수 있다.
㉦ 상반되는 의미를 지닌 속담들도 많이 있는데, 그것들은 삶의 다양한 국면을 함께 조명한다는 의미에서 서로 상호 보완적인 관계에 있다.

**05** 쾌락성은 속담의 기능과 관련이 없다.
① 설득성 : 속담은 전통적으로 진리로서의 권위를 지니고 있으므로 천만 마디의 긴 설명보다도 훨씬 효과적으로 상대방을 설득하는 무기가 된다.
② 교훈성 : 속담은 사리(事理)를 밝혀 주는 짧은 구절이므로 어른들이 젊은이에게 주는 중요한 교훈이 된다.
④ 생동성 : 속담은 일상적 언어생활의 순간순간에 매우 효과적으로 사용되어 메마른 언어생활을 다채롭고 생동감 있게 만들 수 있다.

**06** ④는 수수께끼의 특징이다.

**정답** 05 ③ 06 ④

**07** 달걀에도 뼈가 있다 : 늘 일이 잘 안 되는 사람이 모처럼 좋은 기회를 만났으나 역시 잘 안 될 때를 이르는 말, 계란유골(鷄卵有骨)

① 까마귀 날자 배 떨어진다 : 아무 관계없이 한 일이 공교롭게도 때가 같아 어떤 관계가 있는 것처럼 의심을 받게 됨을 비유적으로 이르는 말

③ 가재는 게 편이다 : 모양이나 형편이 서로 비슷하고 인연이 있는 것끼리 서로 잘 어울리고, 사정을 보아주며 감싸주기 쉬움을 비유적으로 이르는 말

④ 수양산 그늘이 강동 팔십 리를 간다 : 수양산 그늘진 곳에 아름답기로 유명한 강동 땅 팔십 리가 펼쳐졌다는 뜻으로, 어떤 한 사람이 크게 되면 친척이나 친구들까지 그 덕을 입게 됨을 비유적으로 이르는 말

**08** '내가 부를 노래를 사돈집에서 부른다.'라는 속담은 내가 하려고 하는 일을 상대편에서 먼저 할 때 쓰는 말이다. 같은 의미의 속담으로 '내가 할 말을 사돈이 한다.'가 있다.

**07** 다음 중 속담풀이가 옳지 <u>않은</u> 것은?

① 까마귀 날자 배 떨어진다 : 아무런 관계도 없이 한 일이 우연히 동시에 일어나, 다른 일과 관계된 것처럼 남의 혐의를 받게 됨을 비유하는 말

② 계란에도 뼈가 있다 : 일이 잘 풀린다.

③ 가재는 게 편이다 : 서로 같은 무리, 또는 비슷한 무리끼리 어울린다.

④ 수양산 그늘이 강동 팔십 리를 간다 : 어떤 사람이 잘 되면 친척이나 친구 또는 친지들이 그의 덕을 입는다.

**08** 다음 중 속담의 뜻을 풀이한 것으로 옳지 <u>않은</u> 것은?

① 머리는 끝부터 가르고 말은 밑부터 한다.
→ 말을 하려면 처음부터 차근차근 해야 한다.

② 눈 먹던 토끼 얼음 먹던 토끼 제각각
→ 사람이나 동물이나 살아 온 환경에 따라 능력이나 풍습이 다르다.

③ 인정은 바리로 싣고 진상은 꼬치로 꿴다.
→ 자기와 직접 관련이 있으면 한껏 베풀고 그렇지 않으면 인색하다.

④ 내가 부를 노래를 사돈집에서 부른다.
→ 내가 하려고 생각했던 일을 상대방이 함께 하자고 한다.

**더 알아두기**

① 머리는 끝부터 가르고 말은 밑부터 한다 : 말은 시작부터 요령 있게 하여야 한다는 말

② 눈 먹던 토끼 얼음 먹던 토끼 제각각 : 눈을 먹고 살던 토끼와 얼음을 먹고 살던 토끼가 다르다는 뜻으로, 사람은 자기가 겪어 온 환경에 따라서 그 능력이 다르고 생각이 다름을 비유적으로 이르는 말

③ 인정은 바리로 싣고 진상은 꼬치로 꿴다.
㉠ 임금에게 바치는 물건은 꼬치에 꿸 정도로 적으나 관원에게 보내는 뇌물은 많다는 뜻으로, 자신과 이해관계에 있는 일에 더 마음을 쓰게 됨을 비유적으로 이르는 말. ≒ 진상은 꼬챙이에 꿰고 인정은 바리로 싣는다.
㉡ 뇌물을 받는 아래 벼슬아치들의 권세가 더 큼을 비유적으로 이르는 말

정답　07 ②　08 ④

**09** 다음 중 설화문학에 대한 설명으로 <u>틀린</u> 것은?

① 설화문학에는 신화, 전설, 민담이 포함된다.

② 설화문학은 구비문학적 요소가 강하다.

③ 시간적, 공간적 배경이 정확하게 서술돼 있다.

④ 한국의 설화문학이 문자로 기록된 것은 고려시대 이후이다.

**더 알아두기**

| 갈래<br>구분 | 신화 | 전설 | 민담 |
|---|---|---|---|
| 전승자의<br>태도 | 신성하다고 믿음<br>→ 신성성 | 진실하다고 믿음<br>→ 진실성 | 흥미롭다고 믿음<br>→ 흥미성 |
| 시간과<br>장소 | 신성한 장소 | 구체적인 시간과<br>장소 | 뚜렷한 시간과 장<br>소가 없음 |
| 증거물 | 포괄적<br>(우주, 국가 등) | 개별적<br>(바위, 개울 등) | 보편적 |
| 주인공과<br>그 행위 | 신(神), 초능력 발휘 | • 비범한 인간<br>• 비극적 결말 | • 평범한 인간<br>• 운명 개척 |
| 전승 범위 | 민족적 범위 | 지역적 범위 | 세계적 범위 |
| 미적 범주 | 숭고미 | 비장미 | 골계미 |

**10** 다음 작품과 관련된 설명으로 적절하지 <u>않은</u> 것은?

> 용왕의 의사 있기 날같이 총명하고 / 나의 구변 없기 용왕
> 같이 미련하면 / 아까운 아내 목숨 수중 원혼 되겠구나. / …
> 하물며 만경창파 네 등으로 왕래하니 / 사지동고(死地同苦)
> 하였기에 목숨 살려 보내주니 / 그리 알고 돌아가되 / 좋은
> 약 보내기로 네 왕에게 허락하니 / 점잖은 내 도리에 어찌
> 식언을 하겠느냐 / 나의 똥이 장히 좋아 청열(淸熱)을 한다
> 하고 / 사람들이 주워다가 질아(疾兒)들을 먹이나니 / 네 왕
> 의 두 눈망울 열기가 과하더라. / 갖다가 먹였으면 병이 곧
> 나으리라.

① 부패하고 무능한 지배 체제를 우화적으로 풍자하였다.

② 신재효가 정리한 판소리 여섯 마당에 속하는 작품이다.

③ 근원설화인 '구토(龜兎)설화'는 『삼국유사』에 실려 전한다.

④ 개화기 때 이해조가 「토의 간」이라는 작품으로 개작하였다.

---

**09** 한국의 고대설화가 문자로 정착된 것은 고려 때[패관문학]부터이며, 설화의 발생이 자연적이고, 내용은 상상적인 것이 많다. 전설에는 증거물이 제시되어 있으나 시간적, 공간적 배경이 정확하다고 할 수는 없다.

**10** 〈출전 : 신재효, '수궁가'〉
근원설화인 '구토설화'의 출전은 『삼국사기』 권41, '열전 김유신 상(上)'이다.

① 토끼와 자래(거북)를 의인화하여 부패하고 무능한 지배 체제를 우화적으로 풍자하고 있다.

② '수궁가'는 신재효가 정리한 6마당 중 하나이다.

④ 판소리 '수궁가'는 판소리계 소설 '별주부전'으로 정착했고, 이를 이해조는 개화기 때 '토의 간'이라는 신소설로 개작하였다.

**정답** 09 ③ 10 ③

11  인물 – 사설 – 득음 – 너름새
    ㉮ 인물 : '천생은 변통할 수 없다'
    ㉯ 사설(판소리대본) : '정금미옥 좋
        은 말로 분명하고'
    ㉰ 득음 : '오장에서 나는 소리'
    ㉱ 너름새 = 발림 : 너름새는 광대의
        몸짓 동작을 의미함
'남녀노소 울게 하고 웃게 하는 맵시'
란 내용이 문제 해결의 실마리이다.

## 11 다음은 신재효의 '광대가'이다. 괄호 안에 들어갈 말로 바르게 짝지어진 것은?

광대라 하는 것이 제일은 ( ㉮ )치레 둘째는 ( ㉯ )치레 그 지차 ( ㉰ )(이)요 그 지차 ( ㉱ )(이)라. ( ㉱ )(이)라 하는 것이 구성 끼고 맵시 있고 경각의 천태만상 위선위귀 천만변화 좌상의 풍류호걸 구경하는 노소남녀 울게 하고 웃게 하는 이 구성 이 맵시가 어찌 아니 어려우리. ( ㉰ )(이)라 하는 것은 오음을 분별하고 육률을 변화하여 오장에서 나는 소리 농락하여 자아낼 제 그도 또한 어렵구나. ( ㉯ )이라 하는 것은 정금미옥 좋은 말로 분명하고 완연하게 색색이 금상첨화 칠보단장 미부인이 병풍 뒤에 나서는 듯 삼오야 밝은 달이 구름 밖에 나오는 듯 새뚠 뜨고 웃게 하기 대단히 어렵구나. ( ㉮ )은 천생이라 변통할 수 없거니와 원원한 이 속판이 소리하는 법례로다.

|   | ㉮ | ㉯ | ㉰ | ㉱ |
|---|----|----|----|----|
| ① | 인물 | 득음 | 사설 | 너름새 |
| ② | 인물 | 사설 | 득음 | 너름새 |
| ③ | 사설 | 득음 | 너름새 | 인물 |
| ④ | 득음 | 사설 | 너름새 | 인물 |

정답  11 ②

## 12 다음 글에 대한 이해로 적절하지 않은 것은?

> 말뚝이 : (가운데쯤 나와서) 쉬이. (음악과 춤 멈춘다.) 양반 나오신다아! 양반이라고 하니까 노론(老論), 소론(少論), 호조(戶曹), 병조(兵曹), 옥당(玉堂)을 다 지내고 삼정승(三政丞), 육판서(六判書)를 다 지낸 퇴로 재상(退老宰相)으로 계신 양반인 줄 아지 마시오. 개잘량이라는 '양' 자에 개다리소반이라는 '반' 자 쓰는 양반이 나오신단 말이오.
>
> 양반들 : 야아, 이놈, 뭐야아!
>
> 말뚝이 : 아, 이 양반들, 어찌 듣는지 모르갔소. 노론, 소론, 호조, 병조, 옥당을 다 지내고 삼정승, 육판서 다 지내고 퇴로 재상으로 계신 이 생원네 삼 형제분이 나오신다고 그리하였소.
>
> 양반들 : (합창) 이 생원이라네. (굿거리장단으로 모두 춤을 춘다. 도령은 때때로 형들의 면상을 치며 논다. 끝까지 그런 행동을 한다.)
>
> – 작자미상, '봉산탈춤' 중에서

① 말뚝이는 언어유희를 통해 양반을 조롱하고 있다.

② 말뚝이는 양반의 호통에 이내 변명하는 모습을 보인다.

③ 양반은 화를 낼 뿐 말뚝이의 말에 대한 제대로 된 문책을 못하고 있다.

④ 양반은 춤을 통해 말뚝이를 제압하고 있다.

---

12 양반이 춤을 추는 것은 말뚝이가 자신들의 호통에 대해 굴복한 줄 알고 만족해서이지, 춤을 통해 말뚝이를 제압하고 있는 것은 아니다. 오히려 양반들의 춤은 관객들에게 조롱의 대상이다.

① 언어유희 : '양반'(개잘량이라는 '양'자에 개다리소반이라는 '반'자 쓰는 양반)

② 말뚝이의 변명은 표면적으로는 양반의 호통에 대한 굴복이나 내면적으로는 더욱 심화된 조롱으로 반어적 표현에 해당하며, '면종복배'의 태도를 보여주고 있다.

③ 말뚝이의 조롱에 문책을 하지 못하고, 말뚝이의 심화된 조롱을 굴복으로 받아들인다.

정답  12 ④

13 ⊙ 버나 : 남사당패 놀이의 두 번째 놀이. 쳇바퀴나 대접 따위를 두 뼘 가량의 앵두나무 막대기나 담뱃대 등으로 돌리는 묘기이다. 버나재비와 어릿광대가 재담(才談)을 주고받으며 진행된다.

ⓛ 살판 : 남사당놀이의 세 번째 놀이. 광대가 손으로 땅바닥을 짚고 뛰어넘으면서 부리는 재주이다.

ⓒ 어름 : 남사당놀이의 네 번째 놀이. 광대나 재인(才人)들이 부리는 줄타기 재주를 말한다.

ⓔ 덧뵈기 : 남사당놀이의 다섯째 탈놀음. 마당씻이, 옴탈감이, 샌님잡이, 먹중잡이 등 네 마당으로 되어 있다. 춤보다는 재담과 몸놀림이 우세한 풍자극이다.

ⓜ 덜미 : 남사당놀이의 여섯째 놀이. '꼭두각시 놀이'. '목덜미 혹은 뒷덜미를 쥐고 노는 인형놀이'라는 뜻으로 유래된 말이다.

14 재미난 골에 범 난다 :

⊙ 편하고 이로운 곳에 너무 오래 있으면 마침내 화를 당한다는 뜻

ⓛ 뒤끝이 길면 반드시 꼬리를 잡힌다는 뜻

ⓒ 형편이 좋은 곳에 너무 오래 있으면 화를 입을 수 있다는 뜻

① 소경 머루 먹듯 : 좋고 나쁨을 가리지 못하고 이것저것 아무것이나 취함을 이르는 말

③ 깻묵에도 씨가 있다 : 언뜻 보면 아무것도 없을 듯한 곳에도 살펴보면 혹 무엇인가 있을 수가 있다는 말

④ 가물에 돌 친다 : 일이 기울어진 다음에 부랴부랴 서둘지 말고 미리 대책을 세워 두어야 함을 이르는 말

**정답** 13 ③  14 ②

---

□□

**13** 다음 내용 중 괄호 안에 들어갈 말로 올바르게 짝지어진 것은?

> 사당패의 우두머리는 꼭두쇠나 모가비, 재정이나 행정을 맡은 사람은 곰뱅이쇠라고 했고, 무리의 짐을 나귀로 실어 나르는 사람은 나귀쇠, 악사(樂士)는 잽이라고 불렀다. ( ⊙ )은(는) 한 손에 든 나무나 대꼬챙이에 사발, 대접, 접시 같은 것을 얹어 공중에서 돌리는 구경거리, ( ⓛ )은(는) 광대가 몸을 날려 공중제비 따위를 보여 주는 땅재주였다. ( ⓒ )은(는) 줄타기, ( ⓔ )는 탈춤, ( ⓜ )은(는) 꼭두각시놀음이다.

| | ⊙ | ⓛ | ⓒ | ⓔ | ⓜ |
|---|---|---|---|---|---|
| ① | 버나 | 곤두 | 어름 | 덜미 | 덧뵈기 |
| ② | 버나 | 살판 | 덧뵈기 | 덜미 | 어름 |
| ③ | 버나 | 살판 | 어름 | 덧뵈기 | 덜미 |
| ④ | 살판 | 곤두 | 덧뵈기 | 덜미 | 어름 |

**더 알아두기** 〈남사당놀이〉

남사당패가 각 지방을 순회하면서 놀았던 놀이. 모심는 계절부터 추수가 끝나는 늦은 가을까지, 마을 어른의 허락을 받고 농어촌 지역에 들어가서 풍물, 버나, 살판, 어름, 덧뵈기, 덜미 순으로 공연을 하였다.

□□

**14** 다음 중 속담의 뜻풀이로 적절하지 <u>않은</u> 것은?

① 소경 머루 먹듯 : 좋고 나쁜 것을 분별하지 못하고 아무것이나 취함

② 재미난 골에 범 난다 : 즐거운 일을 찾아 계속하다 보면 큰 인물이 될 수 있음

③ 깻묵에도 씨가 있다 : 아무리 하찮아 보이는 물건에도 제 속은 있음

④ 가물에 돌 친다 : 가뭄에 도랑을 미리 치워 물길을 낸다는 뜻으로 사전에 미리 준비해야 함

## 01 현대문학의 이해

□□
**01** 다음 괄호 안에 들어갈 ㉠~㉣의 순서대로 바르게 된 것은?

> 문학 작품의 속성과 가치는 모방, 즐거움, 교훈, 표현, 구조 등의 관점에서 해석, 평가할 수 있다. 이에 비추어 볼 때 리얼리즘은 ( ㉠ ), 낭만주의는 ( ㉡ ), 카타르시스는 ( ㉢ ), 당의정설(糖衣錠說)은 ( ㉣ )와(과) 관련이 깊다.

| ㉠ | ㉡ | ㉢ | ㉣ |
|---|---|---|---|
| ① 모방 | 표현 | 즐거움 | 교훈 |
| ② 표현 | 모방 | 즐거움 | 교훈 |
| ③ 모방 | 표현 | 교훈 | 즐거움 |
| ④ 표현 | 즐거움 | 교훈 | 구조 |

□□
**02** 다음 시에서 느낄 수 있는 미의식은?

> 남(南)으로 창(窓)을 내겠소.
> 밭이 한참갈이
> 괭이로 파고
> 호미론 김을 매지요.
> 구름이 꼬인다 갈 리 있소.
> 새 노래는 공으로 들으랴오.
> 강냉이가 익걸랑
> 함께와 자셔도 좋소.
> 왜 사냐건
> 웃지요.

① 우아미
② 숭고미
③ 골계미
④ 비장미

---

**01** ㉠ 리얼리즘(realism) : 사실주의, 현실을 객관적으로 묘사(모방)
㉡ 낭만주의 : 자유분방한 감정의 표현
㉢ 카타르시스 : 비극을 통한 억눌린 감정의 정화(쾌락 – 즐거움)
㉣ 문학 당의정설 : 교훈을 전달하기 위한 수단으로 쾌락(감동)을 제시했으나, 쾌락과 교훈의 절충을 중시한 종합적 기능으로 받아들이는 학설

**02** 〈출전 : 김상용, '남으로 창을 내겠소'〉
'김상용'은 1930년대 중반 '신석정, 김동명' 등과 함께 '전원시파'로 분류된다. 이들은 이상향으로서의 전원생활에 대한 동경과 안빈낙도의 세계관을 중시하였으며, 자연친화적, 관조적, 자조적 태도와 서경적 묘사를 주로 나타냈다.
• 우아미 : 아름다운 형상이나 수려한 자태를 그려냄으로써 고전적인 기품과 멋을 드러내는 미의식으로 주로 전통적인 아름다움이나 자연친화적 작품 계열이 이에 속한다.

정답 ( 01 ① 02 ① )

03 '효용론적 관점'은 문학 작품을 독자의 관점에서 접근해서 이해하고자 하는 관점이다. 즉, 문학 작품이 독자에게 주는 기능(영향)에 초점을 둔다.
문학 당의정설(효용론) : 감동과 교훈의 상보적 관계 중시
② 이데아설(반영론) : 보이지 않는 진리(신의 세계) 모방
③ 의도의 오류(표현론) : 표현론(작가)의 오류
④ 시인 추방론(반영론) : 예술(문학)이 이데아를 방해한다고 주장

03 **다음 중 문학 작품을 이해하고 감상하는 관점 가운데 효용론적 관점과 밀접한 관련이 있는 이론은?**

① 문학 당의정설
② 이데아설
③ 의도의 오류
④ 시인 추방론

04 조지훈의 '승무'에 대한 간략한 평인데, '번뇌의 종교적 극복과 지양이라는 주제를 밀도 있게 제시하려는 시인의 내면'에 초점을 맞추어서 작품을 작가의 관점에서 보려 했기 때문에 표현론적 관점이다.
① 반영론적(反映論的) 관점 : 작품과 시대 현실과의 관계 중시 [= 모방론]
③ 효용론적(效用論的) 관점 : 작품과 독자와의 관계 중시 [= 수용론 = 영향론]
④ 절대주의적(絕對主義的) 관점 : 작품 자체의 의미를 중시 [= 존재론 = 구조론 = 객관론]

04 **다음 제시문에 적용할 수 있는 비평적 관점으로 적절한 것은?**

> 이 시는 현세적 삶을 살아가는 젊고 어여쁜 여성의 번뇌 위에 종교적 지향성을 포갬으로써 번뇌의 종교적 극복과 지양이라는 주제를 밀도 있게 제시하려는 시인의 내면이 또렷이 드러나 있다.

① 반영론
② 표현론
③ 효용론
④ 객관론

**정답** 03 ① 04 ②

**05** 다음은 일상적인 언어생활에서 흔히 보게 되는 비유의 예이다. 이 가운데 비유의 방식이 다른 하나는?

① 내 마음은 호수요.
② 사랑은 여행이다.
③ 영화계에 새얼굴이 나타났다.
④ 사장님은 지금 저기압이다.

**더 알아두기**

〈대유법(代喩法)〉
사물의 부분이나 특징으로 대상 전체를 나타내는 비유법
㉠ 제유법: 부분을 들어 전체를 표현하는 방법
㉡ 환유법: 사물의 속성이나 특징, 밀접한 관계가 있는 것을 보조관념으로 취하여 대상 자체를 표현하는 방법

〈은유법(隱喩法)〉
원관념과 보조관념을 연결어 없이 직접 결합시키는 표현 기법
㉠ A = B: 원관념과 보조관념이 'A는 B이다'의 형식
㉡ A의 B: 원관념이 보조관념을 꾸미듯이 연결
㉢ ? = B: 원관념이 직접 드러나 있지 않고 보조관념만 드러나 있는 것(유사성)

**06** 다음 〈보기〉의 시와 같은 표현법이 드러난 것은?

**보기**

나 보기가 역겨워
가실 때에는
죽어도 아니 눈물 흘리오리다.

① 꽃이 피네 꽃이 피네 갈 봄 여름 없이 꽃이 피네.
② 님은 갔지마는 나는 님을 보내지 아니하였습니다.
③ 신록은 먼저 나의 눈을 씻고, 나의 가슴을 씻고, 다음에 나의 마음의 모든 구석구석을 하나하나 씻어 낸다.
④ 내 그대를 생각함은 항상 그대가 앉아 있는 배경에서 해가 지고 바람이 부는 일처럼 사소한 일일 것이나 언젠가 그대가 한없이 괴로움 속을 헤매일 때에 오랫동안 전해 오던 그 사소함으로 그대를 불러보리라.

---

**05** '새얼굴→새로운 배우'를 나타내는 환유법
①·②·④ 은유법

**06** 〈출전: 김소월, '진달래꽃'〉
〈보기〉에 나온 표현법은 '반어'이다. 님이 가면 울 것임에도 화자는 '죽어도 아니 눈물 흘리오리다.'로 반대를 이야기함으로써 자신의 감정을 더 강하게 드러내고 있다.
황동규, '즐거운 편지': 그대를 생각하는 절실한 마음을 '사소한 일'이라고 표현. 반어법
① 김소월, '산유화': 반복법, 도치법
② 한용운, '님의 침묵': 역설법
③ 이양하, '신록예찬': 점층법

**정답** 05 ③  06 ④

**07** ④는 서사양식에 대한 설명이다.

〈교술양식의 특징〉
㉠ 자아의 세계화
㉡ 실제로 존재하는 사물을 서술, 전달한다.
㉢ 세계가 자아의 주관적 입장에 의해 변형되지 않고 그대로 작품 속에 등장한다.
㉣ 작가를 통한 직접적 전달방식을 취한다.
㉤ 독자를 어떤 가치관으로 설득하려 한다.

**07** 다음 중 교술양식에 대한 설명으로 바르지 <u>않은</u> 것은?

① 자아의 세계화이다.
② 세계가 자아의 주관적 입장에 의해 변형되지 않고 그대로 작품 속에 등장한다.
③ 작가를 통한 직접적 전달방식을 취한다.
④ 서술자에 의해 인간의 삶이 일정한 줄거리를 가지고 전개되며, 주로 과거형 시제를 사용한다.

**08** 『창조』, 『폐허』, 『백조』 등 동인지 중심의 창작 활동이 활발하긴 했지만 동인지 문단 활동이 퇴폐적이고 허무적인 시가 융성한 직접적인 원인은 아니다. 1920년대 초기에는 3・1운동의 실패, 서구의 세기말 사조의 영향 등으로 말미암아 우울한 정서와 감상적인 경향을 중심으로 한 낭만주의 시가 주류를 이루었다.

**08** 다음 중 1920년대 초반 우리 문단에 퇴폐적・허무적 경향의 시가 융성한 직접적인 이유가 <u>아닌</u> 것은?

① 3・1운동의 실패에 따른 좌절감
② 서구의 세기말적 사조의 유입
③ 낭만주의・상징주의의 영향
④ 동인지 중심의 창작 활동

**09** 백팔번뇌 : 1926년 최남선이 쓴 현대 최초의 개인 창작 시조집
① 해파리의 노래 : 1923년 김억, 현대 최초의 개인 창작 시집
② 오뇌의 무도 : 1921년 김억, 현대 최초의 번역 시집
④ 아름다운 새벽 : 1924년 주요한의 처녀 시집

**09** 다음 중 현대 최초의 개인 창작 시조집은?

① 해파리의 노래
② 오뇌의 무도
③ 백팔번뇌
④ 아름다운 새벽

**정답** 07 ④  08 ④  09 ③

**10** 다음 중 시조 부흥 운동과 관계가 먼 설명은?

① 민족주의 정신에 입각한 문학 운동이다.

② 『조선 문단』을 통하여 이은상, 최남선, 이병기 등이 주도하였다.

③ 시조의 현대화 작업이다.

④ 서구적 문학 양식에 대한 대립 의식에서 운동이 시작되었다.

**11** 다음 중 '조선 프롤레타리아 예술가 동맹(KAPF)'에 대한 설명으로 잘못된 것은?

① 1925년 8월 김기진, 박영희, 이상화 등에 의해 결성된 경향적 예술 단체이다.

② 예술을 무기로 하여 조선 민족의 계급적 해방을 목적으로 하는 대규모의 문학 운동을 벌였다.

③ 1930년대 초기에는 해외 문학파인 김진섭, 이하윤 등과 대립하여 소설 건축론을 중심으로 내용 · 형식 논쟁을 전개하기도 했다.

④ 1930년대에 들어서 일제의 탄압에 의해 제1차, 제2차 검거 사건을 겪고 1935년 6월 해산되었다.

**더 알아두기** 〈조선 프롤레타리아 예술가 동맹(KAPF)〉

㉠ 1919년 3 · 1운동 이후 일제의 식민지 정책이 문화 통치로 전환하고, 러시아 혁명의 영향으로 사회주의 사상이 광범위하게 확산되면서 새롭게 등장한 프롤레타리아 문예 운동 단체이자 한국 최초의 전국적인 문학 예술가 조직이다.

㉡ 1922년 9월 이호, 이적효, 김두수, 최승일, 박용대, 김영팔, 심훈, 송영, 김홍파 등이 조직한 염군사(焰群社)와 1923년 박영희, 안석영, 김형원, 이익상, 김기진, 김복진, 연학년 등이 조직한 파스큘라(PASKYULA)가 결합하여 1925년 8월 결성되었다.

㉢ 내용 · 형식 논쟁
 • 1926년 말 김기진, 박영희의 논쟁(1927년을 전후하여 카프 내에 벌어진 방향 전환과 그 구체적 결과인 카프의 재조직의 계기가 됨)
 • 김기진에 의한 박영희의 '철야'와 '지옥 순례'에 대한 비판: "소설이란 한 개의 건축물이다. 기둥도 없고 서까래도 없이, 붉은 지붕만 입히어 놓은 건축이 있는가?" → 소설 건축론

---

**10** 카프의 계급주의에 반발하여 국민문학파의 민족주의 문학의 일환으로 시조 부흥 운동이 전개되었다.

**〈시조 부흥 운동〉**
최남선이 주도한 시조 부흥 운동은 카프의 계급주의에 반발하여 민족주의적 경향에 바탕을 두고 전통 시형인 시조를 계승 · 발전시키고자 한 것이다. 이에는 이병기, 이은상, 정인보 등이 참여하였다. 시조 부흥 운동은 시조의 현대화 작업이다.

**11** 1920년대 박영희의 소설 '지옥순례'에 대하여 김기진이 혹평하면서 제시한 '소설 건축론'은 문학에 있어서의 형식의 중요함을 강조한 이론이다. 이에 대하여 박영희가 반발하면서 내용 · 형식 논쟁이 전개되었다.

**정답** 10 ④ 11 ③

12 최남선을 중심으로 한 국민문학파의 시조 부흥 운동은 1920년대에 전개되었다.
① 모더니즘이 도입되어 주지주의, 초현실주의 등 새로운 서구문학을 수용함으로써 보다 성숙된 문학적 기교를 구사하게 되었다.
② 일제의 탄압이 가중됨에 따라 카프가 해체되고, 문학의 순수성과 예술성을 지향하는 세력이 문단의 주류를 형성하였다.
④ 일제의 검열을 피해 민족의식을 우회적으로 고취하려는 의도로 역사소설이 유행하였다.

13 순수문학을 계승한 문예지:
『시문학』(1930) → 『문예월간』(1931) → 『문학』(1934) → 『시원』(1935)

14 동반자 작가: 소련의 공산주의 혁명 이후, 혁명에는 찬동하지만 마르크스주의나 프롤레타리아 문학에는 참여하지 않은 작가들. 우리나라에서는 1920년대 말 카프(KAPF)에 가담하지는 않았으나 사상적으로 그들에게 동조한 작가를 일컫는데, '이효석, 유진오, 채만식, 박화성' 등이 이에 속한다. '김동리'는 '인생파'에, '김유정'은 '구인회(예술파)'에 포함되고, 주로 순수문학의 성격을 띤다.

**정답** 12 ③  13 ④  14 ①

12 다음 중 1930년대 한국 문학에 대한 설명으로 바르지 않은 것은?
① 모더니즘 계열의 작품이 등장했다.
② 순수문학 계열의 작품이 많이 발표되었다.
③ 시조 부흥 운동이 전개되었다.
④ 역사소설이 많이 창작되었다.

13 다음 중 1930년대 순수문학을 계승한 문예지들을 간행 연대순으로 맞게 배열한 것은?
① 시문학 → 시원 → 문장 → 문예월간
② 시원 → 문학인문 → 인문평론 → 시문학
③ 시원 → 시문학 → 문학 → 문예월간
④ 시문학 → 문예월간 → 문학 → 시원

14 다음 중 1930년대 문단의 상황에 대한 설명으로 잘못된 것은?
① 김동리, 김유정 등 동반자 작가들이 활동했다.
② 예술성을 강조하는 순수문학이 크게 유행했다.
③ 모더니즘 문학이 도입되고 다양한 기법이 실험되었다.
④ 일제의 탄압으로 카프(KAPF)가 해체되었다.

**더 알아두기**
② 일제의 문단에 대한 검열로 예술성을 강조하는 순수문학이 위주를 이루었다.
③ 모더니즘(주지주의, 이미지즘, 초현실주의 등)이 도입되었고, 20년대에 비해 다양한 기법이 실현되었다.
④ 일제의 좌익에 대한 탄압으로 1935년 카프(KAPF)가 해체되었다.

**15** 다음 작품을 절대주의적 관점으로 이해하지 <u>않은</u> 것은?

> 먼 후일 당신이 찾으시면
> 그때에 내 말이 "잊었노라."
> 당신이 속으로 나무라면
> "무척 그리다가 잊었노라."
> 그래도 당신이 나무라면
> "믿기지 않아서 잊었노라."
> 오늘도 어제도 아니 잊고
> 먼 후일 그때에 "잊었노라."
>
> – 김소월, '먼 후일'

① 가정적 상황을 통해 화자의 정서를 드러내고 있다.

② 대상인 '당신'에 화자가 꿈꾸던 조국광복을 투영하고 있다.

③ 반어적 진술을 활용하여 화자의 정서를 강조하고 있다.

④ 반복과 변조의 기법을 사용하여 시상을 전개하고 있다.

**16** 다음 중 6 · 25전쟁과 가장 거리가 <u>먼</u> 소설은?

① 손창섭, '비오는 날'

② 박경리, '토지'

③ 장용학, '요한시집'

④ 박완서, '엄마의 말뚝'

**더 알아두기**

① 비오는 날
  ⑦ 시간적 배경 : 6 · 25전쟁(1.4후퇴)
  ⓒ 공간적 배경 : 부산
  ⓒ 내용 : 암담한 시대를 사는 불구적인 인간들의 무기력하고 우울한 삶을 형상화한 단편소설이다.

③ 요한시집
  ⑦ 시간적 배경 : '1951년 한국 전쟁 당시'
  ⓒ 공간적 배경 : '거제도 포로수용소'
  ⓒ 내용 : 전쟁의 혼란 속에서 자유를 향한 인간의 고민과 번뇌를 그린 실존주의 소설이다.

④ 엄마의 말뚝
  ⑦ 시간적 배경 : 일제 강점기 말부터 한국 전쟁
  ⓒ 공간적 배경 : 서울
  ⓒ 내용 : 어머니와 딸이 나누는 인간적 교감을 통해 전쟁으로 인한 비극적 상황과 인물의 의식 성장 과정을 형상화한 연작소설이다.

**15** 반영론적 관점 : 대상인 '당신'에 화자가 꿈꾸던 조국광복을 투영하고 있다는 감상은 작품과 작품의 대상이 되는 현실 세계와의 관계를 중시한 '반영론적 관점'이다. 절대주의적 관점은 작품을 작품 외적인 요소와 연관시키지 않고, 작품 그 자체에 주목하여 가치를 내부에서 찾고자 하는 관점이다.
① 가정적 상황
③ 반어적 진술
④ 반복과 변조의 기법

**16** 토지 : 시간적으로는 '구한말부터 일제강점기, 해방'까지, 공간적으로는 '경남 하동군 평사리와 용정, 진주와 서울' 등을 배경으로 한 가문의 몰락과 부흥 과정을 그린 대하소설이다. 6 · 25전쟁과는 아무런 관련이 없다.

**정답** 15 ② 16 ②

17 ⓛ 1920년대 : "님의 침묵"(한용운, 1926년 간행)
조선 프롤레타리아 예술가 동맹(KAPF) 결성(1925년) : 리얼리즘 계열의 시가 창작
ⓔ 1930년대 : 모더니즘(주지주의, 이미지즘, 초현실주의 등)파의 등장(김기림, 김광균, 정지용, 이상 등)
"기상도"(김기림, 1936년 간행) : 현대 문명을 비판
ⓒ 1950년대 : 종군 작가군 등장(전쟁 참여 시인 – 유치환, 조지훈 등)
'초토의 시'(구상, 1956년 발표) : 한국 전쟁의 비극성 그려냄.
ⓖ 1970년대 : '농무'(신경림, 1973년 발표) : 1970년대 산업화 과정에서 소외된 농민들의 애환 표현
민중 문학의 대두(고은, 김지하, 조태일, 이성부 등) : 1970년대는 독재 정치의 암울한 현실에 저항하는 문학의 실천성을 보여줌.

□□
**17** 다음 예문에 제시된 시사(詩史)의 전개가 순서에 맞게 배열된 것은?

> ⓖ 농민의 애환을 다룬 신경림의 '농무'를 비롯하여, 고은이나 김지하 등 참여 시인들의 작품은 현실에 저항하는 문학의 실천성을 보여주었다.
>
> ⓛ 한용운의 시집 "님의 침묵"이 출간되어 이 시기를 대표하는 시인으로 떠올랐고, 다른 한편으로는 조선 프롤레타리아 예술가 동맹(KAPF)이 결성되어 리얼리즘 계열의 시가 창작되기도 했다.
>
> ⓒ 전쟁에 참여한 시인들은 선전 선동시 등을 창작하기도 했으나 구상의 '초토의 시'처럼 황폐화된 국토의 모습을 통해 전쟁이 남긴 비극을 그려내는 작품들이 나타났다.
>
> ⓔ 모더니즘 시운동을 선도한 시인들이 도시적 감수성을 세련된 기교로 노래했다. 김기림은 장시 '기상도'를 통해 현대 문명을 비판했다.

① ⓛ – ⓔ – ⓖ – ⓒ
② ⓛ – ⓔ – ⓒ – ⓖ
③ ⓔ – ⓛ – ⓖ – ⓒ
④ ⓔ – ⓛ – ⓒ – ⓖ

정답 17 ②

## 02 현대시

**01** 다음 작품의 밑줄 친 부분과 같은 표현 방식이 나타나지 <u>않은</u> 것은?

> 넓은 벌 동쪽 끝으로
> 옛 이야기 지줄대는 실개천이 휘돌아 나가고
> 얼룩백이 황소가
> 해설피 <u>금빛 게으른 울음</u>을 우는 곳
> 그 곳이 참하 꿈엔들 잊힐리야.
>
> — 정지용, 「향수」

① 우물 속에는 달이 밝고 구름이 흐르고 하늘이 펼치고 파아란 바람이 불고 가을이 있습니다.

— 윤동주의 「자화상」

② 즐거운 지상(地上)의 잔치에 / 금(金)으로 타는 태양의 즐거운 울림 / 아침이면, / 세상은 개벽(開闢)을 한다.

— 박남수의 「아침 이미지」

③ 그리운 그의 모습 다시 찾을 수 없어도 / 울고 간 그의 영혼 / 들에 언덕에 피어날지어이.

— 신동엽의 「산 언덕에」

④ 한 가닥 구부러진 철책(鐵柵)이 바람에 나부끼고 / 그 위에 셀로판지로 만든 구름이 하나.
자욱한 풀벌레 소리 발길로 차며 / 호올로 황량(荒凉)한 생각 버릴 곳 없어

— 김광균의 「추일서정」

**01** 밑줄 친 '금빛 게으른 울음'은 감각의 전이(청각의 시각화)에 의한 공감각적 표현이다.
③은 시각적 표현만 나타난 단일 심상이다.
① 파아란 바람이 불고 : 촉각의 시각화
② 태양의 즐거운 울림 : 시각의 청각화
④ 자욱한 풀벌레 소리 발길로 차며 : 청각의 촉각화

**정답** 01 ③

02 창가는 초기에는 3·4조, 4·4조의 경향을 보이다가, 후기에는 6·5조, 7·5조, 8·5조 등의 음수율로 확대되어 간다.

## 02 다음 창가(唱歌)에 대한 설명으로 옳지 <u>않은</u> 것은?

① "독립신문"과 "소년", "청춘" 등에 발표되었다.

② 가사의 형식에 찬송가나 민요의 영향을 받아 발생했다.

③ 초기에는 6·5조, 7·5조, 8·5조 등의 음수율을 보이다가 이후 파격을 보인다.

④ 독립 사상의 고취, 신문명의 찬양, 정치 및 사회 비판의 내용을 가지고 있다.

**더 알아두기** 〈창가가사(唱歌歌詞)〉

① 개념 : 개화기의 전통적 가사 형식(4·4조)이나, 거기에 찬송가나 민요의 영향을 받아들인 형식으로 개화·계몽이라는 새로운 사상을 노래한 시가이다.

② 발생 : 기독교 찬송가나 신교육 기관을 통해서 보급된 서양 음악과 결합하여 형성된 것으로, 1896년 "독립신문"에 처음 발표되었다.

③ 형식 : 초기(개화가사)에는 3·4조 또는 4·4조, 이후(창가)에는 6·5조, 7·5조, 8·5조 등의 다양한 율조를 취했다. (3음보격의 활용)

④ 내용 : 애국·독립 사상의 고취, 신문명의 찬양, 신학문 권장, 정치 및 사회 비판 등

⑤ 주요 발표지 : "독립신문", "소년", "청춘"

⑥ 의의 : 개화 가사가 신체시(新體詩)로 넘어가는 교량 구실

03 1930년대 시의 특징이다. 1926년경부터 태동되어 오던 모더니즘 시 운동이 1934년 최재서에 의해 소개된 후 활발하게 전개되었으며, 서구의 신고전주의 철학 및 초현실주의, 다다이즘, 입체파, 미래파, 이미지즘 등 현대적 문예사조의 이념이 본격적으로 수용되었다.

## 03 다음 중 1920년대의 시적 경향에 대한 설명으로 바르지 <u>않은</u> 것은?

① 자유시가 본격화되었다.

② 초기에는 낭만적이고 감상적 경향이 주류를 이루었다.

③ 모더니즘 시 운동이 전개되어 현대시가 한층 발전되게 되었다.

④ 민요시 운동과 경향시가 등장하였다.

**더 알아두기**

① 주요한의 '불놀이'가 발표된 이래 자유시가 본격화되었다.

② 초기에는 3·1운동의 실패, 서구의 세기말 사조의 영향 등으로 말미암아 우울한 정서와 감상적인 경향을 중심으로 한 낭만주의 시가 주류를 이루었다.

④ 1920년대는 김억, 주요한, 김동환, 김소월, 이상화, 홍사용 등에 의해 민요시 운동이 일어났으며, 초기의 감상적 낭만주의 시에 대한 반발로 사회주의 이데올로기에 바탕을 둔 현실 인식을 형상화하려는 경향시가 등장하였다.

**정답** 02 ③  03 ③

**04** 다음 중 1930년대 유파에 대한 설명으로 옳지 <u>않은</u> 것은?

① 모더니즘파 : 생명 의식의 고양과 인생의 궁극적 의미의 추구에 주력하였다.

② 전원시파 : 이상향으로서의 전원생활에 대한 동경과 안빈낙도의 세계관을 표출하였다.

③ 청록파 : 전통적인 서정과 운율로 자연과의 친화를 추구하였다.

④ 시문학파 : 언어의 조탁과 시어의 음악성을 중시하였다.

**더 알아두기**

② 전원시파(= 목가시인)
  ㉠ 자연 친화적이며, 관조적인 태도
  ㉡ 서경적인 묘사를 토대로 한 자족적인 정서를 표현
  ㉢ 이상향으로서의 전원생활에 대한 동경과 안빈낙도의 세계관

③ 청록파(= 자연파)
  ㉠ 전통적인 서정과 운율로 자연과의 친화를 추구
  ㉡ 주지시에 대한 반발에서 비인간화된 세계에 대한 반항을 지향
  ㉢ 향토적 정조와 전통 회귀 정신을 강조

④ 시문학파(= 순수시파)
  ㉠ 프로문학의 목적의식, 도식성, 획일성, 조직성에 반대하여 순수문학을 옹호
  ㉡ 언어의 조탁과 시어의 음악성을 중시
  ㉢ 청징하고 섬세한 정서를 순화
  ㉣ 예술지상주의, 유미주의의 경향

**05** 다음 시인에 대한 설명 중 바르지 <u>않은</u> 것은?

① 김영랑 : 투명한 감성의 세계를 감각적인 시어와 가락으로 표현하였다.

② 김기림 : 주지주의 문학의 이론을 통한 모더니즘 시운동을 전개하였다.

③ 서정주 : 허무의 세계를 극복하려는 강인한 원시 생명적 의지를 시화한 까닭에 '허무와 의지의 시인'으로 불린다.

④ 신석정 : 자연 친화의 목가적 시풍으로 이상향에의 동경을 노래하였다.

**04** ①은 서정주와 유치환 중심의 생명파에 대한 설명이다. '모더니즘파'는 기계 문명 및 도시 문명의 황폐성을 비판하고, 객관적이고 과학적인 시학에 의거한 의도적인 시를 창작하려 했으며, 반낭만주의적 입장에서 회화적 이미지의 창조라는 '방법의 지각'을 가지려 했다.

**05** ③은 유치환에 대한 설명이다. 서정주는 초기에는 보들레르의 영향으로 인간의 원죄 의식과 근원적 문제인 생명성을 탐구하였고, 후기에는 불교적 상상력에 뿌리를 둔, 영원성을 희구하는 정신주의와 신비주의적 색채를 띠었다.

**정답** ( 04 ① 05 ③ )

**06** "용담유사(龍潭遺事)"는 1909년에 최제우가 지은 천도교 포교용 가사집으로 서양 세력이 들어옴에 이에 대항하기 위한 정신적 자세로서 동학을 일으키자는 내용이다. 한용운은 1926년 시집 "님의 침묵"을 발간하였고, 1930년대에는 동아일보에 '흑풍', '후회', '박명' 등의 소설을 연재하기도 했다.

□□
**06** 다음 중 한용운과 관계가 <u>없는</u> 항목은?

① 호는 만해(萬海). 불교 교양 잡지 "유심(惟心)"을 간행하였으나 특정 문예 동인으로 활동하지는 않았다.

② 어두운 시대에서도 절망하지 않는 믿음과 종교적 신념을 역설적 구조와 산문시적으로 표현하였다.

③ 타고르의 영향을 받았으며 연가풍의 서정성이 돋보인다.

④ 가사집 "용담유사(龍潭遺事)"를 간행하였다.

**더 알아두기** 〈한용운의 대표작〉
㉠ 시집 : "님의 침묵"(1926)
㉡ 시 : '알 수 없어요', '찬송', '나룻배와 행인', '당신을 보았습니다', '복종', '논개의 애인이 되어 그의 묘에', '님의 침묵' 등
㉢ 소설 : '흑풍', '후회', '박명'
㉣ 논설 : '조선 독립 이유서', '조선 불교 유신론'

**07** ①은 '시문학파'의 특징이다. '생명파(인생파)'는 경향파의 목적의식, 순수시파의 기교주의, 주지시파의 비생명적 메커니즘에 대한 반발하여 생명 의식의 고양과 인생의 궁극적 의미의 추구에 주력하였다.
㉠ 삶의 깊은 고뇌와 본원적 생명력의 탐구정신을 강조
㉡ 토속적인 소재와 전통적인 가치의식을 추구
㉢ 철학적인 사색으로 시의 내부 공간의 확대

□□
**07** 다음 중 생명파의 특성에 대한 설명이 <u>아닌</u> 것은?

① 섬세한 정서와 음악성을 중시

② 시문학파의 형식적 기교주의 거부

③ 인간 탐구를 문학의 본령으로 인식

④ 비생명적 메커니즘을 표방한 모더니즘의 배격

**정답** 06 ④  07 ①

**08 다음 중 박목월에 관한 설명으로 옳지 <u>않은</u> 것은?**

① 향토성이 짙은 토속적인 언어로 자연과의 친화를 표현했다.

② 시의 여운과 미술의 여백 처리의 기법이 상호 융통하는 독창적 경지를 이루었다.

③ "문장"지를 통해 등단했으며 '향현' 또는 '묘지송' 등의 작품이 있다.

④ 조지훈, 박두진과 함께 '자연파' 또는 '청록파'로 불린다.

**더 알아두기 〈박목월〉**
㉠ 향토성이 짙은 토속적인 언어, 정형적인 율격, 간결한 이미지와 섬세한 서정성을 바탕으로 자연과의 친화를 표현했다.
㉡ 나그네, 청노루, 윤사월, 산도화, 하관, 이별가 등

**09 다음 중 청록파 시인인 조지훈의 시 세계에 대한 평가로 알맞은 것은?**

① 기독교적인 부끄러움의 미학

② 향토색 짙은 산수의 성경과 정관(靜觀)

③ 허무를 초극하려는 생명의 의지

④ 선미(禪味) 어린 고아한 풍류

**10 다음 중 청록파 시인들의 공통된 작품 내용과 가까운 것은?**

① 인간 생명의 존엄

② 의식의 흐름

③ 동양적 자연관의 표출

④ 해학과 반어의 기교

08 박두진에 대한 설명이다. 박두진은 이상향에 대한 열렬한 승화의 추구와 기독교적 이상과 결부된 시 정신을 보여 준다. 작품으로는 '해', '향현', '묘지송', '청산도', '낙엽송' 등이 있다.

09 조지훈은 회고적, 민속적인 제재를 통해 민족적 정서와 전통에 대한 향수 및 불교적 선미(禪味)를 그렸다.
① 윤동주
② 박목월
③ 유치환

10 청록파는 박목월, 조지훈, 박두진을 일컫는 유파로서, 각각의 작품 경향은 다르지만 한국적 · 동양적 자연관을 표출했다는 데서 그 공통점을 찾을 수 있다.

정답 08 ③  09 ④  10 ③

11 『하늘과 바람과 별과 시』는 윤동주의 유고시집의 제목이다. 1942년 연희 전문 졸업 당시 시집을 내려 했으나 일제의 검열과 탄압을 우려한 주위의 만류로 보류하였다가, 그가 옥사하고 해방이 된 이후 1948년 정병욱과 동생 윤일주에 의해 유고시집으로 발간되었다.

□□
11 **다음 중 윤동주에 대한 설명으로 바르지 않은 것은?**

① 윤동주는 북간도 명동에서 출생하여 기독교 장로인 조부의 영향 밑에 성장했으며, 그의 시 작품도 기독교적 경향이 강하다.

② 1942년 도일하기에 앞서 간행된 『하늘과 바람과 별과 시』는 일제 말 암흑기에 저항 정신의 공백을 메우고 있다고 평가된다.

③ 윤동주는 가혹한 시대고를 껴안는 자기희생적 민족시를 썼는데, 대표작으로는 '간', '별 헤는 밤', '참회록' 등이 있다.

④ 사상범으로 체포되어 1945년 2월 후쿠오카 형무소에서 옥사했는데, 일제의 생체 실험의 도구로 희생된 것으로 추정되기도 한다.

**더 알아두기** 〈윤동주〉
㉠ 북간도 용정(龍井) 출생
㉡ 연희전문을 졸업하고 도일, 도시샤[同志社] 대학 영문과 재학 중 1943년 여름 방학을 맞아 귀국하다 사상범으로 일경에 체포되어, 1945년 2월 후쿠오카[福岡] 형무소에서 옥사
㉢ 내면화된 윤리적 성찰과 고백
㉣ 기독교 영향 : '도덕적 순결성 지향'(서시), '자기 참회와 반성(참회록)', '자기희생적 인간애(십자가)' 등
㉤ 부끄럼의 미학, 식민지 지식인의 정신적·윤리적 고통을 섬세한 서정과 투명한 시심으로 노래
㉥ 유고시집 : 『하늘과 바람과 별과 시』(1948)
㉦ 주요 작품 : '서시', '간', '십자가', '또 다른 고향', '별 헤는 밤', '자화상', '참회록', '쉽게 씌어진 시' 등

12 ② 김기림 – 기상도
③ 정지용 – 백록담
④ 이용악 – 두만강 너 우리의 강아

□□
12 **다음 중 작가와 작품의 연결이 바르게 된 것은?**

① 백석 – 나와 나타샤와 흰 당나귀

② 정지용 – 기상도

③ 김소월 – 백록담

④ 오장환 – 두만강 너 우리의 강아

**정답** 11 ② 12 ①

**13** 다음 중 공동시집 '새로운 도시와 시민들의 합창'에 참여한 작가가 <u>아닌</u> 사람은?

① 김춘수
② 박인환
③ 김수영
④ 김경린

**14** 다음 작품에 대한 설명 중 바르지 <u>않은</u> 것은?

> 머언 산 청운사
> 낡은 기와집
>
> 산은 자하산
> 봄눈 녹으면
>
> 느릅나무
> 속잎 피어나는 열 두 구비를
>
> 청노루
> 맑은 눈에
>
> 도는
> 구름

① 시각적 심상
② 비유적 표현
③ 원근에 따라 이동
④ 자연친화적 시어의 사용

**13** '후반기 동인'들은 1930년대 중반의 모더니즘 시를 계승하였으며, 도시와 문명을 소재로 하여 시각적 이미지와 관념의 조화를 시도했다. '후반기 동인'인 박인환, 김수영, 김경린 등이 1948년 공동시집『새로운 도시와 시민들의 합창』을 간행하였다.

**14** 〈출전 : 박목월, '청노루'〉
위 작품이 한 폭의 동양화를 보는 듯한 느낌을 주는 것은 '묘사'를 통해서이지 시의 본격적 이미지인 비유를 통해서가 아니다.
① 묘사를 통한 시각적 심상 중시(회화성)
③ 원근법 : '머언 산 청운사→ 비탈길에 선 청노루→ 청노루 눈 속에 도는 구름'의 순서
④ 산, 기와집, 느릅나무, 청노루 등

〈박목월, '청노루'〉
① 성격 : 관조적, 묘사적, 서경적, 낭만적, 시각적, 정지적
② 표현
  ㉠ 의미를 배제한 채 이미지들만 제시함.
  ㉡ 대상과 화자 사이의 거리 유지(원경) : 감정과 관념의 개입에 대한 절제
  ㉢ 간결성(체언 종지법, 짧은 시행 배열) : 동양화에 나타나는 여백의 미와 상통함.
  ㉣ 율격(1 · 2연의 3음보, 3연의 변조된 3음보, 4 · 5연의 2음보)
  ㉤ 자음 'ㄴ'의 두드러진 사용 : 아늑하고 정밀한 시적 분위기를 자아냄.
  ㉥ 시선의 이동(원→ 근)에 의한 시상 전개 방식
  ㉦ 정중동의 심상(2, 3, 5연)
③ 제재 : 청노루
④ 주제 : 절대 순수의 환상적이고 이상적인 자연의 모습 = 이상적인 정신적 고향

 **정답** 13 ① 14 ②

15 〈출전 : 윤동주, '서시'〉
　　㉠ 바람 : 정직한 삶을 살아가려는 시적 자아의 마음에 일어나는 심리적 동요나 갈등
　　㉣ 바람 : 개인의 순수한 도덕적 양심을 파괴하려고 달려드는 현실의 부정적 요소, 현실적 시련 → ㉠은 시적 자아의 내면적인 갈등이며, ㉣은 외부적이고 현실적인 시련이다.
　　① 역순행식 시상 전개
　　③ ㉡ 별 : 희망, 이상의 세계, 순수한 자아의 세계, 소망
　　④ ㉢ 나한테 주어진 길 : 화자가 추구하는 순수 이상적 가치, 민족을 위한 삶의 길

☐☐
**15** 다음 시에 대한 감상으로 바르지 <u>않은</u> 것은?

> 죽는 날까지 하늘을 우러러
> 한 점 부끄럼이 없기를,
> 잎새에 이는 ㉠ 바람에도
> 나는 괴로워했다.
>
> ㉡ 별을 노래하는 마음으로
> 모든 죽어 가는 것을 사랑해야지
> 그리고 ㉢ 나한테 주어진 길을
> 걸어가야겠다.
>
> 오늘 밤에도 별이 ㉣ 바람에 스치운다.

① 이 시의 시상 전개 과정은 과거 – 미래 – 현재 순이다.
② ㉠, ㉣이 공통적으로 지니는 의미는 '암울한 시대 상황'이다.
③ ㉡은 화자가 추구하는 순수 이상적 가치를 의미한다.
④ ㉢은 시련 속에서도 양심을 지키며 사는 순결한 삶을 의미한다.

**더 알아두기** 〈윤동주, '서시'〉
① 성격 : 성찰적, 고백적, 의지적
② 심상 : 별과 바람의 시각적 심상
③ 경향 : 참여적
④ 어조 : 고백적 어조와 의지적 어조
⑤ 특징
　㉠ 대조적 심상의 부각 : 별과 바람
　㉡ 서술과 묘사에 의한 표현
　㉢ 자연적 소재의 상징화
⑥ 시상 전개 : 역순행식(과거 → 현재 → 미래)
⑦ 구성
　㉠ 1~4행 : 삶의 부끄러움과 괴로움
　㉡ 5~8행 : 미래의 삶에 대한 결의
　㉢ 9행 : 현재의 상황적 갈등
⑧ 제재 : 별(이상의 세계, 순수한 양심)
⑨ 주제 : 부끄러움이 없는 삶의 소망

**정답** 15 ②

## 16 다음 시에 드러난 화자의 태도로 적절한 것은?

> 길이 끝나는 곳에서도
> 길이 있다.
> 길이 끝나는 곳에서도
> 길이 되는 사람이 있다.
> 스스로 봄길이 되어
> 끝없이 걸어가는 사람이 있다.
> 강물은 흐르다가 멈추고
> 새들은 날아가 돌아오지 않고
> 하늘과 땅 사이의 모든 꽃잎은 흩어져도
>
> 보라.
> 사랑이 끝난 곳에서도
> 사랑으로 남아 있는 사람이 있다.
> 스스로 사랑이 되어
> 한없이 봄길을 걸어가는 사람이 있다.
>
> — 정호승, 「봄길」

① 딱 잘라서 판단하고 결정하려는 태도가 드러난다.

② 부정적인 상황에 한탄하지 않고 극복하고자 하는 태도가 드러난다.

③ 바라볼 것이 없게 되어 모든 희망을 끊어 버리는 태도가 드러난다.

④ 사소한 사물이나 일에 얽매이지 않고 세속을 벗어난 활달한 태도가 드러난다.

**더 알아두기** 〈정호승, '봄길'〉

① 갈래 : 자유시, 서정시

② 성격 : 희망적, 긍정적

③ 어조 : 단정적 어조

④ 정서 : 희망, 의지, 확신

⑤ 특징

　㉠ 추상적 관념을 구체적인 이미지로 형성하였다.

　㉡ 비슷한 문장을 반복하여 의미를 강조하고 운율을 형성하였다.

　㉢ 시적 화자가 지향하는 낙관적이고 희망적인 삶의 태도가 드러나 있다.

　㉣ 역설법, 점층법을 사용하여 주제를 강조하고 있다.

　㉤ '있다'를 반복하여 대상에 대한 확고한 믿음을 제시하고 있다.

⑥ 주제 : 인간에 대한 사랑과 희망

16 이 시의 주제는 '힘들고 절망적인 상황에서도 남을 위해 희생하는 사람들의 사랑과 희망'이다. 화자는 '길이 끝나는 곳에서도 길이 있고, 사랑이 끝나는 곳에서도 사랑이 있다.'는 역설적 표현을 통해 부정적이고 절망적인 상황 속에서도 희망을 잃지 않고 이를 극복하려는 태도를 보여 주고 있다.

**정답** 16 ②

17 〈출전 : 백석, '여승'〉

이 작품은 한 여승의 비극적인 삶을 통해 일제의 식민지 수탈로 인해 파괴된 가족 공동체의 모습을 역순행적 구성 방법(ㄴ→ㄷ→ㄹ→ㄱ)으로 회상하고 있다.

① 1연 : 여승과 나와의 오랜만의 대면(현재)
② 2연 : 처음 만났을 때의 여인의 모습
③ 3연 : 그 동안의 여인의 비극적인 삶
④ 4연 : 여승이 되기 위해 삭발하는 여인의 모습

□□

17 다음 시의 내용을 시간 순서에 맞게 재구성할 때 그 순서가 옳은 것은?

> ㄱ. 여승은 합장하고 절을 했다.
> 가지취의 내음새가 났다.
> 쓸쓸한 낯이 옛날같이 늙었다.
> 나는 불경처럼 서러워졌다.
>
> ㄴ. 평안도의 어느 산 깊은 금점판
> 나는 파리한 여인에게서 옥수수를 샀다.
> 여인은 나어린 딸아이를 때리며 가을밤같이 차게 울었다.
>
> ㄷ. 섶벌같이 나아간 지아비 기다려 십 년이 갔다.
> 지아비는 돌아오지 않고
> 어린 딸은 도라지꽃이 좋아 돌무덤으로 갔다.
>
> ㄹ. 산꿩도 섧게 울은 슬픈 날이 있었다.
> 산 절의 마당귀에 여인의 머리오리가
> 눈물방울과 같이 떨어진 날이 있었다.

① ㄴ - ㄷ - ㄹ - ㄱ
② ㄷ - ㄴ - ㄹ - ㄱ
③ ㄱ - ㄴ - ㄷ - ㄹ
④ ㄴ - ㄹ - ㄷ - ㄱ

정답 17 ①

**18** 다음 시에 균형미를 부여하는 시상 전개 방식은?

> 나 보기가 역겨워
> 가실 때에는
> 말없이 고이 보내 드리우리다
>
> 영변(寧邊)에 약산(藥山)
> 진달래꽃
> 아름 따다 가실 길에 뿌리우리다
>
> 가시는 걸음걸음
> 놓인 그 꽃을
> 사뿐히 즈려 밟고 가시옵소서
>
> 나 보기가 역겨워
> 가실 때에는
> 죽어도 아니 눈물 흘리우리다
>
> 　　　　　　　　 – 김소월 '진달래꽃'

① 수미상관의 구조
② 시간의 흐름
③ 시선의 이동
④ 선경후정의 방식

**18** '수미상관'은 시가에서 첫 연을 끝 연에 다시 반복하는 문학적 구성법으로 첫 연을 끝 연에 반복해서 쓰거나, 비슷한 내용의 구절이나 문장을 반복적으로 배치하기도 한다. '수미상관'의 구성방식의 효과는 ㉠ 같은 어구를 반복함으로써 뜻을 강조하고, ㉡ 처음과 끝에 같은 운율을 되풀이해 음악적 효과를 살리고, ㉢ 처음과 끝이 균형을 이루어 안정감을 주며, ㉣ 여운을 통해 감동을 마무리한다.
① 수미상관 : 1연과 4연이 일정한 반복 구조로 되어 있다.
② 시간의 흐름 : 순차적(추보식) 구성이나 역순행식 구성이 있다.
③ 시선의 이동 : 원근법과 상하법이 있다.
④ 선경후정 : 먼저 경치를 묘사하고 뒤에 정서를 표현하는 방식

정답 18 ①

19 서정주의 신라 정신에 대한 논의는 그가 1960년 『신라초』를 출간하면서 불거져 나오게 되었는데 당시 이에 대한 논의는 비판론과 옹호론, 양측의 대립적 구도를 형성하였다. 서정주는 우리의 역사 변천 과정에서 송학이 도입된 이후 당대 현실만을 표준으로 삼아 성립된 현실적 인간관에 대항하여 신라 시대의 영원인, 우주인으로서의 인간관을 강조하고 있다. 또한 서정주는 삼국유사와 삼국사기의 여러 설화들 속에서 신라인들의 인정과 사랑의 모습들을 발견하고 있는데, 이들의 '인정'이나 '사랑'은 유교적 관습이나 도덕 혹은 서구적 개념에서 그것과는 뚜렷이 구별된다. 즉 이들의 정신적 구조 속에서의 인정이나 사랑은 삶과 죽음을 넘나드는 초시간적 특성과 사회적 제도나 규범에 제약받지 않는 탈규범성을 띠고 있다. 서정주의 신라는 역사적인 실체라기보다는 인간과 자연이 완전히 하나가 된 상상력의 고향과도 같다.

20 자신의 삶에 대한 긍정적 인식과 달관의 태도를 드러내고 있을 뿐, 과거에 대한 반성은 없다.
① 대비적 의미의 시어를 사용해 삶과 죽음에 대한 작가의 긍정적인 인식을 드러내고 있다.
하늘(본래적, 근원적, 영원함) ↔ 소풍, 이슬, 노을빛(순간적)
② 화자는 담담하고 차분한 어조를 통해 죽음에 대한 두려움이 아닌 죽음에 대한 순응과 더 나아가 달관의 자세를 보이고 있다.
④ 삶이란 하늘에서 잠시 다녀가는 소풍과도 같은 것으로 자신의 지난 삶은 소풍처럼 짧으면서도 즐거웠다는 고백과 함께 죽음이란 소풍을 끝내고 원래 있어야 할 하늘로 돌아가야 하는 것으로 삶과 죽음이 구분되고 단절된 것이 아니라 결국은 같은 연장선상에 있다는 인식을 통해 허무 의식을 내적으로 승화하고 있다.

정답 19 ③  20 ③

19 다음 서정주의 시적경향을 설명한 글에서 괄호 안에 들어갈 적절한 단어는?

> 1960년대 서정주는 그 자신의 시 세계에 가장 깊은 심연이라고 말할 수 있는 (    )라는 설화적 세계에 빠져들고 있다. 그의 (    )에 대한 관심이 반역사적 지향을 드러내고 있는 것으로 지적되는 경우도 없지 않지만 그것은 서정주만이 발견해 낸 상상력의 고향과도 같다는 점에서 중요한 의미를 가진다.

① 고구려
② 고려
③ 신라
④ 백제

20 다음 시의 화자에 대한 설명으로 옳지 않은 것은?

> 나 하늘로 돌아가리라.
> 새벽빛 와 닿으면 스러지는
> 이슬 더불어 손에 손을 잡고,
>
> 나 하늘로 돌아가리라.
> 노을빛 함께 단 둘이서
> 기슭에서 놀다가 구름 손짓하면은,
>
> 나 하늘로 돌아가리라.
> 아름다운 이 세상 소풍 끝내는 날,
> 가서 아름다웠더라고 말하리라……
>
> – 천상병, '귀천'

① 자신의 삶을 긍정적으로 바라보고 있다.
② 삶에 대해 달관하는 태도를 취하고 있다.
③ 자신의 과거에 대한 반성을 드러내고 있다.
④ 죽음을 초월하여 허무 의식을 내적으로 승화하고 있다.

21 다음 시에 대한 설명으로 적절하지 <u>않은</u> 것은?

> 산이 날 에워싸고
> 씨나 뿌리며 살아라 한다.
> 밭이나 갈며 살아라 한다.
>
> 어느 짧은 산자락에 집을 모아
> 아들 낳고 딸을 낳고
> 흙담 안팎에 호박 심고
> 들찔레처럼 살아라 한다.
> 쑥대밭처럼 살아라 한다.
>
> 산이 날 에워싸고
> 그믐달처럼 사위어지는 목숨
> 그믐달처럼 살아라 한다.
> 그믐달처럼 살아라 한다.
> ― 박목월, '산이 날 에워싸고'

① 화자는 순수하고도 탈속적인 세계를 지향하고 있다.
② 유사한 통사 구조의 반복을 통해 주제를 강조하고 있다.
③ 화자는 자신의 소망을 '산'이 자신에게 말하는 것처럼 표현하고 있다.
④ 화자는 절제된 감정으로 '산'과의 일정한 거리를 유지하려하고 있다.

22 다음 밑줄 친 시어 중 화자의 정신적 지향점을 상징하는 것이 <u>아닌</u> 것은?

> 나와
> <u>하늘</u>과
> 하늘 아래 푸른 산뿐이로다
> <u>꽃 한 송이</u> 피워낼 지구도 없고
> <u>새 한 마리</u> 울어줄 지구도 없고
> <u>노루 새끼</u> 한 마리 한 마리 뛰어다닐 지구도 없다.

① 하늘
② 꽃 한 송이
③ 새 한 마리
④ 노루 새끼

---

21 일제 치하의 암울한 현실 상황 속에서 박목월이 의지할 수 있는 것은 오직 자연뿐이었다. 그 곳은 단순히 자연으로의 귀의라는 동양적 자연관으로서의 자연이라기보다는 인간다운 삶을 빼앗긴 그에게 '새로운 고향'의 의미를 갖는 자연이다. 그러므로 박목월에 의해 형상화된 자연의 모습은 인간과 자연의 대상들이 아무런 대립이나 갈등 없이 조화를 이루는 자연이다.
감정의 절제는 맞는 지적이나 화자는 '산(= 자연)'과 일정한 거리를 유지하려 하는 것이 아니라 조화를 이루는 삶을 동경하고 있다.
① 화자는 순수하고도 탈속적인 세계인 '산(= 자연)'을 지향하며, 자연 속에 안겨 평범하면서도 풍요로운 삶, 즉 인간다운 삶을 살고 싶은 순수한 모습이 나타내고 있다.
② '산이 날 에워싸고(A)', ' ― 살아라 한다(B)'의 통사구조의 반복을 통해 '자연 친화를 통한 초월적 삶'이라는 주제를 강조하고 있다.
③ ' ~ 살아라 한다'의 명령 화법으로 되어 있지만 이는 '산(= 자연)'이 화자에게 권유하는 것이며 또한 시적 화자의 소망이다.

22 〈출전: 신석정, '슬픈 구도'〉
일제 치하 암울한 현실 속에서 자유(이상)를 잃은 절망감을 표현한 작품이다.
하늘: '나, 푸른 산'과 더불어 외로운 존재를 표상
② 꽃 한 송이: 아름다움
③ 새 한 마리: 평화
④ 노루 새끼: 자유
결국 ②~④는 작가가 지향하는 세계이고, ①은 외롭고 절망적 현실이다.

정답 21 ④  22 ①

## 03 현대소설

□□
**01** 다음 작품에서 볼 수 있는 주된 갈등은?

> 인테리 …… 인테리 중에도 아무런 손끝의 기술이 없이 대학이나 전문학교의 졸업증서 한 장을 또는 조그마한 보통상식을 가진 직업 없는 인테리 …… 해마다 천여 명씩 늘어가는 인테리 …… 뱀을 본 것은 이들 인테리다.
> 부르죠아지의 모든 기관이 포화상태가 되어 더 수효가 아니 느니 그들은 결국 꾀임을 받아 나무에 올라갔다가 흔들리우는 셈이다. 개밥의 도토리다.
> 인테리가 아니었으면 차라리 …… 노동자가 되었을 것인데 인테리인지라 그 속에는 들어갔다가도 도로 달아나오는 것이 99프로다. 그 나머지는 모두 어깨가 축 처진 무직 인테리요, 무기력한 문화 예비군 속에서 푸른 한숨만 쉬는 초상집의 주인 없는 개들이다. 레디메이드 인생이다.
>
> — 채만식, '레디메이드 인생'

① 한 개인의 내면적 갈등
② 인간과 인간 사이의 갈등
③ 개인과 사회의 갈등
④ 개인과 자연의 갈등

**더 알아두기** 〈채만식, '레디메이드 인생'〉

일제의 우민화 정책에 의해 실직자가 되어 무기력하고 비참하게 살아가는 지식인의 문제를 다룬 소설로, 일제의 문화 정책과 사회적 요구에 의해 조성된 교육열로 양산된 지식인이 공급 과잉으로 아무 쓸모없는 고등실업자가 될 수밖에 없는 당대의 현실을 작가는 신랄하게 지적하고 있다.
① 갈래 : 단편소설, 풍자소설
② 배경
   ㉠ 시간적 : 1930년대 경제공황과 일본의 식민지 수탈이 심화되어 가는 암울한 시대
   ㉡ 공간적 : 일제의 우민화 정책으로 공부를 하고도 취직을 못해 무기력하게 살아가는 지식인들이 늘어나는 경성
   ㉢ 사상적 : 물질만능주의와 사회주의사상
③ 시점 : 전지적 작가 시점
④ 특징 : 풍자적 문체를 통해 도시의 빈곤과 인텔리의 실직과 소외와 무능함을 냉소적으로 기술
⑤ 갈등 : 개인과 사회의 갈등(사회 진출 욕망을 지닌 지식인과 그 수요를 유보하는 사회와의 갈등)
⑥ 주제 : 산업사회에서 직업과 그 존재이유로부터 소외된 지식인의 무능함과 당시 사회의 물질주의 및 지식인 양산 체제에 대한 비판(일제의 우민화 정책과 실직 인텔리의 비애)

---

**01** '레디메이드(ready – made) 인생'이란 기성품(旣成品) 인생이란 뜻으로 팔리기를 기다리는 기성품처럼 직업을 기다리는 실업자를 의미한다. 1930년대 세계적 경제 대공황으로 인해 조선의 지식인들은 전문학교를 졸업하고도 수없이 많은 사람이 실업자로 남아 있어야 했다. 그러니 자연적으로 그들의 생활은 피폐해질 수밖에 없었다. 고등교육을 받은 룸펜, P의 이런 모습을 통해 식민지 사회의 구조적 병폐에 대해 비판(무기력한 지식인 계층에 대한 비판과 풍자)하고 있기 때문에 이 소설에 제시된 갈등은 '개인과 사회의 갈등'이다.

**정답** 01 ③

**02** 다음 중 한국 전쟁의 비극을 다룬 작품이 <u>아닌</u> 것은?

① 장용학, '요한시집'

② 오영수, '갯마을'

③ 오상원, '유예'

④ 황순원, '나무들 비탈에 서다'

**더 알아두기**

② 오영수, '갯마을' : 바다에 대한 애착을 가진 '해순'이라는 여인을 통하여 갯마을 사람들의 삶의 애환과 서민적 정취를 그려낸 작품으로, 짧고 간결한 문체와 서정성이 돋보인다.

① 장용학, '요한시집' : 전쟁 포로 누혜가 철조망에 목을 매고 죽기까지의 생애를 의식 추구에 치중하여 그린 심리소설이다. 사르트르의 '구토'의 영향을 받은 실존주의 계열이며, 전반부에 동굴을 빠져 나오는 토끼의 우화가 삽입되어 있다.

③ 오상원, '유예' : 6 · 25의 겨울, 어느 마을을 배경으로 전쟁의 비인간성과 전쟁의 비정함을 고발한 심리주의 소설이다. 이 소설은 휴머니즘적 실존주의 사상을 바탕으로 '의식의 흐름'(심리적 갈등 위주의 서술) 기법을 통해 고백적인 어조로 서술하고 있다.

④ 황순원, '나무들 비탈에 서다' : 전체가 2부로 나뉘어 있다. 6 · 25전쟁이 끝나갈 무렵을 배경으로 삼고 있는 제1부의 중심인물은 동호인데, 결벽하고 내성적 성격의 병사인 동호가 옥주라는 술집 여자를 쏘고 자살하기까지의 이야기가 펼쳐진다. 제2부에서는 동호의 친구인 현태가 중심인물로 부상한다.

**03** 다음 글의 시점에 대한 설명으로 가장 적절한 것은?

> 파도는 높고 하늘은 흐렸지만 그 속에 솟구막 치면서 흐르는 나의 머릿속을 스치고 지나가는 영상은 푸르고 맑은 희망이었다. 나는 어떻게 누구의 손에 의해서 구원됐는지도 모른다. 병원에서 내 의식이 회복되었을 땐 다만 한 쪽 다리에 관통상을 입었다는 것을 알았을 뿐이다.

① 주인공 '나'가 자신의 체험을 이야기하고 있다.

② 작가가 주인공 '그'에 대해 관찰하여 서술하고 있다.

③ 작가가 제3의 인물 '그'에 대해 자세히 묘사하고 있다.

④ 주인공 '나'가 다른 인물에 대해 관찰하여 서술하고 있다.

---

**02** 소설에서 시대적 배경이 동일하지 않는 작품을 묻고 있다. 나머지는 모두 한국 전쟁(6 · 25)를 배경으로 하고 있으나, ②는 토속적 경향의 작품으로, 한국 전쟁과는 무관하다.

**03** 〈출전 : 정한숙, '이어도'〉
주인공 '나'의 체험을 회상의 과정을 통해 그린 1인칭 주인공 시점이다.

② 3인칭 작가 관찰자 시점 : 작가가 주인공 '그'에 대한 행동이나 외양을 관찰하여 서술한다.

③ 3인칭 전지적 작가 시점 : 작가가 제3의 인물 '그'에 대해 심리 상황까지 자세히 묘사한다.

④ 1인칭 관찰자 시점 : 주인공 '나'인 경우는 1인칭 주인공 시점이나, 부수적 인물인 '나'가 주인공을 관찰한다면 '1인칭 관찰자 시점'이다.

**정답** ( 02 ② 03 ① )

**04** 고대소설이 비현실적 소재를 취하는데 비하여 신소설은 완전하게 고대소설의 특징을 벗어나지는 못했으나 주로 현실적 소재를 취한다.

**05** 주인공의 딸 : '나'(옥희) – 관찰자
주인공 : 어머니

〈주요섭, '사랑손님과 어머니'〉
① 갈래 : 단편소설, 모더니즘 소설, 세태소설, 심리소설
② 배경 : 1930년대 시골의 작은 읍(邑)
③ 경향 : 서정적
④ 시점 : 1인칭 관찰자 시점(어머니와 사랑손님 사이의 깨끗하고 청순한 사랑이 어린 딸인 '나'를 통해 간접적으로 전해지는 1인칭 관찰자 시점)
⑤ 문체 : 경어체의 구어체
⑥ 특징
  ㉠ 시간의 흐름에 따라 이야기를 전개함(순행적 구성)
  ㉡ 대화와 행동을 통해 인물들의 심리를 간접적으로 표현
  ㉢ 어린아이다운 말투(경어체, 구어체)를 사용하여 친밀감 조성
  ㉣ 서술자를 어린아이로 설정하여 어머니와 사랑손님의 사랑을 아름답게 승화시킴
⑦ 주제 : 기존 윤리와 본능적 사랑 사이의 갈등, 애정과 기존 인습 사이의 갈등

**정답** ( 04 ② 05 ① )

**04** 다음 중 신소설의 특징과 거리가 먼 것은?

① 갑오개혁 이전의 소설 문학에 대립된 개념이다.
② 서술이 설화적이며 비현실적 소재가 많다.
③ 근대적인 개화, 계몽사상을 내용으로 한다.
④ 고대소설과 현대소설의 교량 역할을 한다.

**더 알아두기** 〈신소설(新小說)의 특징〉
① 현대소설적 요소
  ㉠ 현실적 배경과 사건이 드러남
  ㉡ 언문일치 문체에 접근함
  ㉢ 묘사 중심의 서술을 주로 사용함
  ㉣ 역순행적 구성을 취함
② 고대소설적 잔재
  ㉠ 인물 : 등장인물의 정형성(평면적, 전형적 인물)
  ㉡ 문체 : 문어체의 잔재
  ㉢ 주제 : 권선징악적 요소
  ㉣ 사건 : 우연성의 개입과 인위적 결말 방식

**05** 다음 제시문과 같은 소설의 시점으로 옳은 것은?

> 주요섭의 '사랑손님과 어머니'는 주인공의 딸이 어머니와 사랑방 손님 사이의 미묘한 관계를 이야기하는 형식을 취하고 있다.

① 1인칭 서술자 시점
② 1인칭 관찰자 시점
③ 3인칭 관찰자 시점
④ 전지적 작가 시점

**06** 다음 중 '금수회의록'에서 인간을 성토하는 연사로 등단한 '무장공자(無腸公子)'가 강조하는 내용은?

① 간사한 행동 경계

② 정직함 강조

③ 지조와 절개 강조

④ 포악하지 말 것을 강조

**더 알아두기** 〈금수회의록에 등장하는 동물〉

㉠ 사회자의 서언

㉡ 제1석 : 반포지효(反哺之孝) : 까마귀를 통하여 부모에 대한 효도 강조

㉢ 제2석 : 호가호위(狐假虎威) : 여우를 통하여 간사한 행동 경계

㉣ 제3석 : 정와어해(井蛙語海) : 개구리를 통하여 분수를 지킬 줄 모르는 행동 경계

㉤ 제4석 : 구밀복검(口蜜腹劍) : 벌을 통하여 정직함 강조

㉥ 제5석 : 무장공자(無腸公子) : 게를 통하여 지조와 절개 강조

㉦ 제6석 : 영영지극(營營之極) : 파리가 등장하여 형제, 동포 간의 우애 강조

㉧ 제7석 : 가정맹어호(苛政猛於虎) : 호랑이를 통하여 포악하지 말 것을 강조

㉨ 제8석 : 쌍거쌍래(雙去雙來) : 원앙새를 통하여 부부의 금슬을 강조

**07** 다음 중 '공진회(共進會)'에 수록된 작품이 <u>아닌</u> 것은?

① 기생

② 시골 노인 이야기

③ 인력거꾼

④ 화의혈

**06** 무장공자(無腸公子) : 게를 통하여 지조와 절개 강조

① 호가호위(狐假虎威) : 여우를 통하여 간사한 행동 경계

② 구밀복검(口蜜腹劍) : 벌을 통하여 정직함 강조

④ 가정맹어호(苛政猛於虎) : 호랑이를 통하여 포악하지 말 것을 강조

**07** 『공진회』는 1915년 안국선이 쓴 현대 최초의 단편소설집으로 3편의 단편이 수록되어 있다.

화의혈 : 1911년 이해조가 쓴 신소설로 동학혁명을 전후한 관리들의 부패상을 폭로

① 기생 : 여성의 순정과 절개를 강조

② 시골 노인 이야기 : 동학란을 전후한 시기의 부패된 정치를 풍자

③ 인력거꾼 : 하층 계급의 생활 속에서 근로와 '금주치부설(禁酒致富說)'을 주장

**정답** 06 ③ 07 ④

08 '인형조종술'은 작가는 참 인생과 다른 또 다른 인생을 창조해낼 수 있어야 하며, 창조한 인생을 마치 인형을 놀리듯이 자유자재로 다룰 수 있어야 한다는 것으로, 김동인이 주창한 소설 기법이다.

09 브나로드 운동의 일환으로 농촌소설이 융성한 것은 1930년대 소설의 특징이다.
① 김동인이 '약한 자의 슬픔'을 발표하면서 '– 더라', '– 이라' 등의 문어체를 탈피하고 언문일치[口語體] 문장을 확립하였다.
② 1910년대의 계몽주의 경향을 극복하고, 문학에 있어서의 문학 본래의 순수성을 추구함으로써 문학의 독자적 가치를 확립했다.
③ 사실주의 도입으로 식민지의 사회 현실과 인물들을 객관적이고 사실적으로 묘사하려 하였다.

정답  08 ④  09 ④

□□
08 다음 중 이광수에 대한 설명으로 적절하지 <u>않은</u> 것은?

① 조선인을 계몽하고 민족의식을 고취하였다.
② 반유교적 취향이 강하여 봉건적 사회 질서를 비판하였다.
③ 톨스토이의 인도주의에 큰 영향을 받았다.
④ '인형조종술'의 방법을 사용하였다.

**더 알아두기** 〈이광수〉
① 호는 춘원(春園). 1917년 "청춘"에 습작 '소년의 비애', '어린 벗에게' 등 발표
② "매일신보"에 '무정'을 발표하면서 한국 현대소설의 개척자가 됨.
③ 계몽의식과 민족주의 사상을 고취하는 내용의 글을 많이 씀.
④ 문학적 경향 : 민족주의적, 계몽적, 설교적, 이상주의적
⑤ 대표작 : '소년의 비애', '어린 벗에게', '단종 애사', '흙', '유정', '사랑', '무정' 등

□□
09 다음 중 1920년대 소설의 특성으로 옳지 <u>않은</u> 것은?

① 구어체 문장의 확립
② 계몽주의적 성격의 탈피
③ 치밀하고 객관적인 인물 묘사
④ 농촌의 삶을 다룬 농민소설의 융성

**10** 다음 중 김동인에 대한 설명으로 옳지 <u>않은</u> 것은?

① 이광수의 계몽주의에 반발하여 사실주의 문학을 전개하였다.

② 주요한과 함께 최초의 동인지 "창조"를 창간하였다.

③ 3인칭 대명사를 '그'로 정착하였다.

④ 작품 속에 나오는 모든 인물들의 심리를 두루 관찰하여 그려 내는 복합 묘사 방법인 '다원 묘사법'을 중시하였다.

**더 알아두기** 〈김동인〉

㉠ 호는 금동(琴童). 최초의 동인지 "창조" 발간

㉡ 이광수의 계몽주의에 반발하여 사실주의 문학을 전개

㉢ 계급주의 문학에 반발한 유미주의 문학을 전개

㉣ 사투리와 비속어를 많이 사용하였고, 주로 간결체를 사용

㉤ 언문일치[口語體] 문장의 확립('더라', '이라' 등의 문어체를 탈피)

㉥ 과거 시제의 정착

㉦ 대명사 '그'를 정착[남자(He)와 여자(She)를 구별하지 않고 모두 '그'를 사용]

㉧ 단일 묘사법 사용 : 작가는 전지전능한 신(神)의 입장에 서서 미리 소재와 주제를 결정해 놓고 작중 인물을 인형 놀리듯 조정해야 한다고 주장하였는데, 이를 '인형조종술'이라 한다.

㉨ 대표작 : '약한 자의 슬픔'(사실주의), '배따라기'(낭만주의, 유미주의), '감자'(자연주의), '광염소나타'(유미주의), '광화사'(유미주의), '붉은 산'(민족주의), '발가락이 닮았다'(인도주의), '운현궁의 봄'(역사소설), '대수양'(역사소설), '젊은 그들'(역사소설)

**11** 다음 중 현진건의 '운수 좋은 날'의 제목에 나타난 표현 기법은?

① 역설적 표현

② 은유적 표현

③ 언어 유희적 표현

④ 반어적 표현

**더 알아두기** 〈'운수 좋은 날'의 제목과 글의 구조가 갖는 반어적 성격〉

이 작품의 구조는 전체가 '반어(아이러니)'로 이루어져 있다는 특징을 갖는다. 전반부의 김첨지의 운수 좋은 하루가 후반부에서는 아내의 죽음이라는 비극적 결말로 이어지는 극적인 반전을 통해, 인간의 운명적 반어(상황의 아이러니)를 공감할 수 있고, 이 작품의 사회적 주제를 선명히 부각시키는 효과도 거두고 있다. 제목인 '운수 좋은 날'도 가장 참혹하고 비통한 날에 대한 반어적 표현으로서 그 참모습이 드러난다. 사실과 달리 운수 좋은 날로 표상한 이 아이러니는 단순히 아이러니컬한 제목 수준에 머무는 것이 아니라, 이 아이러니의 간극만큼 비극성을 강화하는 것이다. 돈을 벌게 되어 '운수 좋은 날'이라고 생각한 바로 그 날이 가장 운수 사나운 날이 되고 마는 처절한 삶의 실상을 아이러니를 통해 표현하려 한 것이다.

**10** ④는 염상섭에 대한 설명이다. 김동인은 '단일 묘사법'을 사용하여 1920년대 한국 단편소설의 기틀을 확립하였고, 언문일치를 완성하였다.

**11** '운수 좋은 날'은 일제 강점하의 도시 빈민층을 대표하는 인력거꾼의 극적 궁핍상을 사실적으로 그려 낸 사실주의 소설이다. 이 작품의 전체적인 구성은 아이러니에 바탕을 두고 있다. 작품에 그려져 있는 인력거꾼 김 첨지의 하루는 표면상으로는 모처럼 큰 벌이를 한 '운수 좋은 날'이지만, 실상은 병든 아내가 죽는 가장 '운수 나쁜 날'이기 때문이다. 이러한 결말과 김 첨지의 행동, 제목, 배경은 의도적으로 구성된 반어적 상황으로 이 작품의 비극성을 극대화시키는 역할을 한다.

**정답** 10 ④ 11 ④

12 '탈출기'는 서해 최학송이 1925년 3월 "조선문단"에 발표한 신경향파 문학 작품으로 일제 강점기 하층민의 생활을 사실적으로 그려내고 있으며, 서간체의 형식과 1인칭 시점을 통해 호소와 절규가 담긴 내용을 효과적으로 전달하고 있다.

12 다음 설명에 해당하는 작가와 소설의 제목이 바르게 짝지어진 것은?

> 주인공인 박 군이 가정을 탈출해야만 했던 까닭을 친구인 김 군에게 설명하는 편지 형식의 소설로서, 1920년대의 비참한 생활상을 작자의 생생한 체험을 바탕으로 엮은 빈궁문학(貧窮文學)의 대표작이다.

① 염상섭, '표본실의 청개구리'
② 최서해, '탈출기'
③ 유진오, '김 강사와 T교수'
④ 안수길, '북간도'

더 알아두기 〈최서해, '탈출기'〉
① 갈래 : 단편소설, 신경향파 소설, 서간체 소설, 고백체 소설
② 배경 : 일제 식민지 시대 고국에서 내쫓긴 유이민들이 핍박받고 궁핍하게 살아가는 황폐한 간도
③ 시점 : 1인칭 주인공 시점
④ 특징 : 서간체 형식, 사실주의적·격정적·저항적 문체 구사
⑤ 갈등 : 가난한 지식인의 삶에 대한 의지와 어렵기만 한 현실의 갈등
⑥ 주제 : 식민지 하의 가난한 삶의 고발과 부조리한 사회에 대한 저항

정답 12 ②

## 13 다음 1930년대 소설에 대한 설명 중 옳지 않은 것은?

① 1920년대가 지식인의 문제를 다룬 작품이 많은 반면, 1930년대는 주로 하층민의 빈궁의 문제를 다루고 있다.

② 브나로드 운동의 영향으로 농촌의 삶과 문제를 다룬 '농촌 계몽소설'이 출현했다.

③ 장편소설의 창작에 대한 관심이 높아지면서, 깊이 있는 현실 탐구와 사회적 전형의 창조가 이루어졌다.

④ 일제의 검열을 피해 민족의식을 우회적으로 고취하려는 의도로 역사소설이 유행하였다.

**더 알아두기**

② 농촌 계몽소설(브나로드 운동): 이광수의 '흙', 심훈의 '상록수'

③ 1920년대 단편 위주의 소설적 경향에서 벗어나 장편소설의 창작에 대한 관심이 높아지면서, 깊이 있는 현실 탐구와 사회적 전형의 창조가 이루어졌다. 대표적인 작품으로는 염상섭의 '삼대(三代)', 심훈의 '상록수', 채만식의 '탁류'·'태평천하', 현진건의 '무영탑', 강경애의 '인간 문제' 등이 있다.

④ 1930년대는 일제가 사상성 탄압의 일환으로 문학에 대한 검열을 강화하자, 일제의 검열을 피해 민족의식을 우회적으로 고취하려는 의도로 역사소설이 유행하였다.

## 14 다음 중 1933년 순수문학을 표방하고 발족한 '구인회'의 회원이 아닌 문인은?

① 이효석

② 채만식

③ 이태준

④ 정지용

13 1920년대가 '빈궁'을 소재로 하층민들의 비참한 삶을 사실적으로 다룬 반면, 1930년대는 한층 심화된 사실적 묘사로 지식인의 문제를 다룬 작품들이 창작되었고, 더불어 도시성(都市性)이 내포하고 있는 병리적인 제요소와 도시적인 세태를 제시하고 관찰하고자 한 '도시소설'이 등장하였다.

14 '구인회'는 문단 및 예술계 작가인 이종명, 김유영의 발기로 이효석, 이무영, 유치진, 이태준, 조용만, 김기림, 정지용 등 9인이 결성했다. 창립된 지 얼마 후 김유영, 이효석, 유치진, 조용만이 탈퇴하고 그 대신 박태원, 이상, 박팔양, 김유정, 김환태가 가입하였다.
채만식은 동반자 작가이고, 현실 풍자의 작품을 썼다. 순수문학을 표방하는 구인회에는 가입하지 않았다.

**정답** 13 ① 14 ②

15 김동인의 '광염소나타'는 예술을 위해서는 범용한 인간들이 도리어 희생되어야 한다는 유미주의 경향을 띤 작품으로 사회 현실의 문제와는 아무런 관련이 없다.

□□
**15 다음 중 식민지 시대의 '사회 현실의 문제'들을 소설화한 작품이라 볼 수 없는 것은?**

① 채만식, '레디메이드 인생'

② 최서해, '홍염'

③ 현진건, '고향'

④ 김동인, '광염소나타'

**더 알아두기** 〈김동인, '광염소나타'〉

천재적인 영감을 지녔으면서도 광기에 사로잡힌 한 예술가의 삶을 통해 예술 창작의 심리적인 동기를 날카롭게 분석하면서 작가의 예술지상주의적인 문학관을 드러내고 있다.

① 갈래 : 단편소설, 예술가 소설

② 성격 : 유미적, 예술지상주의적

③ 배경 : 시간적, 공간적으로 제한을 받지 않는 곳(몇 십 년 후의 지구상의 어느 곳)

④ 시점 : 1인칭 관찰자 시점('백성수'가 서술하는 경우는 1인칭 주인공 시점)

⑤ 주제 : 예술 창조에 대한 욕구와 인간성의 희생

16 김동리는 '무녀도', '황토기', '등신불', '사반의 십자가', '역마', '바위', '화랑의 후예' 등의 작품을 썼다. '카인의 후예'는 황순원이 지은 장편소설로, 광복 직후 북한의 공산정권 치하에서 정치적 시련을 겪던 끝에 자유를 찾아 남하할 것을 결심하게 되는 한 지식인의 삶의 과정을 통해 당시의 이념대립의 격동적 현실을 그리고 있다.

□□
**16 다음 중 김동리의 소설이 아닌 하나는?**

① 카인의 후예

② 사반의 십자가

③ 등신불

④ 황토기

**정답** 15 ④  16 ①

## 17  다음 설명에 부합되는 작품이 <u>아닌</u> 것은?

> 1950년대는 전쟁이 끝난 후의 사회 현실에 대한 인식을 바탕으로 새로운 인간상의 제시라는 특징을 보인다. 전쟁의 상흔, 전후의 사회상, 민족 분단의 비극, 전후의 가치관의 변동 등을 형상화한 수작들이 발표되었다. 또한 개인과 사회의 갈등 문제를 다루면서 소외된 삶의 문제, 부조리한 현실 인식, 행동을 통한 현실 참여 문제를 다루었다.

① 불꽃
② 나무들 비탈에 서다
③ 꺼삐딴 리
④ 무진기행

**더 알아두기**

① 불꽃: 1957년 선우휘. 3 · 1운동부터 6 · 25전쟁까지의 30여 년에 걸친 역사적 격동기를 배경으로, 역사에 대한 한국인의 체념과 순응주의를 비판하고 적극적이며 행동적인 삶의 태도를 선택하게 하는 이념 제시의 면모를 드러내고 있다.

② 나무들 비탈에 서다: 1960년 황순원. 6 · 25전쟁 이후를 주 배경으로 하여 전쟁을 겪은 인물의 죄의식과 방황, 전쟁 이후의 인물들이 후유증과 상처를 극복해 나가는 과정을 그리고 있는데, 전쟁으로 인해 상처받은 사람들을 애정으로 감싸 안으려는 작가 의식이 담겨 있다.

③ 꺼삐딴 리: 1962년 전광용. 1940년대 일제 강점기 말에서 1950년대를 배경으로 변절을 일삼는 기회주의적인 인물을 통해, 한국 근대사의 과정에서 사회 지도층이 보여 왔던 반민족적 행태를 비판하고 풍자한 소설이다.

17  무진기행(霧津紀行): 1964년 김승옥. 세속적인 삶을 벗어나려는 고립된 개인의 복잡한 심리를 내용으로 하여, 개인의 삶과 현실 속에 던져진 자기 존재의 파악이라는 주제를 다루었다.

**정답**  17 ④

18 제시된 작품의 줄거리는 최인훈의
'광장'이다. '광장'은 남북 분단의 비
극을 이데올로기적 측면에서 본격적
으로 다룬 작품으로 6·25전쟁 이후
남과 북의 이념과 체제 대립의 현실
에 맞서 이상적인 삶을 추구하는 인
물의 행로를 그리고 있다.

18 다음 제시된 줄거리의 작품을 쓴 작가는 누구인가?

> 이 작품의 주인공 이명준은 전쟁 중에 월북한 거물급 남로
> 당원인 아버지 때문에 경찰서로 끌려서 고초를 겪곤 한다.
> 또한, 남한의 타락하고 부조리한 상황에 염증을 느낀다. 이
> 로 인해 명준은 사랑하는 '윤애'라는 여인도 버려둔 채 월북
> 한다. 그러나 북한도 이념과 허위에 가득 찬 곳이라는 것을
> 깨닫고 환멸을 느낀다. 결국 전장에서 포로가 되어 석방 과
> 정에서 제3국인 중립국을 택하게 되고, 제3국행 배에서 갈
> 매기를 보며 전선에서 만난 애인 은혜와 그 뱃속의 아이를
> 떠올리며 물속으로 뛰어들어 자살하게 된다. 따라서 이 작품
> 은 민족 분단의 비극을 이념(이데올로기)적인 측면에서 본
> 격적으로 다룬 장편소설로, 남과 북을 오가면서 진실한 삶의
> 자리를 찾으려 노력을 기울이는 주인공의 모습을 통해 역사
> 와 민족의 문제, 그리고 인간적 삶의 방향에 대한 문학적 모
> 색을 보여 주고 있다.

① 현진건
② 이청준
③ 최인훈
④ 황석영

**더 알아두기** 〈최인훈, '광장'〉
① 갈래 : 중(장)편소설, 사회소설
② 배경
　㉠ 시간적 : 8·15 해방에서 6·25 종전 사이
　㉡ 공간적 : 남한과 북한
※ 현재의 공간적 배경 : 인도로 가는 타고르 호(號) 선상(船上)
　회상 속의 배경 : 6·25 당시의 남한과 북한
③ 시점 : 3인칭 전지적 작가 시점
④ 성격 : 관념적, 철학적
⑤ 문체 : 과거 회상의 독백체와 관념적 문체
⑥ 주제 : 이데올로기의 갈등 속에서 이상적 삶의 방식을 추구하는 인간의
　모습

**정답** 18 ③

19 다음은 어떤 소설의 마지막 부분이다. 이 소설에 대한 설명으로 옳은 것은?

> 그러나 나는 이 발길이 아내에게로 돌아가야 옳은가 이것만은 분간하기가 좀 어려웠다. 가야하나? 그럼 어디로 가나?
>
> 이때 뚜우 하고 정오 사이렌이 울었다. 사람들은 모두 네 활개를 펴고 닭처럼 푸드덕거리는 것 같고 온갖 유리와 강철과 대리석과 지폐와 잉크가 부글부글 끓고 수선을 떨고 하는 것 같은 찰나! 그야말로 현란을 극한 정오다.
>
> 나는 불현듯 겨드랑이가 가렵다. 아하, 그것은 내 인공의 날개가 돋았던 자국이다. 오늘은 없는 이 날개. 머릿속에서는 희망과 야심이 말소된 페이지가 딕셔너리 넘어가듯 번뜩였다.
>
> 나는 걷던 걸음을 멈추고 그리고 일어나 한 번 이렇게 외쳐 보고 싶었다.
>
> 날개야 다시 돋아라.

① 작가는 '봉별기', '종생기', '지주회시'를 썼다.
② 1인칭 관찰자 시점을 활용하고 있다.
③ 1930년대 발표된 풍자소설이다.
④ 개인의 일상적인 문제에 관심이 맞추어져 있다.

**더 알아두기** 〈이상, '날개'〉
① 갈래 : 단편소설, 심리주의 소설, 초현실주의
② 배경
　㉠ 공간적 : 해가 들지 않는 서울의 33번지 구석방, 거리, 역 대합실, 산, 옥상
　㉡ 시간적 : 1930년대 어느 날
　㉢ 사상적 : 다다이즘, 모더니즘
③ 시점 : 1인칭 주인공 시점
④ 표현상 특징 : 독백체에 의한 직접적 서술, 의식의 흐름
⑤ 갈등 : 주인공 내부에서의 일상적 자아와 본래적 자아간의 갈등. 이 두 개의 분열된 자아를 통합하여 완전한 인간으로 통합해가는 것이 이 작품의 결말이다.
⑥ 주제 : 전도된 삶과 자아 분열의 의식 속에서 본래적 자아를 지향하는 인간의 내면 의지
⑦ 주요 소설 : '날개', '동해(童骸)', '지주회시', '종생기', '봉별기' 등

19 〈출전 : 이상, '날개'〉
② 1인칭 주인공 시점
③ 1936년 "조광"에 발표된 심리주의 소설로, 풍자소설이 아니다.
④ 일상적 문제가 아니라 내면 의식을 그리고 있다.

**정답** 19 ①

20 〈출전 : 김정한, '모래톱 이야기'〉
이 소설은 낙동강 하류의 외떨어진 모래톱 조마이섬을 배경으로 일제시대부터 1960년대에 이르는 주민들의 삶의 역사를 조명한 이야기로, 작가인 '나'는 관찰자의 입장에서 이들의 삶의 내력을 보고하는 위치에 서서 소수 유력자와 선량한 다수 민중 사이의 동태를 선명하게 부각시킨 것이 특징이다. 외세의 압제와 제도의 불합리성으로 말미암아 항상 토지를 이용하면서도 한 번도 소유하지는 못했던 민중들의 땅에 대한 사무치는 원한은 핍박하는 자에 대한 갈밭새 영감의 살인 행위를 통해 극대화된다. 비참하게 짓밟히며 살아가는 농민들의 삶을 통하여 부조리한 현실의 단면을 여실히 보여주고 있다. 현실의 모순에 대한 비판적인 시각을 가지고, 객관적인 태도로 형상화하려는 작가의 의도가 엿보이는 작품이다.
예문에서는 일제의 착취 때문에 생기는 농민의 절망적인 상황을 그려내고 있고, 이는 개인과 사회의 갈등 때문에 빚어지는 것이다.

□□
20 **다음 글의 내용과 연관되는 것을 아래의 밑줄 친 부분에서 고르면?**

> 1905년 – 을사년 겨울, 일본 군대의 포위 속에서 맺어진 '을사 보호 조약'이란 매국 조약을 계기로 소위 '조선 토지 사업'이란 것이 전국적으로 실시되던 일, 그리고 이태 후인 정미년에 가서는 '한국 정부는 시정 개선에 관하여 통감의 지도를 수할 사'란 치욕적인 조목으로 시작된 '한일 신협약'에 따라 더욱 그 사업을 강행하고 역둔토(驛屯土)의 대부분과 삼림 원야(森林原野)들을 모조리 국유로 편입시키는 등 교묘한 구실과 방법으로써 농민들로부터 빼앗은 뒤, 다시 불하하는 형식으로 동척과 일인 수중에 놓던 그 해괴망측한 처사들이 문득 내 머릿속에도 떠올랐다.
>
> "죽일 놈들."
>
> 건우 할아버지는 그렇게 해서 다시 국회의원, 다음은 하천부지의 매립 허가를 얻은 유력자 – 이런 식으로 소유자가 둔갑되어 간 사연들을 죽 들먹거리더니,
>
> "이 꼴이 되고 보니 선조(先祖) 때부터 둑을 맨들고 물과 싸워 가며 살아온 우리들은 대관절 우찌 되는기요?"

┌─ 보기 ─
소설에는 등장인물이 겪게 되는 대립적 관계인 갈등이 여러 유형으로 나타나게 마련이다. 소설에 나타나는 갈등은 대개 ㉠ 한 개인의 내면적 갈등 ㉡ 개인 대 개인의 갈등 ㉢ 개인 대 사회의 갈등 ㉣ 인간(개인) 대 운명의 갈등 등의 유형으로 나뉜다.

① ㉠
② ㉡
③ ㉢
④ ㉣

**정답** 20 ③

## 21 다음 글에 대한 이해로 적절하지 <u>않은</u> 것은?

> 우리 장인님은 약이 오르면 이렇게 손버릇이 아주 못됐다. 또 사위에게 이 자식 저 자식 하는 이놈의 장인님은 어디 있느냐. 오죽해야 우리 동리에서 누굴 물론하고 그에게 욕을 안 먹는 사람은 명이 짜르다 한다. 조그만 아이들까지도 그를 돌아세 놓고 욕필이(본 이름이 봉필이니까), 욕필이하고 손가락질을 할 만치 두루 인심을 잃었다. 하나 인심을 정말 잃었다면 욕보다 읍의 배참봉 댁 마름으로 더 잃었다. 번이 마름이란 욕 잘 하고 사람 잘 치고 그리고 생김 생기길 호박개 같아야 쓰는 거지만 장인님은 외양에 똑 됐다. 장인께 닭 마리나 좀 보내지 않는다든가 애벌논 때 품을 좀 안 준다든 가 하면 그해 가을에는 영락없이 땅이 뚝뚝 떨어진다. 그러 면 미리부터 돈도 먹이고 술도 먹이고 안달재신으로 돌아치 던 놈이 그 땅을 슬쩍 돌아앉는다.
>
> — 김유정, '봄봄'

① 마름의 특성을 동물의 외양에 빗대어 낮잡아 표현했다.

② 비속어와 존칭어를 혼용하여 해학적 표현을 구사했다.

③ 여러 정황을 거론하며 장인의 됨됨이가 마땅치 않음을 드 러냈다.

④ 장인과 소작인들 사이의 뒷거래 장면을 생생하게 묘사하여 제시했다.

21 "장인께 닭 마리나 좀 보내지 않는다 든가 ~ 그 땅을 슬쩍 돌아앉는다." 는 장면은 장인과 소작인 사이의 뒷 거래 장면을 생생하게 묘사한 것이 아니라, 소작인이 장인에게 뇌물을 제공하여 소작권을 잃지 않으려고 애쓰는 정황을 비유적으로 나타내는 것이다.

① "마름이란 ~ 생김 생기길 호박개 같아야 쓰는 거지만 장인님은 외 양에 똑 됐다."처럼 마름(장인)의 외양을 호박개(뼈대가 굵고 털이 북슬북슬한 개)에 빗대어 우스꽝 스럽게 나타냄으로써 장인을 낮 잡아 표현하고 있다.

② "이놈의 장인님"처럼 비속어인 '이놈'과 존칭어 '장인님'을 혼 용하여 장인에 대한 '나'의 불만 을 해학적으로 표현하고 있다.

③ 여러 정황(장인이 손버릇이 좋지 않고 욕을 잘 한다는 것, 장인이 마름으로서 소작인인 동네 사람 들의 재물과 노동력을 착취하여 인심을 잃은 것 등)을 거론하여 장인의 됨됨이가 마땅치 않음을 드러내고 있다.

**정답** 21 ④

22 윤흥길, '아홉 켤레의 구두로 남은 사내' : 1970년대 후반 급격한 도시 개발로 인한 도시 빈민 계층이 발생하던 시기의 성남 지역을 배경으로 산업사회에서 소외된 인생의 비극적인 삶을 다룸

**22 다음 작품 중 서울이 배경이 아닌 것은?**

① 박태원 : 소설가 구보 씨의 일일
② 윤흥길 : 아홉 켤레의 구두로 남은 사내
③ 이상 : 날개
④ 이범선 : 오발탄

**더 알아두기**

① 박태원, '소설가 구보 씨의 일일' : 시간(1930년대 어느 하루). 공간(서울의 거리). 현실적 공간(서울에서의 하루). 의식의 공간(첫사랑을 시작한 어린 소년기 – 동경 유학시절)을 배경으로 한 지식인의 외로움과 이상과 현실에 대한 갈등을 그림
③ 이상, '날개' : 해가 들지 않는 서울의 33번지의 구석방을 배경으로 식민지 지식인의 자의식을 그림
④ 이범선, '오발탄' : 6 · 25 직후 서울 해방촌 일대를 배경으로 전후 시대의 궁핍상과 사회의 구조적 문제를 고발

23 소설에서 시점의 분류 기준은 서술자의 위치(작중인물 여부)와 서술자의 태도(감정제시 여부)이다.
②는 현진건의 '운수 좋은 날'로서 김 첨지의 마음을 서술자가 직접 서술한 전지적 작가 시점이고, ① 김동인의 '감자', ③ 전영택의 '화수분', ④ 김정한의 '사하촌'은 서술자가 내면의식을 제시하지 않고 '보여주기'의 방법을 사용한 3인칭 관찰자 시점이다.

**23 다음 중 서술자의 시점(始點)이 다른 하나는?**

① 왕 서방은 와들와들 떨었다. 왕 서방은 복녀의 손을 뿌리쳤다. 복녀는 쓰러졌다. 그러나 곧 다시 일어섰다. 그가 다시 일어설 때는, 그의 손에는 얼른얼른 하는 낫이 한 자루 들리어 있었다.
② 인제 설렁탕을 사 줄 수도 있다. 앓는 어미 곁에서 배고파 보채는 개똥이(세살먹이)에게 죽을 사 줄 수도 있다. – 팔십 전을 손에 쥔 김 첨지의 마음은 푼푼하였다.
③ 순이는 저녁밥을 짓는 불을 다 때고 나서, 부지깽이로 닫힌 부엌문을 탕 열어 젖히며, 눈 아래 언덕길을 내려다보았다. 그러나 아래로 뻗은 길에는 사람은커녕 개새끼 하나 얼씬하는 것 없었다.
④ 고 서방은 궁둥이를 툭툭 털면서 일어나 섰다. 담배 한 대 재어 물 여가도 없이 곧바로 허리춤을 졸라매고 이 주사 댁 논을 막 짐을 나서려고 할 즈음에 뜻밖에도 주재소 순사 하나가 게딱지만한 뜰 안에 썩 들어섰다.

**정답** 22 ② 23 ②

## 04 현대수필

**01** 다음 중 수필문학의 특성이 <u>아닌</u> 하나는?

① 자유로운 형식의 산문
② 제재의 다양성
③ 직접적 전달성
④ 세계의 자아화

**02** 다음 중 편지 용어에 대한 설명으로 옳지 <u>않은</u> 것은?

① 친전(親展) : 편지를 받을 사람이 직접 펴 보라고 편지 겉봉에 적는 말
② 좌하(座下) : 편지를 받을 사람이 아랫사람일 때 붙이는 말
③ 귀중(貴中) : 편지나 물품 따위를 받을 단체나 기관의 이름 아래에 쓰는 높임말
④ 본제입납(本第入納) : 본가로 들어가는 편지라는 뜻으로, 자기 집으로 편지할 때에 편지 겉봉에 자기 이름을 쓰고 그 밑에 쓰는 말

**03** 다음 중 현대수필의 작가와 작품명이 바르게 짝지어진 것이 <u>아닌</u> 하나는?

① 최남선, '반순성기(半巡城記)'
② 이광수, '금강산유기(金剛山遊記)'
③ 염상섭, '국화(菊花)와 앵화(櫻花)'
④ 이양하, '생활인의 철학'

**01** '세계의 자아화'는 서정양식의 특징이다. 수필문학은 현실세계가 변형되지 않고 작품 속에 그대로 등장하는 '자아의 세계화'이다.
① 수필은 다른 문학에 비하여 형식이 자유롭다.
② 인생이나 사회, 역사, 자연 등 무엇이든지 수필의 제재가 될 수 있다.
③ 허구적 대리인을 거치지 않고, 작가가 자신의 생각이나 사상을 직접 전달한다.

**02** 좌하(座下) : 편지를 받을 사람이 아주 윗사람일 때 붙이는 말로 '귀하(貴下)'보다도 높은 극존칭이다.

**03** '생활인의 철학'은 김진섭의 수필이다.

**정답** 01 ④ 02 ② 03 ④

04 ④는 해방 공간 시대의 수필의 특징
이다. 1960년대는 산업사회의 도래
와 사회 혼란으로 굴곡의 시대를 거
치게 되지만 오히려 이 시기 수필문
학은 오히려 괄목할만한 성장을 하
게 된다.

**04 다음 중 현대수필에 대한 설명으로 바르지 않은 것은?**

① 1910년대 : 현대수필의 태동기로 이때 활동한 작가들은 대부분 전문 수필가가 아닌 시인이나 소설가들이었다.
② 1920년대 : 기행수필과 수상수필의 병립 양상이 나타났다.
③ 1930년대 : 해외문학파에 의해 외국의 수필 작품 및 이론이 도입되어 수필의 양상이 보다 다양해졌다.
④ 1960년대 : 남북 대립과 민족문학 모색의 혼란 속에서 수필은 새로운 변모를 가져오지 못한 채 침체되었다.

05 감정이입(感情移入)이란 시적 화자
의 감정을 다른 사물에 투영하여 표
현하는 기법을 말하는데, 대개 대상
을 의인화하여 대상과 화자의 감정
이 일치하는 경우가 많다. 제시문은
정비석의 '산정무한'으로 마의태자
의 묘에서 추모의 정과 인생의 무상
감을 느끼고 있다. 본문에서는 의인
적 표현과 관련지어 생각하는 것이
좋다.
자작나무는 '구중심처(九重深處)가
아니면 살지 않는', '수중(樹中) 공주
이던가'처럼 평범하지 않다는 속성
을 제시했을 뿐 감정의 제시는 없다.
② 무덤이 ~ 고독했다
③ 비석이 ~ 처량하다
④ 구름도 ~ 잠시 머무르는 듯(용마
의 고영이 슬프다)

**05 다음 중 감정이입의 대상이 아닌 것은?**

비로봉 동쪽은 아낙네의 살결보다도 흰 자작나무의 수해(樹海)였다. 설 자리를 삼가, 구중심처(九重深處)가 아니면 살지 않는 자작나무는 무슨 수중(樹中) 공주이던가! 길이 저물어, 지친 다리를 끌며 찾아든 곳이 애화(哀話) 맺혀 있는 용마석(龍馬石) – 마의 태자의 무덤이 황혼에 고독했다. 능(陵)이라기에는 너무 초라한 무덤 – 철책(鐵柵)도 상석(床石)도 없고, 풍우에 시달려 비문조차 읽을 수 없는 화강암 비석이 오히려 처량하다.
무덤가 비에 젖은 두어 평 잔디밭 테두리에는 잡초가 우거지고, 석양이 저무는 서녘 하늘에 화석(化石)된 태자의 애기(愛騎) 용마의 고영(孤影)이 슬프다. 무심히 떠도는 구름도 여기서는 잠시 머무르는 듯, 소복(素服)한 백화(白樺)는 한결같이 슬프게 서 있고, 눈물 머금은 초저녁달이 중천(中天)에 서럽다.

① 자작나무
② 무덤
③ 비석
④ 구름

정답 04 ④ 05 ①

○○
06 다음 글에서 말하고 있는 수필의 성격과 가장 거리가 먼 것은?

> 수필은 청자연적이다. 수필은 난이요, 학이요, 청초하고 몸맵시 날렵한 여인이다. 수필은 그 여인이 걸어가는 숲속으로 난 평탄하고 고요한 길이다. 수필은 가로수 늘어진 페이브먼트가 될 수도 있다. 그러나 그 길은 깨끗하고 사람이 적게 다니는 주택가에 있다.
>
> ⋯⋯ (중략) ⋯⋯
>
> 수필의 색깔은 황홀 찬란하거나 진하지 아니하며, 검거나 희지 않고 퇴락하여 추하지 않고, 언제나 온아우미하다. 수필의 빛은 비둘기빛이거나 진주빛이다. 수필이 비단이라면 번쩍거리지 않는 바탕에 약간의 무늬가 있는 것이다. 그 무늬는 읽는 사람의 얼굴에 미소를 띠게 한다.
>
> 수필은 한가하면서도 나태하지 아니하고, 속박을 벗어나고서도 산만하지 않으며, 찬란하지 않고 우아하며 날카롭지 않으나 산뜻한 문학이다.
>
> 수필의 재료는 생활 경험, 자연 관찰, 또는 사회 현상에 대한 새로운 발견, 무엇이나 다 좋을 것이다. 그 제재가 무엇이든지간에 쓰는 이의 독특한 개성과 그때의 무드에 따라 '누에의 입에서 나오는 액이 고치를 만들듯이' 수필은 써지는 것이다. 수필은 플롯이나 클라이맥스를 필요로 하지 않는다. 가고 싶은 대로 가는 것이 수필의 행로이다. 그러나 차를 마시는 거와 같은 이 문학은 그 방향을 갖지 아니할 때에는 수돗물같이 무미한 것이 되어버리는 것이다.
>
> – 피천득, '수필' 중에서

① 수필은 제재가 다양한 문학이다.
② 수필은 해학과 비판정신의 문학이다.
③ 수필은 일정한 형식이 없는 문학이다.
④ 수필은 필자의 개성이 드러나는 문학이다.

06 • 1단락 : 비전문가의 글 = 개방성, 대중성
• 2단락 : 유머, 위트의 글
• 3단락 : 무형식의 형식
• 4단락 : 제재가 다양한 글 / 개성적인 글
②의 해학과 비판정신의 문학이라는 내용은 본문에 제시되어 있지 않다.
① 4단락 첫째 문장 : '수필의 재료는 생활 경험, 자연 관찰, 사회 현상에 대한 새로운 발견, 무엇이나 다 좋을 것이다.'
③ 4단락 셋째와 넷째 문장 : 수필은 플롯이나 클라이맥스를 필요로 하지 않는다. 가고 싶은 대로 가는 것이 수필의 행로이다.
④ 4단락 마지막 문장 : 차를 마시는 거와 같은 이 문학은 그 방향을 갖지 아니할 때에는 수돗물같이 무미한 것이 되어버리는 것이다.

정답 06 ②

07 〈출전 : 법정, '거꾸로 보기'〉
• 주제 : 선입견에서 벗어난 새로움을 발견하는 일의 중요성
일상사를 마치고 무심히 바라본 산의 모습이 "자세(관점)의 차이에 따라 달리 보였다"는 사실에서 흥미를 느꼈다는 제시문의 예시를 통해 이 글 다음의 "틀에 박힌 고정관념을 극복해야 한다."는 주지를 유추할 수 있다.
① 무소유와 관련되는 내용은 없다.
② 빨래를 했던 일상사의 예시가 '성실한 삶의 자세'와는 관련이 없다.
③ 현실에 대한 어려움이라든가 종교적 의지를 통한 극복은 예시와 관련이 없다.

07 다음 〈보기〉의 글 다음에 나올 내용으로 가장 적절한 것은?

┌ 보기 ┐

　재작년이던가 여름날에 있었던 일이다. 날씨가 화창하여 밀린 빨래를 해치웠었다. 성미가 비교적 급한 나는 빨래를 하더라도 그날로 풀을 먹여 다려야 그렇지 않으면 찜찜해서 심기가 홀가분하지 않다. 그날도 여름 옷가지를 빨아 다리고 나서 노곤해진 몸으로 마루에 누워 쉬려던 참이었다. 팔베개를 하고 누워서 서까래 끝에 열린 하늘을 무심히 바라보고 있었다. 그러다가 모로 돌아누워 산봉우리에 눈을 주었다. 갑자기 산이 달리 보였다. 하, 이것 봐라 하고 나는 벌떡 일어나, 이번에는 가랑이 사이로 산을 내다보았다. 우리들이 어린 시절 동무들과 어울려 놀이를 하던 그런 모습으로.

① 자연 속에서 무소유의 교훈을 찾아야 한다.
② 성실한 삶의 자세를 가져야 한다.
③ 종교적 의지를 통해 현실을 초월해야 한다.
④ 틀에 박힌 고정관념을 극복해야 한다.

정답　07 ④

## 05 현대희곡

**01** 다음 중 희곡의 특성에 대한 설명이 바르지 <u>않은</u> 것은?

① 무대 상연의 문학

② 대사의 문학

③ 현재화된 인생 표현

④ 종합 예술

**더 알아두기** 〈희곡의 양면성〉

㉠ 연극성(연극의 대본) + ㉡ 문학성(단일예술)

**01** 희곡은 연극의 대본으로 단일예술이다. 종합예술은 연극이다.
① 무대 상연의 문학 : 희곡은 원칙적으로 무대 상연을 전제로 한 문학이다.
② 대사의 문학 : 대화를 표현 형식으로 삼는다.
③ 현재화된 인생 표현 : 사건 진행은 관객에게 현재적 사실로 받아들이게 한다.

**02** 다음 희곡의 유형에 대한 설명 중 적절하지 <u>않은</u> 것은?

① 레제드라마 : 상연되지 않고 읽기만을 위한 독서 희곡

② 뷔넨드라마 : 반드시 무대 상연을 전제로 한 희곡

③ 키노드라마 : 연극과 영화의 연쇄극

④ 멜로드라마 : 대사가 없이 동작만으로 이루어진 극

**02** ④는 '팬터마임'이다. 멜로드라마 (melodrama)는 사랑을 주제로 하여 줄거리에 변화가 많고, 호화로운 무대로 관객을 대하는 감상적 · 통속적인 대중극이다.
① 레제드라마(lesedrama) : 상연되지 않고 읽기만을 위한 독서 희곡으로 연극성을 무시하고 문학성만을 중시한다.
② 뷔넨드라마(bühnendrama) : 반드시 무대 상연을 전제로 한 희곡이다.
③ 키노드라마(kinodrama) : 영화의 기법을 섞어 사용하는 특수한 연극으로 연극과 영화의 연쇄극이라고 한다.

**정답** 01 ④ 02 ④

03  1910년대 임성구의 혁신단(1911)과 윤백남의 문수성(1912)을 중심으로 신파극이 발전하였으나, 1920년대 김우진의 극예술협회(1921)와 박승희, 김기진의 토월회(1922)를 통해 신파극을 탈피하고 근대극을 시도하려는 움직임을 보인다. 그러나 토월회는 재정난을 이유로 신파극 단체로 전락하고야 만다.

□□
03  **다음 신파극에 대한 설명 중 틀린 것은?**

① 신파라는 말은 일본의 용어를 그대로 사용한 것이다.
② 1910년 ~ 1930년까지 유행한 대중적 연극이다.
③ 신파극의 본격적 출발은 임성구의 혁신단이다.
④ 1920년대 박승희의 토월회, 김우진의 극예술협회로 더욱 발전하였다.

**더 알아두기**

① '신파(新派)'란 말은 원래 일본에서 처음 쓴 신극용어로 일본의 구파극(舊派劇)인 가부키(歌舞伎) 연극에 대립하는 칭호로 사용하였던 것이다.
② 1921년에 결성된 신극단체인 극예술협회 이전의 신극을 특히 신파극이라 하지만, 1930년대까지 유행하였다.
③ 1911년 일본극장의 관리인으로 일하던 임성구가 조직한 한국 최초의 신파극단인 혁신단(革新團)이 일본신파극의 번안작인 '불효천벌(不孝天罰)'을 가지고 창립공연을 하면서 시작되었다.

04  '토막'은 유치진이 1931년 12월부터 다음해 1월까지 "문예월간"에 발표한 2막의 희곡 작품이다. 문학사적으로 최초의 본격적 사실주의 희곡으로 꼽힌다. 1920년대 한국 농촌의 현실과 일본의 수탈상, 그리고 농민들의 저항 의식이 매우 실감 있게 그려져 있다.

□□
04  **다음 중 유치진의 희곡 '토막(土幕)'이 기초한 사조로 옳은 것은?**

① 고전주의
② 사실주의
③ 상징주의
④ 낭만주의

**정답**  03 ④  04 ②

□□
05 다음 중 고층 건물의 틈바구니에 낀 고옥(古屋)이라는 무대 설정에서부터 전통과 현대의 충돌이라는 주제를 암시하면서 전쟁의 상처를 달래지 못하고 절망 속에서 살아가는 인간상을 그린 희곡은?

① 김우진의 '산돼지'
② 차범석의 '불모지'
③ 이근삼의 '원고지'
④ 천승세의 '만선'

**더 알아두기**

① 김우진의 '산돼지' : 1926년. 현실 개혁의 사명감과 기존 질서 사이에서 갈등하는 1920년대 한 청년 지식인의 저항 의식을 표현주의 기법으로 그린 희곡이다.

③ 이근삼의 '원고지' : 1960년 부조리극. 진정한 삶의 가치와 의미를 잊어버린 채 기계적으로 살아가는 한 중년 교수의 가정의 모습을 통해 현대인의 무의미하고 반복적인 삶과 인간 소외의 문제를 희화적으로 풍자하고 있다.

④ 천승세의 '만세' : 1964년 사실주의극. 만선에 대한 집념을 불태우며 거친 바다와 싸우는 한 어부의 강인한 의지와 이를 불가능하게 하는 비극적 현실과의 갈등을 그린 희곡이다.

05 차범석의 '불모지' : 1950년대 전후(戰後) 서울 종로 한복판을 배경으로 하여, 세태 변화에 적응하지 못하는 최 노인 일가의 삶을 통하여 근대화 과정에서 겪는 가족의 해체와 가치관의 변화를 다루고 있다.

**정답** 05 ②

06 〈출전 : 이근삼, '원고지'〉

이 작품은 '부조리극'으로 '진정한 삶의 가치와 의미를 잃어버린 현대인에 대한 풍자'가 주제다. 여기서 가장 핵심적인 말은 맨 마지막에 제시된 "처 : 참, 세상도 무척 변했군요. 삼 년 전만 해도 그런 일이 없었는데."라는 대화다. 이를 두 가지로 해석할 수 있는데, 하나는 ③의 '의사소통장애'이고(처는 남편이 3년 전과 같은 내용의 기사를 읽어주는 데도 '세상 변했다'고 엉뚱한 소리를 한다), 또 하나는 ①의 '반복적인 일상'을 반어적으로 표현하여 삶의 가치를 잃어버린 현대인들을 비판하고 있다(신문기사의 내용이 3년 전이나, 3년 후나 거의 같다는 것으로도 파악할 수 있다). ④의 '비정상적인 사회'는 신문의 내용만으로도 쉽게 짐작할 수 있을 것이다. ②의 '대량생산 대량소비'는 어디에도 나타나 있지 않다. '개성을 잃은 노동자'라는 책이 3년 전에 착취사(搾取社)에서 다시 나왔고, 현재에도 악마사(惡魔社)에서 다시 나왔다는 내용은 '개성을 잃은' 무의미한 일상이 반복되고 있음(타성에 의해 살아가는)을 말한 것이며, '착취사'나 '악마사'는 그러한 사회의 부정적 측면을 강조하기 위해 사용된 어휘일 뿐 '대량생산 대량소비'와는 아무런 관련이 없는 말이다.

□□

06 **다음 글에서 알 수 없는 것은?**

> (교수가 쏘파 앞에 굴러 있는 신문지를 집어본다.)
> 교수 : (신문을 혼자 읽는다.) 참 비가 많이 왔군. 강원도 쪽의 눈이 굉장한 모양인데. 또 살인이야. 이번엔 두 살 난 애가 자기 아비를 죽였대. 참, 지프차가 동대문을 들이받아 동대문이 완전히 무너졌어. 지프차는 도망가 버리고. 이것 봐. 내 '개성을 잃은 노동자'라는 번역책이 착취사(搾取社)에서 다시 나왔군. 이 씨가 또 당선됐군. 신경통에 듣는 한약이 새로 나왔는데. 끔찍해라, 남편이 자기 아내한테 또 매 맞았군.
> 처 : (신문지를 한 장 집어 든다. 날짜를 보더니) 당신도 참, 그건 옛날 신문이에요. 오늘 것은 여기 있는데.
> 교수 : (보던 신문 날짜를 읽고) 오라, 삼 년 전 신문을 읽고 있었군. 오늘 신문 이리 주시오.
> (오늘 신문을 받아 가지고 다시 읽는다.) 참, 비가 많이 왔군. 강원도 쪽에 눈이 굉장한 모양인데. 또 살인이야. 이번에는 두 살 난 애가 자기 아비를 죽였대. 참, 지프차가 동대문을 들이받아 동대문이 완전히 무너졌어. 지프차는 도망가 버리고. 이것 봐, 내 '개성을 잃은 노동자'라는 번역책이 악마사(惡魔社)에서 다시 나왔어. 이 씨가 또 당선됐군. 신경통에 듣는 한약이 새로 나왔는데. 끔찍해라, 남편이 자기 아내한테 또 매 맞았군.
> 처 : 참, 세상도 무척 변했군요. 삼 년 전만 해도 그런 일이 없었는데. 당신 피곤하시죠?
> – 이근삼의 원고지(原稿紙)

① 반복되는 일상

② 대량생산 대량소비

③ 의사소통 장애

④ 비정상적인 사회

정답  06 ②

07 **다음 중 촌장의 태도와 관련된 사자성어로 가장 적절한 것은?**

> 다 :  아셨으면서 왜 숨기셨죠? 모든 사람들에게, 저 덫을 보러 간 파수꾼에게, 왜 말하지 않은 거예요?
>
> 촌장 : 말해 주지 않는 것이 더 좋기 때문이다.
>
> 다 :  거짓말 마세요, 촌장님! 일생을 이 쓸쓸한 곳에서 보내는 것이 더 좋아요? 사람들도 그렇죠! "이리떼가 몰려온다." 이 헛된 두려움에 시달리고 사는 게 그게 더 좋아요?
>
> 촌장 :  얘야, 이리떼는 처음부터 없었다. 없는 걸 좀 두려워한다는 것이 뭐가 그렇게 나쁘다는 거냐? 지금까지 단 한 사람도 이리에게 물리지 않았단다. 마을은 늘 안전했어. 그리고 사람들은 이리떼에 대항하기 위해서 단결했다. 난 질서를 만든 거야. 질서, 그게 뭔지 넌 알기나 하니? 모를 거야, 너는. 그건 마을을 지켜주는 거란다. 물론 저 충직한 파수꾼에겐 미안해. 수천 개의 쓸모없는 덫들을 보살피고 양철북을 요란하게 두들겼다. 허나 말이다. 그의 일생이 그저 헛되다고만 할 순 없어. 그는 모든 사람들을 위해 고귀하게 희생한 거야. 난 네가 이러한 것들을 이해하여 주기 바란다. 만약 네가 새벽에 보았다는 구름만을 고집한다면, 이런 것들은 모두 허사가 된다. 저 파수꾼은 늙도록 헛북이나 친 것이 되고, 마을의 질서는 무너져 버린다. 얘야, 넌 이렇게 모든 걸 헛되게 하고 싶진 않겠지?
>
> – 이강백, 〈파수꾼〉 중에서

① 指鹿爲馬
② 釣而不網
③ 隔靴搔癢
④ 牽强附會

07 '다'가 촌장에게 "아셨으면서 왜 숨기셨죠?" 또는 "거짓말 마세요, 촌장님!"이라는 대사에서 촌장은 사실을 알면서도 상황을 자기에게 유리하게 이끌기 위해 사실을 숨기고 거짓말을 하고 있음을 짐작할 수 있다. 촌장의 태도와 가장 관련이 깊은 한자성어는 '**牽强附會**(견강부회)'이다.
견강부회 : 이치에 맞지 않는 말을 억지로 끌어 붙여 자기에게 유리하게 하다.
① 지록위마 : 윗사람을 농락하여 권세를 마음대로 함을 이르는 말이다.
② 조이불강 : '낚시질은 하지만 그물질은 안하다.'의 뜻으로, 무슨 일에나 정도를 넘지 않는 훌륭한 인물의 태도를 이르는 말이다.
③ 격화소양 : '신을 신고 발바닥을 긁는다'는 뜻으로, 성에 차지 않거나 철저하지 못한 안타까움을 이르는 말이다.

정답 07 ④

합격의 공식
S D E D U
시대에듀

우리 인생의 가장 큰 영광은 결코 넘어지지 않는 데 있는 것이 아니라
넘어질 때마다 일어서는 데 있다.

– 넬슨 만델라 –

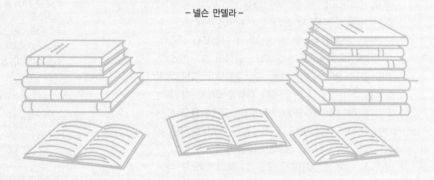

# 제 2 편

## <4단계 대비>
# 주관식 문제

| 독학사 4단계 주관식 학습법 |

독학사 교양공통 시험에서 1단계와 4단계의 평가영역은 기본적으로 동일하며 큰 차이가 없습니다. 본편에 수록된 주관식 문항은 4단계 학위취득과정을 위한 것이지만 1단계 시험에서도 얼마든지 객관식으로 구성하여 출제될 수 있는 부분이므로, 1단계를 준비하는 분들도 출제 포인트 위주로 학습하면 큰 도움이 될 것입니다.

4단계 주관식 문항은 다양한 유형으로 출제되며, 특히 서술형 문제의 경우 부분점수가 있으므로 모른다고 바로 포기하지 말고 관련사항을 하나라도 더 충실하게 작성하는 것이 중요합니다. 본 편의 주관식 문항을 충분히 연습하고 부족한 부분은 기본서를 반드시 확인하는 입체 학습을 권장합니다.

보다 깊이 있는 학습을 원하는 수험생들을 위한
시대에듀의 동영상 강의가 준비되어 있습니다.
www.sdedu.co.kr ➜ 회원가입(로그인) ➜ 강의 살펴보기

# 제 **1** 장 | 국어학

## 01 국어에 대한 이해

□□
**01** 다음 〈보기〉의 진술에 적합한 언어의 특성을 쓰시오.

> ┌ 보기 ┐
> 
> 언어는 한 사회 공동체가 공유하는 것이므로, 그 사회에서의 묵계가 성립되지 않은 변개(變改)는 결과적으로 인간의 의사소통을 위한 표현 전달의 도구로서의 기능을 언어로부터 박탈하는 것이 된다.

**01**

**정답** 사회성(= 불역성)

**해설** 언어의 '사회성'이란 "언어는 사회적 약속이므로 개인이 함부로 바꾸지 못한다."는 소쉬르의 주장처럼 언어가 비록 자의성을 지녔다 하더라도 이미 언중들의 묵계로 정해진 약속은 개인이나 특정 집단에 의해 임의대로 바뀔 수 없음을 의미한다.

□□
**02** 현대국어에서 인정하는 음절 구조 4가지를 쓰시오.

**02**

**정답** ① 모음 단독, ② 모음+자음, ③ 자음+모음, ④ 자음+모음+자음

**해설** '음절(音節)'이란 음운(음소)이 모여 만든 발음의 최소단위로 의미와 전혀 관계가 없는 음성학적 문법 단위일 뿐이다. 음절이 만들어지기 위해서는 반드시 모음이 있어야 한다. 모든 말은 음절 단위로 마디를 이루어서 발음된다. 음절은 표기의 단위가 아니라 발음의 단위이기 때문에 음절의 끝소리에는 'ㄱ, ㄴ, ㄷ, ㄹ, ㅁ, ㅂ, ㅇ'의 일곱 자음만 올 수 있으며, 모음과 모음 사이에 세 개 이상의 자음이 올 수 없으므로 국어에서는 '자음+모음+자음+자음'의 음절형은 성립하지 않는다.

**03**

**정답** 홑니불['ㄴ' 첨가] → 혼니불[끝소리 규칙] → 혼니불[비음화 현상]

**해설** ① 'ㄴ'첨가 : 합성어 및 파생어에서, 앞 단어나 접두사의 끝이 자음이고 뒤 단어나 접미사의 첫 음절이 '이, 야, 여, 요, 유'인 경우에는, 'ㄴ' 소리를 첨가하여 [니, 냐, 녀, 뇨, 뉴]로 발음한다.

② 끝소리규칙 : 중화현상. 홑받침이나 쌍받침이 어말이나 자음 앞에 오는 경우 제 음가대로 발음되지 않고 [ㄱ, ㄴ, ㄷ, ㄹ, ㅁ, ㅂ, ㅇ]의 7개의 대표음 중 하나로 교체되는 현상이다.

③ 비음화 현상 : 파열음(ㅂ, ㅃ, ㅍ / ㄷ, ㄸ, ㅌ / ㄱ, ㄲ, ㅋ)이 뒤에 오는 비음(ㄴ, ㅁ, ㅇ)에 동화되어 비음으로 바뀌는 현상이다.

**04**

**정답** '문법 형태소'란 '형식 형태소'를 의미하는 것으로 '조사, 어미, 접사'를 가리킨다.
가(주격 조사) / 을(목적격 조사) / 고(연결 어미) / 에(부사격 조사) / 았(과거 시제 선어말 어미) / 다(어말 어미) : 6개

**해설** '형태소'는 일정한 뜻을 가진 가장 작은 말의 단위로, 여기에서 의미는 어휘적 의미와 문법적 의미를 모두 포괄한다. 어휘적 의미는 실사의 의미이고, 문법적 의미는 조사나 어미와 같은 허사의 의미이다.

---

☐☐
**03** '홑이불'은 [혼니불]로 발음된다. 이 과정에서 나타나는 음운 현상 3가지를 설명해 보시오.

☐☐
**04** "철수가 책을 들고 학교에 갔다."의 문장에서 문법 형태소는 모두 몇 개인지 구체적으로 제시해 보시오.

## 02 훈민정음과 한글에 대한 이해

### 01 다음 설명과 관계 깊은 문헌의 저자와 제목을 쓰시오.

> ㉠ 중종 22년(1527) 천자문을 보완하여 편찬한 어린이용 한자 교습서이다.
> ㉡ 한글을 '반절(半切)'이라 칭했다.
> ㉢ 자모의 명칭과 순서가 오늘날과 유사하다.
> ㉣ 8종성을 '초성 종성 통용 8자'라 규정했다.

**01**

**정답** 최세진, '훈몽자회'

**해설** 〈훈몽자회(訓蒙字會)〉
① 중종 22년(1527) 최세진이 천자문을 보완하여 편찬한 어린이용 한자 학습서이다.
② 한글의 명칭을 반절(半切)이라 지칭(諺文字母俗所謂半切二十七字) : 당시 속세에서 '반절'이라는 명칭이 널리 불렸다는 기록이지 최세진이 명명한 것은 아니다.
③ 훈민정음 28자 중에서 'ㆆ'이 소멸되어 27자이다. (초성 : 16자, 중성 : 11자)
④ 한글 자모의 명칭과 순서를 오늘날과 유사하게 처음 제시 (한글 자모의 순서와 명칭이 오늘날과 동일하게 제시된 것은 1933년 조선어학회의 '한글 맞춤법 통일안'부터이다)
⑤ 8종성을 '초성 종성 통용 8자'라 했으며, 나머지를 '초성 독용 8자'라 명명했다.

### 02 훈민정음 28자 중 '상형'의 원리를 제시한 초성 5자와 중성 3자를 쓰고, 각각 무엇을 본뜬 것인지 설명하시오.

**02**

**정답** ① 초성 기본 5자는 발음기관의 형상을 본뜬 것이고, 중성 기본 3자는 천, 지, 인 삼재의 모양을 본뜬 것이다.
② 초성 기본 5자 : 'ㄱ'은 혀뿌리가 목구멍을 막는 모양, 'ㄴ'은 혀끝이 입천장에 닿는 모양, 'ㅁ'은 입술의 모양, 'ㅅ'은 이빨의 모양, 'ㅇ'은 목구멍 모양을 본뜬 것이다.
③ 중성 기본 3자 : 'ㆍ(아래 아)'는 하늘의 둥근 모양, 'ㅡ'는 땅의 평평한 모양, 'ㅣ'는 사람의 서 있는 모양을 본뜬 것이다.

03

**정답** 훈민정음의 '창제'란 세종 25년(1443) 세종이 '예의' 규정을 완성했음을 의미하고, '반포'는 세종 28년(1446) 한문본인 '훈민정음 해례본'을 간행했음을 의미한다.

□□
**03** 훈민정음 '창제'와 '반포'의 연대를 쓰고, 의미를 각각 서술해 보시오.

**해설** 〈해례본의 체제〉
(1) 예의(例義) : 세종
   ① 세종의 어지(御旨) : 훈민정음 창제 동기
   ② 글자의 음가(音價) : 초성(23자)과 중성(11자)의 음가
   ③ 글자의 운용(運用) : 종성법, 연서법, 병서법, 부서법
   ④ 성음법(成音法)과 방점(傍點) : 음절 이루는 법과 음의 고저(高低) 표시법
(2) 해례(解例) : 5해 1례
   ① 제자해(制字解) : 글자를 만드는 원리와 기준 설명
   ② 초성해(初聲解) : 동국정운 23초성 체계에 따른 자음 설명
   ③ 중성해(中聲解) : 중성의 규정과 이중모음 설명
   ④ 종성해(終聲解) : 종성의 본질과 '8종성 가족용' 설명
   ⑤ 합자해(合字解) : 초성, 중성, 종성이 합해져서 글자가 됨을 설명
   ⑥ 용자례(用字例) : 실제 낱말의 예를 들어 설명
(3) 정인지의 서(序) : 훈민정음 창제의 취지, 경위, 의의, 가치 등을 설명

## 03 표준어와 방언

□□
01 다음은 비표준어들이다. 표준어에 맞게 고쳐 쓰시오.

> 삵괭이, 강남콩, 둏, 숫놈, 점장이, 미류나무, 실업의아들, 봉숭화, 햏쓱하다

01
**정답** 살쾡이 / 삵, 강낭콩, 돌, 수놈, 점쟁이, 미루나무, 시러베아들, 봉숭아 / 봉선화, 해쓱하다 / 핼쑥하다

**해설** ① '살쾡이 / 삵'은 복수 표준어이나 '삵괭이'는 비표준어이다.
② 어원에서 멀어진 형태로 굳어져서 널리 쓰이는 것은, 그것을 표준어로 삼는다는 규정에 따라 '강남콩'을 버리고 '강낭콩'을 표준어로 삼는다.
③ 둏 〉 돌 : 의미를 구별함이 없이, 한 가지 형태만을 표준어로 삼는다.
④ 숫놈 〉 수놈 : 수컷을 이르는 접두사는 '수-'로 통일한다.
⑤ 점장이 〉 점쟁이 : 기술자에게는 '-장이', 그 외에는 '-쟁이'가 붙는 형태를 표준어로 삼는다.
⑥ 미류나무 〉 미루나무 : 모음이 단순화한 형태를 표준어로 삼는다.
⑦ 실업의아들 〉 시러베아들 : 모음의 발음 변화를 인정하여, 발음이 바뀌어 굳어진 형태를 표준어로 삼는다. '시러베아들'은 실없는 사람을 낮잡아 이르는 말이다.
⑧ '봉숭아 / 봉선화'는 복수 표준어이나 '봉숭화'는 비표준어이다.
⑨ '해쓱하다 / 핼쑥하다'는 복수 표준어이나 '햏쓱하다'는 비표준어이다.

**02**

**정답** ① 남사스럽다, ② 맨날,
③ 복숭아뼈, ④ 허접쓰레기,
⑤ 구안와사, ⑥ 삐지다,
⑦ 이쁘다, ⑧ 까탈스럽다,
⑨ 주책이다

□□

**02** 다음 괄호 안에 같은 의미로 추가된 표준어를 쓰시오.

① 남우세스럽다 – (        )   ② 만날 – (        )
③ 복사뼈 – (        )   ④ 허섭스레기 – (        )
⑤ 구안괘사 – (        )   ⑥ 삐치다 – (        )
⑦ 예쁘다 – (        )   ⑧ 까다롭다 – (        )
⑨ 주책없다 – (        )

**해설** ① 현 표준어 '남우세스럽다'에 같은 뜻으로 2011년 '남사스럽다'가 추가되었다. '남사스럽다'는 '남에게 놀림과 비웃음을 받을 듯하다.'는 말
② 현 표준어 '만날'에 같은 뜻으로 2011년 '맨날'이 추가되었다. '맨날'은 '매일같이 계속하여서'라는 말
③ 현 표준어 '복사뼈'에 같은 뜻으로 2011년 '복숭아뼈'가 추가되었다. '복숭아뼈'는 '발목 부근에 안팎으로 둥글게 나온 뼈'이다.
④ 현 표준어 '허섭스레기'에 같은 뜻으로 2011년 '허접쓰레기'가 추가되었다. '허접쓰레기'는 '좋은 것이 빠지고 난 뒤에 남은 허름한 물건'이라는 말. '허섭쓰레기'는 비표준어
⑤ 현 표준어 '구안괘사'에 같은 뜻으로 2014년 '구안와사'가 추가되었다. '구안와사'는 '『한의』얼굴 신경 마비 증상. 입과 눈이 한쪽으로 틀어지는 병'이다.
⑥ 현 표준어 '삐치다'에 같은 뜻으로 2014년 '삐지다'가 추가되었다. '삐지다'는 '성나거나 못마땅해서 마음이 토라지다.'는 말
⑦ 현 표준어 '예쁘다'에 같은 뜻으로 2015년 '이쁘다'가 추가되었다. '이쁘다'는 '생긴 모양이 아름다워 눈으로 보기에 좋다.'는 말
⑧ 현 표준어 '까다롭다'에 같은 뜻으로 2016년 '까탈스럽다'가 추가되었다. '까탈스럽다'는 ㉠ 조건, 규정 따위가 복잡하고 엄격하여 적응하거나 적용하기에 어려운 데가 있다. '가탈스럽다 ①'보다 센 느낌을 준다. ㉡ 성미나 취향 따위가 원만하지 않고 별스러워 맞춰 주기에 어려운 데가 있다. '가탈스럽다 ②'보다 센 느낌을 준다. ※ 같은 계열의 '가탈스럽다'도 표준어로 인정함
⑨ 2016년 표준어 규정 제25항에 따라 '주책없다'의 비표준형으로 규정해 온 '주책이다'를 표준형으로 인정하였다. '주책이다'는 '일정한 줏대가 없이 되는대로 하는 짓'을 뜻하는 '주책'에 서술격조사 '이다'가 붙은 말로 본다. '주책이다'는 단순한 명사＋조사 결합형이므로 사전 표제어로는 다루지 않는다.

□□
**03** 띄어쓰기가 틀린 두 군데를 찾아 바르게 고치고, 그 이유를 설명해 보시오.

> 우리는 모임에서 정한대로 일정을 짤 수 밖에 없다.

**03**

**정답** ① 정한∨대로 : 관형어 다음의 '대로'는 의존명사이므로 띄어 써야 한다.
② 수밖에 : 체언 다음의 '밖에'는 조사이므로 붙여 써야 한다.

**해설** ① '대로'는 '어떤 모양이나 상태와 같이'의 뜻을 지닌 의존명사이므로 관형어와 띄어 써야 한다.
② 체언 다음의 '밖에'는 '그것 말고는', '그것 이외에는', '기꺼이 받아들이는', '피할 수 없는'의 뜻을 나타내는 보조사이므로 붙여 써야 한다. 주로 뒤에 부정을 나타내는 말이 따른다.

## 04 언어 예절

**01**

**01** "할아버지, 어머니께서 조금 전에 가셨습니다."는 높임법에 어긋난다. 바르게 고치고 그 이유를 제시하시오.

**정답** "할아버지, 어머니가 조금 전에 갔습니다."
화자보다 주체가 높다고 하더라도 주체보다 청자가 더 높을 경우에는 주체를 높일 수 없다. 이를 '압존법'이라 하는데 주체높임에 사용되는 조사 '께서'와 높임 선어말 어미 '시'를 사용해서는 안 된다.

**해설** '압존법'은 직계혈족이나 사제 간에만 적용한다. 직장 또는 사회에서 직급은 압존법을 적용하지 않으므로 청자의 직급과 관계없이 화자보다 주체의 직급이 높을 경우에는 주체높임을 사용하여야 한다.

**02**

**02** "선생님께 야단을 맞았다."는 어법에 바르지 않다. 맞게 고치고 바르지 않은 이유를 설명해 보시오.

**정답** "선생님께 꾸중(꾸지람, 걱정)을 들었다."
'야단'은 '소리를 높여 화를 내는 일'로 윗사람이 아랫사람에게 '꾸중을 하다'의 뜻이다. 그러므로 '야단을 치다'는 표현은 있어도 '야단을 맞다'는 표준 어법이 아니다.

**03** 괄호 안에 맞는 호칭어를 모두 쓰시오.

> ① 남편의 형은 (　　)으로 부르고, 그 아내는 (　　)으로
>    부른다.
> ② 남편의 누나는 (　　)으로 부르고, 그 남편, 곧 시누이
>    의 남편은 (　　)으로 부른다.
> ③ 아내의 오빠의 아내를 호칭하는 말은 (　　)이다.
> ④ 아내의 언니는 (　　)이라 부르고, 아내의 여동생은
>    (　　)라 부른다.

**04** 서간문의 한문투 용어 중 자기 집에 편지를 쓸 경우 봉투에 자신의 이름을 쓰고 그 밑에 적는 용어를 쓰시오.

---

**03**

**정답** ① 아주버님, 형님
② 형님, 아주버님
③ 아주머니
④ 처형, 처제

**해설** ① 시숙(媤叔) : 남편과 항렬이 같은 사람 가운데 남편보다 나이가 많은 사람을 이르는 말. 시동생이 화자보다 나이가 많은 경우에 그 시동생을 이를 수도 있다.
② 남편의 누나를 아이들에 기대어 '고모'라고 호칭해서는 안 된다. '아주버니'는 남편과 항렬이 같은 사람 가운데 남편보다 나이가 많은 남자를 이르거나 부르는 말이다.
③ 손위 처남의 아내를 이르거나 부르는 말은 '아주머니'이다.
④ 아내의 언니는 '처형'이고, 아내의 여동생은 '처제'이다.

**04**

**정답** 본제입납(本第入納) / 본가입납(本家入納)

**해설** '본제입납(本第入納)'은 본가로 들어가는 편지라는 뜻으로, 자기 집으로 편지할 때에 편지 겉봉에 자기 이름을 쓰고 그 밑에 쓰는 한문투 편지 용어이다.

## 05 올바른 국어 사용

**01**

**정답** 높새바람

**해설** '높새바람'은 '동북풍'을 달리 이르는 말. 주로 봄부터 초여름에 걸쳐 태백산맥을 넘어 영서 지방으로 부는 고온 건조한 바람으로 농작물에 피해를 준다. ≒ 녹새풍, 높새

**02**

**정답** 종심(70살) + 동리(90살) = 160살

**해설** ① 從心(종심) : 일흔 살을 달리 이르는 말. 『논어』의 '위정(爲政)' 편에서 공자가 '칠십이종심소욕불유구(七十而從心所欲不踰矩)'라고 한 것에서 유래한다.
② 凍梨(동리) : 얼굴에 반점이 생겨서 언 배의 껍질 같다는 뜻으로, 아흔 살을 비유하는 말

**03**

**정답** 하룻강아지 범 무서운 줄 모른다.

**해설** 螳螂拒轍(당랑거철) : 제 역량을 생각하지 않고, 강한 상대나 되지 않을 일에 덤벼드는 무모한 행동거지를 비유적으로 이르는 말. 중국 제나라 장공(莊公)이 사냥을 나가는데 사마귀가 앞발을 들고 수레바퀴를 멈추려 했다는 데서 유래한다.

**01** '동북풍'을 순우리말로 쓰시오.

**02** 나이를 뜻하는 한자어 '從心(종심)'과 '凍梨(동리)'의 합은 총 몇 살인지 쓰시오.

**03** '螳螂拒轍(당랑거철)'과 바꿔 쓸 수 있는 속담을 쓰시오.

04 조사 '은/는'을 격조사가 아니라 '보조사'로 취급하는 이유를 쓰시오.

04
**정답** '은/는'은 주어 표지나 목적어 표지의 구실을 한다고는 할 수 없고, 다만 주어 표지나 목적어 표지를 대치한다. 이유는 첫째, 동일 형태 '은/는'이 주어 표지와 목적어 표지의 구실을 겸할 수 없으며, '여기에서는 그런 일이 없다'에서처럼 부사어 따위에도 첨가될 수 있기 때문이다. 따라서 '은/는'은 격조사가 아닌 보조사이다.

**해설** 조사 '은/는'은 주어의 체언에 붙어 의미를 더하기도 하지만, 체언과 결합한다 하더라도 목적어나 부사어, 보어 등으로 사용되기도 한다. 또한 체언뿐만 아니라 부사나 어미 뒤에도 결합하는데 이때는 주어가 되는 것이 아니라 가의성만을 지닌다. '은/는' 이외에도 대표적인 보조사로는 '도, 만' 등이 있다.
보조사는 앞 말에 특별한 뜻을 더하여 주는 조사로 크게 문장 성분 뒤에 오는 성분 보조사와 문장 끝에 붙는 종결 보조사, 그리고 문장 성분에도 붙고 문장 끝에도 붙는 통용 보조사로 나눌 수 있다.
① 성분 보조사 : '은/는', '만, 도'와 같이 문장 성분에 붙는 것을 말한다. 이들은 주어에도 붙고 부사어에도 붙고 용언에도 붙어 다양한 양상을 보인다.
② 종결 보조사 : '마는, 그려, 그래' 같은 보조사로, 이들은 문장 맨 끝에 와서는 '감탄'의 의미를 덧붙인다.
③ 통용 보조사 : '요'는 상대 높임을 나타내며 어절이나 문장의 끝에 결합하는 독특한 성격을 가진다.

05
**정답** 국어의 수식 성분에는 관형어와 부사어가 있다. 관형어는 항상 체언만을 수식하지만, 부사어는 용언(동사, 형용사)의 수식이 주 기능이나 부사나 체언, 그리고 관형사까지 수식할 수 있다.

□□
05 **국어의 수식 성분 2가지를 제시하고 각각 그 기능을 서술하시오.**

**해설** 〈수식어(관형어, 부사어) = 부속 성분 = 수의적 성분〉
(1) 관형어 : 체언을 수식하는 말. '어떤'에 해당하는 말
　① 관형사
　② 체언 + 관형격 조사(의)
　③ 체언 단독(관형격 조사의 생략)
　④ 용언의 관형사형
　⑤ 관형절 안긴문장
(2) 부사어 : 주로 서술어를 한정하는 말. '어떻게'에 해당하는 말
　① 모든 부사
　② 체언 + 부사격 조사
　③ 체언 + 보조사
　④ 체언 단독(부사격 조사의 생략)
　⑤ 용언의 부사형
　⑥ 부사절 안긴문장

06 다음 예문들을 성분 간의 호응을 고려하여 바르게 고쳐 쓰시오.

> ① 과연 그는 키가 크지 않구나!
> ② 아무리 돈이 많지만 그럴 수는 없다.
> ③ 반장도 못하는 일인데, 하물며 너 같은 아이가 못 하겠지.

**06**

**정답** ① 과연(긍정) ~ 키가 크구나!
② 아무리 ~ 많아도
③ 하물며 ~ 하겠는가? / 하물며 ~ 할 수 있겠는가?

**해설** 〈부사어와 서술어의 호응〉

- 결코 ~ 않다
- 그다지 ~ 하지 않다
- 드디어 ~ 하다
- 만약 ~ 라면( ~ ㄴ다면)
- 비록 ~ 일지라도 / ~지 않지만
- 여간 ~ 않다
- 차라리 ~ ㄹ지언정
- 혹시 ~ 거든
- 아무리 ~ 해도
- 모름지기 ~ 해야 한다
- 절대로 ~ 하지 않다
- 확실히 ~ 하다
- 과연 ~ 구나
- 도대체 ~ 이냐
- 마치 ~ 같다
- 부디 ~ 하여라
- 아마 ~ ㄹ것이다
- 일절 ~ 않다(못하다)
- 차마 ~ 않다
- 하물며 ~ 랴( ~ ㄴ가)
- 왜냐하면 ~ 때문(까닭)이다
- 반드시 ~ 하다
- 심지어 ~ 하다
- 뉘라서 ~ 하랴 / ~ 지 않겠는가

## 01 총론

**01** 한국문학의 영역을 '전승방식'과 '기록문자'에 따라 분류해 보시오.

**02** 다음 지문의 괄호 안에 공통으로 들어갈 장르를 쓰시오.

> 구비문학(口碑文學)의 여러 영역 중에서 오랫동안 (    )만 홀로 우대를 받았다. 중세적인 지배 체제를 다지는 예악(禮樂)을 이룩하면서 (    )를 받아들여 향악(鄕樂)을 편성하는 것이 오랜 관례였으며, 고려 후기에는 (    )에서 새롭게 상승한 속악(俗樂)이 새삼스럽게 커다란 구실을 하였다.

**01**

**정답** 한국문학은 '전승방식'에 따라 구비문학과 기록문학으로 분류되며, '기록문자'에 따라서는 국문문학과 한문문학으로 분류된다.

**해설** 한문문학 중 BC 2세기 경 한자가 우리나라에 전해진 이래 조선 후기까지 우리나라 사람들의 손에 의해 한자로 창작된 문학은 한국문학의 범주에 포함된다.

**02**

**정답** 민요(民謠)

**해설** 민요는 민중 속에서 자연적으로 발생하여 오랫동안 민중의 생활감정을 반영시킨 노래. 예악, 향악, 속악 모두 민요에 그 바탕을 두고 있다. 민요는 보통 작사자·작곡자가 따로 없으며 민중들 사이에서 구전되어 전해오고 있다. 민요는 민중의 생활을 노래한 단순한 노래의 차원을 넘어서 민중들의 사상·생활·감정 등을 담고 있으며, 노동과 불가분의 관계이기 때문에 본질적으로 생산적인 노래라는 특징을 갖는다. 악보나 문자로 기록되지 않은 채 구비 전승되어 왔기 때문에 언제부터 불리어지기 시작했는지는 정확하지 않다. 노동기원설에 따르면 민요는 노동을 하면서 박자에 맞추어 소리를 내고, 이러한 무의미한 소리에 선율을 얹어 부르기 시작했을 것으로 추측된다. 민요는 일제강점기에는 극심한 탄압을 받기도 했는데, 지금은 외래음악의 도입 등의 이유로 직업적인 소리꾼만이 그 명맥을 유지하고 있으며 민간에서는 널리 불리지 않고 있다.

□□
03  조선 전기에 태동한 문학의 장르 세 가지를 제시해 보시오.

---

03

**정답** 악장, 가사, 고대소설

**해설** ① '악장'이란 왕의 행차나 종묘제향 (宗廟祭享) 등 국가적인 행사에 사용하던 음악의 가사로서, 조선 초기의 송축가로 조선 건국 직후 개국 공신들이나 권신들에 의해 창작되었으나 왕권과 체제의 확립으로 일찍 소멸되었다.
② '가사'는 경기체가의 붕괴에서 발생한 교술 장르로 형식상 운문이며, 내용상 수필적 산문(운문과 산문의 중간형식)으로, 운문에서 산문으로 넘어가는 과도기적 시형이다.
③ '고대소설'은 전대의 설화, 패관문학, 가전체 등을 바탕으로 중국의 전기(傳奇), 화본(話本) 등의 영향을 받아 조선 전기에 발생한 서사문학이다.

## 02 고전시가

**01**

**정답** 景(경) 긔 엇더ㅎ니잇고.

**해설** 장르의 명칭을 '경기체가' 혹은 '경기하여가'라 부르게 되었던 이유는 각 절 끝에 '위 景 긔 엇더ㅎ니잇고' 또는 '경기하여(景幾何如)'라는 후렴구가 있기 때문이다.

**02**

**정답** 時節歌調(시절가조)

**해설** '시조'라는 명칭이 붙기 이전에는 '단가(短歌), 시여(詩餘), 신조(新調), 영언(永言)' 등으로 불렸다. 그러다 조선 후기 시조가 일반 백성들에게 보급되면서 창곡화되는데 영조 때의 가객 이세춘이 붙인 곡조명 '시절가조(時節歌調)'에서 '시조(時調)'라는 명칭이 유래되었다. 이는 신광수의 『석북집(石北集)』에서 근거를 제시하고 있다. '시조'라는 명칭의 원뜻은 시절가조(時節歌調), 즉 당시에 유행하던 노래라는 뜻이었으므로, 엄격히 말하면 시조는 문학 갈래 명칭이라기보다는 음악 곡조의 명칭이다. 1920년대 후반 최남선의 「조선 국민 문학으로의 시조」를 필두로 전개되었던 시조 부흥 운동과 더불어 문학 갈래 명칭으로 자리 잡게 되었다.

**01** 장르의 명칭과 관련하여 다음 작품의 괄호 안에 적합한 후렴구를 쓰시오.

> 唐唐唐 唐楸子 早莢 남긔
> 紅실로 紅글위 미요이다.
> 혀고시라 밀오시라 鄭少年하.
> 위 내 가논 딕 놈 갈셰라.
> 葉 削玉纖纖 雙手ㅅ 길헤 削玉纖纖 雙手ㅅ길헤
> 위 携手同遊ㅅ (              )

**02** '시조'라는 장르의 명칭은 조선후기 이세춘이 붙인 곡조의 이름에서 유래되었다. 곡조의 명칭을 한자로 쓰시오.

□□
03 다음 설명에 맞는 장르의 명칭과 괄호 안에 적합한 작가와 작품의 제목을 쓰시오.

- 평시조의 형식에서 종장 첫 구를 제외한 한 장 이상이 무제한적으로 길어진 장형 시조이다.
- 조선 후기 평민 의식의 분출과 산문 정신의 발달로 발생하였다.
- 실학사상의 영향으로 현실에서 제재를 취했다.
- 가사투와 민요풍의 혼입, 반어와 풍자·익살, 재담의 삽입, 대화체 사용 등이 표현상 특징이다.
- 최초의 작품 : (          )

03
[정답] 사설시조. 정철의 '장진주사'

[해설] 정철, '장진주사(將進酒辭)'

한 잔(盞) 먹사이다. 또 한잔 먹사이다.
곳 것거 산(算) 노코 무진무진(無盡無盡) 먹사이다. 이 몸 주근 후면 지게 우희 거적 더퍼 주리혀 매여 가나 유소보장(流蘇寶帳)의 만인(萬人)이 우러네나, 어욱새 속새 덥가나무 백양(白楊) 수페 가기곳 가면, 누른 해, 흰 달, 굴근 눈, 쇼쇼리 바람 불 제 뉘 한잔 먹자할고.
하믈며 무덤 우희 잔나비 휘파람 불제 뉘우친달 엇더리.

이 시조는 국문학 사상 최초의 사설시조로서 이백(李白)의 '장진주(將進酒)'를 연상하게 하는 작품이다. 초장에서는 꽃을 꺾어서 술잔 수를 셈하는 낭만인인 태도를 드러내고 있고, 중장과 종장에서는 죽음과 인생의 무상감을 강조하여 술을 마시는 행위를 합리화하고 있다.
① 갈래 : 사설시조
② 성격 : 풍류적, 유흥적, 허무적, 퇴폐적, 권주가
③ 특징
  ㉠ 국문학상 최초의 사설시조로 인생무상의 허무적 태도와 취락을 권유하는 퇴폐적 정조가 동시에 나타남
  ㉡ 초장에 고려가요의 율격적 특징인 'a-a-b-a' 형식이 사용되고, 중장은 제한 없이 길어지는 사설시조의 구조를 지님
  ㉢ 대조를 통해 인생무상을 강조함
④ 주제 : 술로 인생의 무상함을 해소함

04
**정답** ㉠ 어리다 : 어리석다
㉡ 님의손딕 : 임에게
㉢ 웃디 : 비웃지
㉣ 시기며 : 시켰으며

□□
**04 다음 작품의 밑줄 친 ㉠ ~ ㉣을 현대어로 풀이해 보시오.**

> ① 마음이 어린 後(후)ㅣ니 하난 일이 다 ㉠ 어리다.
> ② 묏버들 갈히 것거 보내노라 ㉡ 님의손딕
> ③ 漁翁(어옹)을 ㉢ 웃디 마라, 그림마다 그렷더라.
> ④ 곳기는 뉘 ㉣ 시기며 속은 어이 뷔연는다.

**해설**

① 서경덕, '연정가'

마음이 어린 後(후)ㅣ니 하난 일이 다 어리다.
萬重雲山(만중운산)에 어내 님 오리마난,
지난 닙 부난 바람에 행여 귄가 하노라.

② 홍랑, '연정가'

묏버들 갈히 것거 보내노라 님의손딕,
자시는 窓(창) 밧긔 심거 두고 보쇼셔.
밤비예 새 닙곳 나거든 날인가도 너기쇼셔.

③ 윤선도, '어부사시사' 秋詞 1

物外(물외)예 조흔 일이 漁夫生涯(어부생애) 아니러냐.
빈 떠라 빈 떠라
漁翁(어옹)을 웃디 마라, 그림마다 그렷더라.
至菊悤(지국총) 至菊悤(지국총) 於思臥(어사와)
四時興(사시흥)이 혼가지나 추강(秋江)이 은듬이라.

④ 윤선도, '오우가' 竹

나모도 아닌 거시 플도 아닌 거시
곳기는 뉘 시기며 속은 어이 뷔연는다.
뎌러코 四時(사시)에 프르니 그를 됴하ᄒ노라.

□□
05 다음 작품에서 '감정이입'의 개념을 서술하고, 그 대상을 찾아
쓰시오.

> 귓도리 져 귓도리 에엿부다 져 귓도리
> 어인 귓도리 지는 둘 새는 밤의 긴 소리 쟈른 소리 節節(절
> 절)이 슬픈 소리 제 혼자 우러 녜어 紗窓(사창) 여읜 줌을
> 솔드리도 씨오는고야.
> 두어라 제 비록 微物(미물)이나 無人洞房(무인동방)에 내
> 뜻 알리는 저 쑨인가 ᄒ노라.

[해설] 사랑하는 임을 그리워하며, 임을 향한 상사(想思)를 귀뚜라미에 의탁
하여 외로이 밤을 새우는 동병상련(同病相憐)의 마음을 노래했다.
감정이입에 의한 중장은 '솔쓰리도 쌔오는고야'와 같은 반어적 표현
으로 연모의 정을 더해주고 있다.
① 종류 : 사설시조
② 성격 : 연모가(戀慕歌)
③ 표현 : 의인법, 감정이입, 반복법, 반어법
④ 제재 : 귓도리(귀뚜라미)
⑤ 주제 : 가을밤 님을 그리는 외롭고 쓸쓸한 여인의 정
⑥ 관련성어 : 전전반측(輾轉反側), 동병상련(同病相憐)

05
[정답] '감정이입'이란 어떤 대상에 자신의
감정을 불어넣거나, 다른 사물로부
터 받은 느낌을 직접 받아들여 대상
과 자신이 서로 통한다고 느끼는 일
을 말한다. 이 작품에서 독수공방의
외로운 심정을 이입한 대상은 '귓도
리'이다.

## 03　고전산문

**01** 고대소설의 일반적 형성 과정에서 괄호 안에 적합한 장르를 쓰시오.

설화 → 패관문학 → (　　) → 고대소설

**01**

**정답** 가전체문학

**해설** 조선전기의 고대소설은 전대의 설화, 패관문학, 가전체 등을 바탕으로 중국의 전기(傳奇), 화본(話本) 등의 영향을 받아 발생하게 된다. 최초의 한문소설인 김시습의 '금오신화'도 명나라 구우의 '전등신화'의 영향을 받았다.

**02** 고대소설의 보편적 주제인 4음절의 한자성어는 무엇인지 쓰시오.

**02**

**정답** 권선징악(勸善懲惡)

**해설** 〈고대소설의 일반적 특징〉
① 작가 : 한문소설은 대부분 양반으로 분명하지만, 국문소설은 작가 미상이 많음
② 주제 : 대부분 권선징악(勸善懲惡)
③ 인물 : ㉠ 재자가인적(才子佳人的) 주인공 ㉡ 평면적이고 전형적 인물
④ 구성 : 연대기적 구성(일대기적 구성)
⑤ 사건 : ㉠ 전기적(傳奇的), 비현실적 ㉡ 우연성의 개입 남발
⑥ 배경 : 대부분 중국 배경
⑦ 결말 : 대부분 행복한 결말
⑧ 문체 : 문어체, 운문체

## 03 다음 설명에 적합한 국문소설의 유형을 쓰시오.

임 · 병란 후 실존인물과 허구적 영웅들의 활약상을 통해 실제로는 패배했지만 이에 대한 정신적 보상과 민족적 적개심을 불러 일으켜 민족의식을 고취하려고 하였다.

## 04 다음 작품의 작가와 작품 제목, 그리고 창작의 동기에 대해 서술하시오.

내 생각하니 천하에 유도(儒道)와 선도(仙道)와 불도(佛道)가 유(類)에 높으니 이 이론 삼교라. 유도는 생전(生前) 사업과 신후유명(身後留名)할 뿐이요, 신선(神仙)은 예부터 구하여 얻은 자가 드무니 진시황, 한 무제, 현종제를 볼 것이라. 내 치사(致仕)한 후로부터 밤에 잠 곧 들면 매양 포단(蒲團) 위에서 참선하여 뵈니 이 필연 불가로 더불어 인연이 있는지라. 내 장차 장자방(張子房)의 적송자(赤松子) 좇음을 효칙(效則)하여 집을 버리고 스승을 구하여 남해를 건너 관음(觀音)을 찾고, 오대(五臺)에 올라 문수(文殊)께 예를 하여 불생불멸(不生不滅)할 도를 얻어 진세(塵世) 고락(苦樂)을 뛰어나려 하되, 제 낭자로 더불어 반생을 좇았다가 일조(一朝)에 이별하려 하니 슬픈 마음이 자연 곡조(曲調)에 나타남이로소이다.

---

**03**

**정답** 군담소설(軍談小說)

**해설** '군담소설(軍談小說)'은 주인공이 전쟁을 통하여 영웅적 활약을 전개하는 이야기를 흥미의 중심으로 하는 고전소설이다. 작품의 소재를 어디에서 취하였는가에 따라 창작군담소설, 역사군담소설, 번역군담소설로 나뉜다. 조선후기 임 · 병란 후 창작되었으며, 특히 역사군담소설은 주로 외적의 침략을 물리칠 수 있는 민족적 능력을 과시하여 전란을 겪으면서 피폐해진 민족적 자존심을 고취하려는 의식과, 외침을 당하여 무능을 드러낸 집권층을 규탄하는 내용을 담고 있다. 임란 배경의 '임진록'과 병란 배경의 '임경업전', '박씨전'이 대표작이다.

**04**

**정답** 김만중, '구운몽'. 유배지에서 노모 윤씨를 위로하기 위해 창작한 것이다.

해설 '구운몽(九雲夢)'

① 작가: 김만중

② 창작 동기: 유배지에서 노모를 위로하기 위해

③ 배경설화: 조신설화(調信說話)

④ 연대: 숙종 15년(1689)

⑤ 시점: 전지적 작가 시점

⑥ 배경 사상: 유・불・선 삼교(三敎)가 통합되어 있으나 중심은 불교의 '공(空)' 사상

⑦ 구성

   ㉠ 환몽구조 [현실(천상계) → 꿈(인간계) → 현실(천상계)]

   ㉡ 회장체(回章体): 몇 회(回)의 장으로 나뉨

⑧ 주제: 인생무상(人生無常)과 불교에의 귀의

⑨ 의의

   ㉠ 몽자류 소설의 효시

   ㉡ 구성이나 문체면에서 조선후기 국문소설의 전형을 보여 준 완성작

   ㉢ 영문으로 번역되어 외국에 소개된 최초의 소설

⑩ 구운몽의 의미

| 九 | 雲 | 夢 |
|---|---|---|
| 등장인물 | 주제 의식 | 구성방식 |
| • 천상계: 성진과 8선녀<br>• 인간계: 양소유와 8아내 | 부귀영화가 뜬 구름과 같음= 一場春夢 = 南柯一夢 | 환몽구조<br>(현실–꿈–현실) |

## 04　한문학

☐☐
01　김시습의 '금오신화'에 수록되어 있는 단편소설 5편의 제목을 모두 쓰시오.

<br><br><br><br><br><br>

☐☐
02　다음 설명에 부합되는 소설의 제목을 쓰시오.

ㄱ 작가 : 박지원
ㄴ 사상 : 이용후생의 실학사상
ㄷ 내용 : 양반(사대부)의 무능 폭로, 경제구조의 취약점 비판, 사대부의 허위적 명분론 비판
ㄹ 출전 : 『열하일기』

<br><br><br><br><br>

---

**01**

**정답**　만복사저포기, 이생규장전, 취유부벽정기, 남염부주지, 용궁부연록

**해설**　① 만복사저포기 : 시공(時空)을 초월한 남녀 간의 사랑 → 명혼소설(冥婚小說)
② 이생규장전 : 죽음을 초월한 남녀 간의 사랑 → 명혼소설(冥婚小說)
③ 취유부벽정기 : 기자 조선의 기씨 공주와 사랑(초현실적 세계와의 교환)
④ 남염부주지 : 선비들이 지녀야 할 정신적 자세와 당대의 현실 비판
⑤ 용궁부연록 : 화려한 용궁 체험과 삶의 무상감 [자전적 내용]

**02**

**정답**　허생전

**해설**　'허생전'
① 작가 : 연암 박지원
② 연대 : 조선 정조(1780)
③ 갈래 : 고소설, 설화소설, 한문소설, 단편소설, 풍자소설
④ 문체 : 역어체, 산문체
⑤ 표현 : 대화를 통한 사건 전개, 냉소적 현실 풍자
⑥ 배경 : 17세기 후반 서울 중심의 한반도 전역
⑦ 어조 : 냉소적, 풍자적
⑧ 갈등 : 개인과 사회와의 갈등
⑨ 구성 : 허생의 치부 과정을 통한 경제 문제와 이완과의 만남을 통한 정치 문제를 다룬 이중 구성
⑩ 관점 : 사회의 구조적 모순과 취약한 경제 구조를 비판적으로 봄
⑪ 시점 : 전지적 작가 시점
⑫ 사상 : 이용후생(利用厚生)의 실학사상
⑬ 제재 : 선비의 이인(異人)적 삶, 허생의 기이한 행적
⑭ 주제 : 양반 사대부의 무능 비판과 새로운 삶의 각성 및 실천 촉구
⑮ 의의 : 실학사상으로 당시 사회의 모순을 풍자·비판하고, 근대의식을 고취한 실학 문학
⑯ 출전 : 『열하일기』 중 '옥갑야화(玉匣夜話)'

03

**03**

**정답** ㉠ 박인량
㉡ 백운소설(白雲小說)
㉢ 이인로
㉣ 보한집(補閑集)
㉤ 역옹패설(櫟翁稗說)

□□

**03** 다음은 고려 때의 패관문학들이다. 괄호 안에 맞는 작가와 작품명을 쓰시오.

---
① 수이전(殊異傳) – ( ㉠ )
② ( ㉡ ) – 이규보
③ 파한집(破閑集) – ( ㉢ )
④ ( ㉣ ) – 최자
⑤ ( ㉤ ) – 이제현
---

**해설**
① 박인량, 『수이전(殊異傳)』: 최초의 순수 설화집. 현재 전하지 않고, '연오랑 세오녀', '호원' 등 9편이 『삼국유사』, 『해동고승전』에 전함
② 이규보, 『백운소설(白雲小說)』: 삼국 ~ 고려까지의 시인들과 그들의 시에 대하여 논한 책. 일종의 수필집의 성격으로 시화(詩話), 문담(文談)을 기록. '소설'이란 명칭을 최초로 사용한 문헌
③ 이인로, 『파한집(破閑集)』: 시화(詩話), 문담(文談), 기사(記事), 자작(自作), 고사(故事), 풍물(風物) 등을 기록한 책. 비평 문학의 효시
④ 최자, 『보한집(補閑集)』: 이인로의 『파한집』을 보충한 수필체의 시화들을 엮은 책. 아름다운 근체시와 시평, 거리에 떠도는 이야기, 흥미 있는 사실(史實), 부도(浮屠)와 부녀자들의 이야기를 수록한 것으로, 당시의 사회 상황을 살펴보는 데 좋은 참고가 됨
⑤ 이제현, '역옹패설(櫟翁稗說)': 『익재난고』의 권말에 수록됨. '소악부'에 고려속요가 한역되어 있음

**04** 고려 시대 '가전체'의 개념과 목적, 그리고 문학사적 의의에 대해 서술하시오.

```

```

**해설** 〈가전체〉

① 개념
 ㉠ 가전(假傳)이란, 어떤 사물을 역사적 인물처럼 의인화하여 그 가계(家系)와 생애(生涯) 및 개인적 성품, 공과(功過)를 기록하는 전기(傳記) 형식의 글을 말한다. 실전(實傳)이라 하지 않고 가전이라 한 것은 '가(假)'가 허구적 성격을 내포하고 있기 때문이다.
 ㉡ 사물을 의인화해서 열전(列傳) 형식에 의거하여 그 일생을 다룬 전기체의 문학이다.

② 형성 : 고려 중기 이후 설화를 수집, 정리, 창작하는 과정에서 의인체의 가전이 출현하게 되었다. 이러한 가전체 문학의 발달은 무신난 이후에 등장한 사대부들의 의식과 밀접히 관련되어 있다. 즉, 객관적 관념론자인 그들이 사물에 대한 관심과 인간생활을 합리적으로 구성하려는 정신을 표현한 것이다.

③ 목적 : 계세징인(戒世懲人 : 세상 사람들을 경계하고 징벌함)을 목적으로, 사회를 비판, 풍자하고 교훈을 주고자 하는 교술문학이다.

④ 의의
 ㉠ 창의성이 상당히 가미된 허구적 작품이라는 점에서 소설문학에 한 단계 접근한 문학양식이며, 설화와 소설의 교량적 구실을 하였다.
 ㉡ 완전한 소설이 아니기 때문에 한문수필에 포함된다.

**04**

**정답** 가전체란 어떤 사물을 역사적 인물처럼 의인화하여 그 가계와 생애 및 개인적 성품, 공과를 열전 형식에 의거하여 기록하는 전기 형식의 글이다. 세상 사람들을 경계하고 징벌하는 '계세징인'을 목적으로 사회를 비판 · 풍자하고 교훈을 주고자 하는 교술문학이며, 패관문학보다 창의성이 상당히 가미된 허구적 작품이라는 점에서 소설문학에 한 단계 접근한 문학양식으로 설화와 고대소설의 교량적 구실을 하였다.

## 05 구비문학

**01**

**정답** 방이설화, 연의 각

**해설** 판소리계 개작 신소설(이해조)
① 춘향전 → 옥중화(獄中花)
② 흥부전 → 연(燕)의 각(却)
③ 심청전 → 강상련(江上蓮)
④ 별주부전 → 토(兎)의 간(肝)

01 판소리계 소설 '흥부전'의 근원설화와 이해조가 개작한 신소설
의 제목을 쓰시오.

**02**

**정답** 민요, '시집살이 노래'

02 다음 작품의 장르와 제목을 쓰시오.

> 외나무다리 어렵대야 시아버니같이 어려우랴?
> 나뭇잎이 푸르대야 시어머니보다 더 푸르랴?
> 시아버니 호랑새요 시어머니 꾸중새요,
> 동세 하나 할림새요 시누 하나 뽀죽새요,
> 시아지비 뽀중새요 남편 하나 미련새요,
> 자식 하난 우는 새요 나 하나만 썩는 샐세.

**해설** 시집살이 노래는 여성들이 부르던 민요, 즉 부요(婦謠)이다. 봉건적
가족 관계 속에서 겪는 서민 여성의 고통과 좌절, 허무와 애환 등 한
스러운 삶이 적나라하게 반영된 민요이며, 한국 민요의 정화라 할 만
큼 삶의 진솔함과 소박함이 잘 드러나 있다.
여러 시댁 식구와 자기 자신을 새에 비유하고, 자식들을 오리, 거위에
비유해서 해학적으로 표현한 것이 흥미롭다. 이런 다양한 표현은 이
민요가 구전되는 과정에서 자연스럽게 다듬어진 것이다.
① 갈래 : 민요, 서정민요, 부요(婦謠)
② 형식 : 4음보 가사체, 대화체, a - a - b - a형의 민요적 표현

③ 성격 : 여성적, 서민적, 부요(婦謠 : 당대 여성들의 보편적 삶의 체험, 혹은 정서의 표현)
④ 구성 : 3단 구성(기, 서, 결)
⑤ 표현상 특징
　㉠ 대화 형식
　㉡ 일정 음보의 반복에 의한 리듬감 형성
　㉢ 한을 해학적으로 표현. '흥보가'에서 절망적 상황을 해학적으로 표현한 것과 유사
　㉣ 반복과 대구, 과장 등 다양한 표현법 구사
　㉤ 갈등 대상(며느리 ↔ 시집식구)의 대비를 통한 주제의 표출
　㉥ 발상과 표현 : 언어유희
⑥ 의의
　㉠ 전형적인 부요의 하나로 시집살이의 어려움과 한이 절실하게 표현됨
　㉡ 다양한 언어 표현이 주제와 잘 어울림
⑦ 주제 : 시집살이의 한과 체념
⑧ 출전 : 충남 예산 지방 노래 채록

## 03 현재 전승되는 판소리 다섯 마당의 제목을 모두 쓰시오.

03
**정답** 춘향가, 심청가, 흥보가, 수궁가, 적벽가

**해설** 〈판소리의 전개 과정〉
① 형성기 : 17세기 말 ~ 18세기 초(숙종 말 ~ 영조 초)
　㉠ 최선달, 하한담에 의해 판소리 12마당이 불렸다.
　㉡ 판소리 12마당
　　춘향가, 심청가, 흥부가(일명 박흥보가, 박타령), 수궁가(일명 토끼타령), 적벽가(일명 화용도타령), 변강쇠 타령(일명 가루지기타령), 배비장타령, 장끼타령, 옹고집타령, 강릉 매화타령, 무숙이타령, 숙영낭자타령
② 성행기 : 19세기 중반
　㉠ 신재효가 12마당을 6마당으로 개작, 정리하였다.
　㉡ 판소리 6마당
　　춘향가, 적벽가, 심청가, 흥부가(박타령), 수궁가(토별가), 변강쇠타령(가루지기타령)
③ 쇠퇴기 : 20세기 초(신문학기)
　㉠ 변강쇠타령을 제외한 5마당만 오늘날 전해진다.
　㉡ 쇠퇴의 직접적인 원인은 '신파극'의 융성 때문이다.

**04**

**정답** 가난할수록 기와집 짓는다.

**해설** 당장 먹을 것이나 입을 것이 넉넉지 못한 가난한 살림일수록 기와집을 짓는다는 뜻으로, 실상은 가난한 사람이 남에게 업신여김을 당하기 싫어서 허세를 부리려는 심리를 비유적으로 이르는 말

□□

**04** 다음에 제시된 의미와 가장 가까운 속담을 쓰시오.

> 가난한 사람이 남에게 업신여김을 당하기 싫어서 허세를 부리려는 심리를 비유적으로 이르는 말

# 제 3 장 | 현대문학

## 01 현대문학의 이해

**01** 다음 설명에 해당하는 문학 갈래를 쓰시오.

> ⊙ 인간의 행위와 사건을 직접 독자 앞에서 행동화하는 양식이다.
> ⓒ 자아와 세계와의 갈등을 다룬다.
> ⓒ 서술자의 개입이 없다.
> ⓔ 직접 서술이 불가능하며, 인물의 대화와 행동을 직접 제시한다.
> ⓜ 시제는 현재형이다.

**01**

정답 극양식(희곡)

해설 〈희곡의 특성〉
① 무대 상연의 문학 : 희곡은 원칙적으로 무대 상연을 전제로 한 문학이다. 그러나 단지 읽기 위해서 쓴 희곡도 있는데, 이를 '레제드라마(lesedrama)'라고 한다.
② 행동의 문학 : 무대 위에 인물의 행동으로 표현되는 예술이다.
③ 대사의 문학 : 대화를 표현 형식으로 삼는다.
④ 현재화된 인생 표현 : 사건 진행은 관객에게 현재적 사실로 받아들이게 한다.
⑤ 대립과 갈등의 문학 : 이념의 대립, 의지의 갈등을 본질로 삼는다.
⑥ 가장 직접적이며 객관적 형식의 문학 : 배우가 직접 독자와 대면하는 양식으로 작가는 개입할 수 없고 독자에게 상황을 보여 주기 때문에 가장 객관적인 양식이다.

## 02

**정답** 1896년 유길준의 『서유견문』은 국한문혼용체를 사용하여 언문일치의 시초가 되며, 1917년 이광수는 '무정'에서 부분적으로 문어체의 잔재가 남아 있기는 하지만 순국문체를 사용함으로써 언문일치를 심화시켰고, 1919년 『창조』의 창간호에 김동인이 '약한 자의 슬픔'을 발표함으로써 언문일치는 완성되었다.

**해설** 〈언문일치의 전개 과정〉
① 시초 : 1896년, 유길준 '서유견문' (한주국종체)
② 심화 : 1917년, 이광수 '무정'(순국문체, 문어체의 잔재가 있어 완성작은 아니다)
③ 완성 : 1919년, 김동인 '약한 자의 슬픔'(김동인의 처녀작)

## 03

**정답** 1920년대는 계급주의를 표방한 '카프'와 민족주의를 내세운 '국민문학파'가 이데올로기 대립을 했다.

---

## 02 현대문학에서 언문일치의 전개과정을 서술해 보시오.

## 03 1920년대 이데올로기 대립 관계에 있던 두 유파를 쓰시오.

**해설** ① 조선 프롤레타리아 예술가 동맹(KAPF)
㉠ 1919년 3·1운동 이후 일제의 식민지 정책이 문화 통치로 전환하고, 러시아 혁명의 영향으로 사회주의 사상이 광범위하게 확산되면서 새롭게 등장한 프롤레타리아 문예 운동 단체이자 한국 최초의 전국적인 문학 예술가 조직이다.
㉡ 1922년 9월 이호, 이적효, 김두수, 최승일, 박용대, 김영팔, 심훈, 송영, 김홍파 등이 조직한 염군사(焰群社)와 1923년 박영희, 안석영, 김형원, 이익상, 김기진, 김복진, 연학년 등이 조직한 파스큘라(PASKYULA)가 결합하여 1925년 8월 결성되었다.
② 국민문학파
㉠ 프로문학파의 득세로 계급주의 문학이 문단이 주류를 이루자, 민족주의에 바탕을 두고 우리의 전통을 계승하고자 하는 국민문학파가 등장하여 카프와 대립하였다.
㉡ 문학 활동에서 민족, 또는 국민 의식의 필요를 역설하고 그 기초 위에서 문학예술이 논의되어야 한다고 주장하였다.
㉢ 최남선, 이병기, 염상섭, 조운, 김영진, 이은상, 이광수, 주요한, 양주동 등이 이 운동에 참여했으며 주로 『조선문단』을 중심으로 활동했다.

③ 절충주의 문학
  ㉠ 민족을 떠난 계급은 있을 수 없고 계급을 떠난 민족은 있을 수 없다는 입장에서 카프의 계급주의와 국민문학파의 민족주의를 절충하려는 경향이다.
  ㉡ 양주동, 염상섭, 정노풍이 대표 작가이며 주로 『문예공론』(1929)에서 활동했다.
  ㉢ 이 경향은 민족주의 문학과 계급주의 문학의 사이에서 중립적 입장을 견지한 것이라기보다는 민족주의에 바탕을 두고 계급주의 문학의 특성을 절충시키고자 하는 것이다.

04 1930년대 일제의 사상성의 탄압이 우리 문단에 끼친 긍정적 측면을 서술하시오.

04

**정답** 첫째, 문학의 순수성과 예술성을 지향하는 세력이 문단의 주류를 형성하였다. 둘째, 문학이 역사적 가치의 대상에서 예술적 가치의 대상으로 변모하였다. 셋째, 문학의 소재와 형식이 다양해졌으며, 문학의 예술적 수준이 향상되었다.

**해설** 1930년대는 일제가 대륙 침략의 야욕을 본격적으로 드러내면서 한국을 병참기지화하는 한편, 사상적, 문화적 통제를 한층 강화하여, 문학에서는 검열 때문에 원만한 작품 활동을 할 수 없었던 시기였다. 이에 따라 문학적 활동의 방향은 정치성이나 사회의식을 전혀 드러내지 않거나, 현실 문제를 풍자 등의 우회적 방법으로 표현하게 되면서 오히려 예술성의 심화를 가져오게 되었다.

## 02 현대시

**01**

**정답** 감각기관에 의해 마음속에 떠오르는 대상에 대한 영상이나 대상을 감각적으로 인식하도록 자극하는 말이다.

**해설** 〈심상의 시적 기능〉
① 구체성(具體性) : 추상적인 관념을 구체적인 언어로 생생하게 전달하는 것이다.
② 함축성(含蓄性) : 하나의 단어가 여러 의미를 내포하고 있는 특성이다.
③ 감각의 직접성 : 이미지는 대개 감각적 경험과 구체적 사물을 나타내는 언어로써 이루어지기 때문에 뚜렷하고도 직접적인 인상을 준다.
④ 연상성, 정서 환기의 효과

01 심상(Image)의 개념을 쓰시오.

**02**

**정답** 복합감각적 심상

**해설** 〈공감각과 복합감각〉
① 공감각적 심상 : 두 종류 이상의 감각이 결합되어 감각이 전이(轉移)되어 표현된 것을 말한다.
② 복합감각적 심상 : 둘 이상의 감각을 병치시키는 것을 말한다. 감각의 전이가 일어나지 않고 두 감각이 독립적으로 존재한다.

02 둘 이상의 감각을 병치하며 감각의 전이가 일어나지 않고 두 감각이 독립적으로 존재하는 표현기법이 무엇인지 쓰시오.

**□□**

**03** 1920년대 민족주의적 경향에 바탕을 두고 전통 시형인 시조의 부흥 운동을 전개한 유파를 쓰시오.

**□□**

**04** 다음 진술에 부합되는 시인의 이름과 그가 속했던 유파를 쓰시오.

- 초기 : 니체의 영향을 받아 의지가 허무에 압도된 낭만적, 상징적 경향의 시를 썼다.
- 후기 : 생명탐구의 시 세계. 즉, 삶의 본질을 추구하는 시를 썼다.
- 허무의 세계를 극복하려는 강인한 원시 생명적 의지를 시화한 까닭에 '허무와 의지의 시인'으로 불린다.

**03**

**정답** 국민문학파

**해설** 〈국민문학파〉

① 프로문학파의 득세로 계급주의 문학이 문단의 주류를 이루자, 민족주의에 바탕을 두고 우리의 전통을 계승하고자 하는 국민문학파가 등장하여 카프와 대립하였다.

② 문학 활동에서 민족, 또는 국민의식의 필요를 역설하고 그 기초 위에서 문학예술이 논의되어야 한다고 주장하였다.

③ 최남선, 이병기, 염상섭, 조운, 김영진, 이은상, 이광수, 주요한, 양주동 등이 이 운동에 참여했으며 주로 『조선문단』을 중심으로 활동했다.

④ 전개 방향
  ㉠ 국민의식을 진작할 수 있는 작품을 쓰고 읽게 하였다.
  ㉡ 역사소설을 제작하여 대중이 민족사에 눈뜨게 하였다.
  ㉢ 시조(時調) 부흥 운동을 전개하였다.
  ㉣ 1926년은 병인년(丙寅年)으로 훈민정음이 반포된 병인년의 8회갑(八回甲 : 480년)이 되는 해여서 '가갸날(한글날)'을 제정하였다.
  ㉤ 국토 예찬의 기행수필을 창작하였다.

**04**

**정답** 청마 유치환, 생명파

**해설** 〈유치환〉

유치환의 시작(詩作)은 중학 입학 후 형 유치진(柳致眞)이 중심이 된 동인지 "토성(土聲)"에 시 발표를 함으로써 비롯되었고, 형과 함께 회람잡지(回覽雜誌) "소제부(掃除夫)"를 만들어 시를 발표했고, 이어 1931년 "문예월간"에 시 '정적(靜寂)'을 발표해서 문단에 정식으로 나섰다. 1937년 부산에서 동인지 "생리(生理)"를 주재하기도 한 그는 1939년 첫 시집 '청마시초(靑馬詩抄)'를 간행했으며, 1947년 '생명의 서(書)', 1948년 '울릉도', 1949년 '정령일기(蜻蛉日記)', 1951년 '보병(步兵)과 더불어' 등 11개의 시집을 발간했다.

**05**

**정답** 정희성, '저문 강에 삽을 씻고'

**해설** 〈저문 강에 삽을 씻고〉
이 작품의 화자인 노동자의 모습은 무기력감과 서글픔을 느끼게 한다. 힘든 노동의 대가는 언제나 보잘것없으며, 육체적 노동은 항상 천시당하기만 하고, 주어진 현실에 정면 대결할 결단이나 용기는커녕 무력감과 실의만 있을 뿐이다. 적극적인 현실 극복의 의지가 없는 그에겐 강가에 '쭈그려 앉아 담배나 피우고' 돌아가는 일이 고작이다. 결국 내일의 삶을 지속하기 위해 무거운 발걸음을 옮기는 화자의 뒷모습은 산업 사회의 그늘에서 소외당한 1970년대 우리나라 노동자들의 서글픔을 느끼게 한다.
① 성격 : 비유적, 성찰적, 회고적
② 표현
　㉠ 감정의 절제를 통해 지식인인 시인과 노동자인 화자 사이의 균형을 획득함
　㉡ 인생을 자연물인 '강'의 이미지와 결합하여 시적 의미를 획득함
③ 주제
　㉠ 노동자로 살아온 인생에 대한 성찰
　㉡ 도시의 가난한 근로자들의 삶의 비애

**05** 다음 시의 작품 제목과 작가를 쓰시오.

> 흐르는 것이 물뿐이랴.
> 우리가 저와 같아서
> 강변에 나가 삽을 씻으며
> 거기 슬픔도 퍼다 버린다.
> 일이 끝나 저물어
> 스스로 깊어가는 강을 보며
> 쭈그려 앉아 담배나 피우고
> 나는 돌아갈 뿐이다.
> 삽자루에 맡긴 한 생애가
> 이렇게 저물고, 저물어서
> 샛강 바닥 썩은 물에
> 달이 뜨는구나.
> 우리가 저와 같아서
> 흐르는 물에 삽을 씻고
> 먹을 것 없는 사람들의 마을로
> 다시 어두워 돌아가야 한다.

## 03 현대소설

□□
01 소설에서 독립된 각각의 이야기가 동일한 주제로 엮어지거나, 각각 다른 이야기에 동일한 주인공이 등장하는 구성방식을 무엇이라 하는지 쓰시오.

□□
02 소설 갈등의 유형 중 '개인 대 사회의 갈등'이란 어떤 갈등을 의미하는지 쓰시오.

01
**정답** 피카레스크식 구성

**해설** 〈피카레스크식 구성〉
독립된 여러 개의 이야기를 모아, 전체적으로 보다 큰 통일성을 갖도록 구성하는 방식. 여러 개의 사건이 인과 관계에 의해 긴밀하게 짜인 구성이 아니라, 산만하게 나열되어 있는 연작 형식의 구성이다. 스페인어로 '악당'을 뜻하는 단어인 '피카로'(Pícaro)에서 유래한 소설로 16세기에서 17세기 초반까지 스페인에서 유행한 문학 양식의 하나이며, 악한소설이나 건달소설이라고도 한다. 여기에 속하는 대표적인 작품으로는, '허클베리 핀의 모험', '원미동 사람들', '호밀밭의 파수꾼', '천변풍경', '난장이가 쏘아 올린 작은 공' 등이 있다.

02
**정답** 주인공과 주인공이 속해 있는 사회적 환경과의 갈등으로 주로 사회 체제나 제도상의 모순 때문에 등장인물이 겪는 갈등을 말한다.

**해설** 〈갈등의 양상〉
① 한 개인의 내면적 갈등 : 한 개인의 양면적 자아, 즉, 진실과 허위, 선과 악 등이 갈등을 일으키는 것으로 개인의 내면적(심리적) 갈등을 말한다.
② 개인 대 개인의 갈등 : 각 인물 사이의 갈등으로 가장 보편적 갈등 유형이다. 주로 주동인물과 반동인물 사이의 갈등이 대표적이다.
③ 개인 대 사회의 갈등 : 주인공과 주인공이 속해 있는 사회적 환경과의 갈등으로 주로 사회 체제나 제도상의 모순 때문에 등장인물이 겪는 갈등이다.
④ 개인 대 운명의 갈등 : 개인이 삶의 과정에서 운명적으로 겪는 갈등이다.
⑤ 인간 대 자연의 갈등 : 등장인물과 이들의 행동을 제한하는 자연 현상과의 갈등이다.

**03**

**정답** 1인칭 관찰자 시점

**해설** 〈1인칭 관찰자 시점(1인칭 목격자 시점, 1인칭 객관적 시점)〉

① 주인공이 아닌 '나'가 주인공의 이야기를 관찰하여 서술하는 시점

② 인물의 초점은 '나'가 아니라 주인공에게 주어진다.

③ 화자인 나의 주관성과 주인공의 객관적 세계를 조화시킬 수 있으나, 독자의 폭넓은 관찰과 경험의 기회를 제한하여 화자의 눈에 비친 세계 밖에 다룰 수 없는 단점이 있다.

④ 주인공의 내면을 숨김으로써 긴장과 경이감을 자아내는 효과를 내는 장점이 있다.

⑤ 본격적인 이야기를 하기 위한 서두설명이 따르므로 주도적 시점이라고도 한다.

□□
**03** 다음 설명에 부합되는 소설의 시점을 쓰시오.

- 주인공이 아닌 '나'가 주인공의 이야기를 관찰하여 서술하는 시점이다.
- 인물의 초점은 '나'가 아니라 주인공에게 주어진다.
- 주인공의 내면을 숨김으로써 긴장과 경이감을 자아내는 효과를 내는 장점이 있다.
- 본격적인 이야기를 하기 위한 서두설명이 따르므로 주도적 시점이라고도 한다.

---

**04**

**정답** 동반자(同伴者) 작가, 이효석, 유진오, 채만식, 박화성 등

**해설** 〈동반자 작가〉

소련의 공산주의 혁명 이후, 혁명에는 찬동하지만 마르크스주의나 프롤레타리아 문학에는 참여하지 않은 사람을 의미한다. 우리나라에서는 1920년대 말 카프(KAPF)에 가담하지는 않았으나 사상적으로 그들에게 동조한 작가를 말한다. 이효석은 '행진곡', '도시와 유령' 등을, 유진오는 '오월의 구직자' 등을 발표함으로써 이런 경향을 보였고, 채만식도 초기에 동반자 작가로 활동하기도 했고, 박화성도 이러한 경향을 띠었다.

□□
**04** 1920년대 카프(KAPF)에 가담하지는 않았으나 프로문학에 동조하는 작가들을 지칭하는 명칭과 대표적 작가 3명만 제시해 보시오.

□□
05 1930년대 '도시소설'의 개념을 서술하고, 대표적 작가 박태원의 소설 두 편을 쓰시오.

05
**정답** '도시소설'이란 도시 공간을 배경으로 도시성(都市性)이 내포하고 있는 병리적인 제요소와 도시적인 세태를 제시하고 관찰하고자 한 소설을 말한다. 박태원의 대표적 작품으로「천변풍경」과「소설가 구보 씨의 일일」이 있다.

**해설** 〈도시소설〉
'도시소설'이란 근대 이후 인간의 삶을 결정지은 가장 핵심적이면서 상징적인 장소이자 공간인 도시 구조와 인간 존재의 상호관련성을 집중적으로 형상화한 소설이다.
1920년대부터 한국은 급격하게 도시화의 길을 걷기 시작하는데 합리성만을 추구하는 도시라는 '괴물'은 수많은 사람들을 쓰레기와 같은 존재로 전락시키는 한편, 동시에 인간 존재들을 끊임없이 익명화, 도구화, 단자화시키는 주요 요인으로 작용하였다. 이처럼 도시화가 근대 이후 한국인의 삶을 끊임없이 소외시키고 비인간적인 것으로 전락시키는 요인으로 작용한 까닭에 한국소설은 도시화로 발생하는 사물의 주인공화와 인간의 도구화 문제를 외면할 수 없었고, 그 결과 도시소설은 급격한 도시화가 진행된 1930년대 한국소설의 중핵으로 자리 잡았다.

## 04 현대수필

01

1900년대 ~ 1910년대 현대수필이 태동하게 된 형성 배경에 대해 서술하시오.

01

**정답** 19세기 후반 이래의 정치, 사회적 격동에 따라 문학인의 의식이 변화되었고, 개화기 이래 수입된 서구 문학의 영향을 받았다. 또한 개화기 이래 싹튼 국문에 대한 자각과 신문, 잡지, 동인지 등의 발표지가 확대되면서 태동하였다.

**해설** 〈1900년대 ~ 1910년대 현대수필 형성 배경〉
① 19세기 후반 이래의 정치, 사회적 격동에 따라 문학인의 의식이 변화되었다.
② 개화기 이래 수입된 서구 문학의 영향을 받았다.
③ 개화기 이래 싹튼 국문에 대한 자각이 일어났다.
④ 신문, 잡지, 동인지 등의 발표지가 확대되었다.

02

다음 수필의 작가와 제목을 쓰시오.

> 봄, 여름, 가을, 겨울, 두루 사시(四時)를 두고 자연이 우리에게 내리는 혜택에는 제한이 없다. 그러나 그 중에도 그 혜택을 풍성히 아낌없이 내리는 시절은 봄과 여름이요, 그 중에도 그 혜택을 가장 아름답게 나타내는 것은 봄, 봄 가운데도 만산(萬山)에 녹엽(綠葉)이 싹트는 이 때일 것이다.

02

**정답** 이양하, '신록예찬'

**해설** 〈이양하, '신록예찬'〉
이 글은 5월의 신록을 보며 자연과 인간에 대한 사색을 담담하게 전하고 있는 수필이다. 글쓴이는 오월의 하늘을 배경으로 신록의 숲속에서 올려다본 푸른 잎사귀들을 보며, 자연의 아름다움에 매료된 자신의 심경을 드러내고 있다. 글쓴이는 신록을 통해 번잡한 세상에서 잠시라도 떠나 순수하고 맑은 아름다움을 누리고 싶으며, 모든 초록이 다 좋으나 유독 자신이 좋아하는 것은 청신하고 발랄한 담록이라는 주장으로 글을 끝맺고 있다. 자연 현상에서 느낀 정서적인 체험에 충분한 사색이 곁들여지면서, 인생에 대한 깊고 확고한 태도와 자연에 대한 심미안적 통찰력이 드러나고 있는 글이다.

## 05 현대희곡

01 연극의 3요소와 희곡의 3요소를 쓰시오.

01

**정답** 연극의 3요소는 희곡, 배우, 관객이
며, 희곡의 3요소는 해설, 지문, 대사
이다.

**해설** 〈연극과 희곡의 요소〉
① 연극의 3요소 : 배우, 관객, 희곡
② 연극의 4요소 : 배우, 관객, 희곡,
무대
③ 희곡의 3요소 : 대사, 지문, 해설
④ 대사의 3종류 : 대화, 독백, 방백
⑤ 고전극의 3일치 : 시간, 장소, 행동
⑥ 희곡의 구성 원칙 : 개연성, 필연
성, 일관성

02 희곡의 구성단위인 '막'과 '장'을 구분하는 방법에 대해 설명하시오.

02

**정답** '막(act)'은 휘장(커튼)을 올리고 내
리는 것으로 구분하고, '장(scene)'
은 인물의 등장과 퇴장, 배경의 전환,
조명이 꺼졌다 켜지는 것으로 구분
한다.

## 03

**정답** 레제드라마(lesedrama)

**해설** 〈레제드라마(lesedrama)〉
레제드라마는 그 이름이 나타내듯이
문학적으로 읽는 것을 목적으로
쓰인 것으로서 상연과는 관계가 없
다. 레제드라마는 보통 본래의 극 구
조가 결여되어 있어 상연용 희곡에
비해 굉장히 긴 경우도 있다. 레제드
라마는 대화 형식으로 쓰인 이야기
와 비슷하여 운문 형식을 취할 수도
있고, 작가의 일반화된 철학과 비견
되는 것으로 볼 수가 있어 연극이 산
문극에 의해 지배된 시대적 산물이
라고 볼 수 있다.

## 04

**정답** 극예술협회

**해설** 〈극예술협회〉
일본 동경에서 문학과 기악(器樂)
등 예술 분야를 공부하던 유학생들
이 1920년 봄에 조직한 연극연구단
체이다. 주로 서양의 고전극 및 근대
극 작품, 특히 셰익스피어, 괴테, 하
우프트만, 고골리, 체호프, 고리키
등의 희곡을 연구·토론하였으며,
주요 회원은 김우진, 조명희, 유춘섭,
진장섭, 홍해성, 고한승, 조춘광, 손
봉원, 김영팔, 최승일 등 10여 명이
었다. 극예술협회는 기성극단이나
성인들의 연극단체도 아니면서 저급
한 신파극만 유행하던 1920년대 초
에 이 땅에 정통 서구 근대극의 씨앗
을 뿌렸으며, 소인극(素人劇)을 유
행시키는 원동력이 되었고, 서구 사
실주의극의 이식을 처음으로 시도한
단체라고 볼 수 있다.

## 03

희곡 중 상연되지 않고 읽기만을 위한 독서 희곡을 무엇이라
하는지 쓰시오.

## 04

다음 내용에 부합되는 근대극의 단체를 쓰시오.

- 1920년 동경 유학생 중심으로 결성
- 김우진, 조명희, 홍해성, 유춘섭 등 참여
- '김영일의 사(死)', '최후의 악수' 등 공연

# 부록

# 최종모의고사

교육이란 사람이 학교에서 배운 것을 잊어버린 후에 남은 것을 말한다.

– 알버트 아인슈타인 –

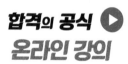

합격의 공식 ▶
온라인 강의

보다 깊이 있는 학습을 원하는 수험생들을 위한
시대에듀의 동영상 강의가 준비되어 있습니다.

www.sdedu.co.kr ➔ 회원가입(로그인) ➔ 강의 살펴보기

제한시간 : 50분 | 시작 _____ 시 _____ 분 – 종료 _____ 시 _____ 분

정답 및 해설 182p

01 다음 중 한글 맞춤법 제30항의 사이시옷 표기 규정에 맞게 사이시옷을 표기한 것을 모두 고른 것은?

> ㉠ 첫사랑          ㉡ 횟수          ㉢ 등굣길          ㉣ 소나깃밥

① ㉠, ㉡
② ㉠, ㉣
③ ㉡, ㉢
④ ㉡, ㉢, ㉣

02 다음 설명에 맞는 작품의 제목은?

> 신라 신문왕이 작가에게 재미있는 이야기를 해 줄 것을 청하자, 작가가 왕에게 들려준 교훈담이다. 작가는 왕에게 충언(忠言)할 목적으로 화왕, 장미, 백두옹을 등장시켜 현실 정치에 관한 이야기를 하였다. 신문왕은 이 이야기를 듣고 "너의 이야기가 매우 뜻이 깊다."라고 하면서 글을 써 후세의 임금들에게 경계하도록 하였다. 즉, 바른 도리로써 정치를 해야 함을 주장하고 부귀에 안주하는 요망한 무리들을 가까이하지 말 것을 경계하도록 한 것이다.

① 화사
② 화왕계
③ 수성지
④ 대관제몽유록

03 다음 중 괄호 안에 알맞은 언어의 특성은?

> ' · '가 현대 국어에서 더 이상 사용되지 않고, '믈[水]'이 현대 국어에 와서 '물'로 형태가 바뀌었으며, '어리다'가 '어리석다[愚]'로 쓰이다가 현대 국어에 와서 '나이가 어리다[幼]'의 뜻으로 바뀌어 쓰이는 것 등과 같은 예에서 알 수 있는 언어의 특성을 언어의 (     )이라고 한다.

① 사회성
② 역사성
③ 자의성
④ 분절성

04 다음 〈보기〉에 나타난 작품 감상의 관점으로 가장 옳은 것은?

> ── 보기 ──
>
> 나는 지금도 이광수의 '무정' 작품을 읽으면 가슴이 뜨거워지는 것을 느껴. 특히 결말 부분에서 주인공 이형식이 "옳습니다. 우리가 해야지요! 우리가 공부하러 가는 뜻이 여기 있습니다. 우리가 지금 차를 타고 가는 돈이며 가서 공부할 학비를 누가 주나요? 조선이 주는 것입니다. 왜? 가서 힘을 얻어오라고, 지식을 얻어 오라고, 문명을 얻어 오라고 …… 그리하여 새로운 문명 위에 튼튼한 생활의 기초를 세워 달라고 …… 이러한 뜻이 아닙니까"라고 부르짖는 부분에 가면 금방 내 가슴도 울렁거려. 나도 모르게 "네, 네, 네"라고 대답하고 싶단 말이야. 이 작품은 이 소설이 나왔던 1910년대 독자들의 가슴만이 아니라 아직 강대국에 싸여 있는 21세기 우리 시대 독자들에게도 조국을 생각하는 마음에 큰 감동을 주고 있다고 생각해.

① 반영론적 관점
② 효용론적 관점
③ 표현론적 관점
④ 객관론적 관점

05 다음 국어의 특질 중 옳지 않은 것은?

① 교착어로서 문법적 관계를 나타내는 조사와 어미가 발달되어 있다.
② 상하관계를 존중하던 사회구조 때문에 높임법이 발달되었다.
③ 서술어가 문장 끝에 오는 어순이라 끝까지 들어야 뜻을 제대로 알 수 있다.
④ 음절 끝에 오는 자음도 음절의 첫소리와 같이 모두 제 음가대로 발음되어야 한다.

06 다음 중 밑줄 친 어휘의 뜻풀이가 옳지 <u>않은</u> 것은?

① <u>해미</u> 때문에 한 치 앞도 보이지 않았다.
 – 해미 : 바다 위에 낀 짙은 안개
② 이제는 <u>안갚음</u>할 때가 되었다.
 – 안갚음 : 남에게 해를 받은 만큼 저도 그에게 해를 다시 줌
③ 그 울타리는 오랫동안 살피지 않아 영 <u>볼썽</u>이 아니었다.
 – 볼썽 : 남에게 보이는 체면이나 태도
④ <u>상고대</u>가 있는 풍경을 만났다.
 – 상고대 : 나무나 풀에 내려 눈처럼 된 서리

07 다음 중 음운 변동과 그 예로 적절하지 <u>않은</u> 것은?

① 교체 : 부엌[부억]
② 축약 : 붙여[부쳐]
③ 탈락 : 담가도[담가도]
④ 첨가 : 피어도[피여도]

08 다음 〈보기〉는 어떤 소설의 마지막 부분이다. 괄호 안에 들어 갈 소설 속 지명은?

> ┌ 보기 ┐
>
> 　그러나 나는 돌아서서 전보의 눈을 피하여 편지를 썼다. '갑자기 떠나게 되었습니다. 찾아가서 말로써 오늘 제가 먼저 가는 것을 알리고 싶었습니다만 대화란 항상 의외의 방향으로 나가 버리기를 좋아하기 때문에 이렇게 글로써 알리는 바입니다. 간단히 쓰겠습니다. 사랑하고 있습니다. 왜냐하면 당신은 제 자신이기 때문에 적어도 제가 어렴풋이나마 사랑하고 있는 옛날의 저의 모습이기 때문입니다. 저는 옛날의 저를 오늘의 저로 끌어다 놓기 위하여 갖은 노력을 다하였듯이 당신을 햇볕 속으로 끌어 놓기 위하여 있는 힘을 다할 작정입니다. 저를 믿어 주십시오. 그리고 서울에서 준비가 되는 대로 소식 드리면 당신은 (　　) 을(를) 떠나서 제게 와주십시오. 우리는 아마 행복할 수 있을 것입니다.' 쓰고 나서 다시 나는 그 편지를 읽어 봤다. 또 한번 읽어 봤다. 그리고 찢어 버렸다.
> 　덜컹거리며 달리는 버스 속에 앉아서 나는 어디쯤에선가 길가에 세워진 하얀 팻말을 보았다. 거기에는 선명한 검은 글씨로 '당신은 (　　)읍을 떠나고 있습니다. 안녕히 가십시오'라고 씌어 있었다. 나는 심한 부끄러움을 느꼈다.

① 삼포　　　　　　　　　　　　② 서울
③ 거제　　　　　　　　　　　　④ 무진

09 다음 설명과 관계 깊은 시인은?

> • 호는 송아. 『창조(創造)』(1919) 동인
> • 『창조』 1호에 최초의 자유시 발표
> • 『아름다운 새벽』(1924) 처녀 시집 발표
> • 『3인 시가집(三人詩歌集)』(1929) : 이광수, 김동환 등과 공동 시집 발표

① 최남선
② 김억
③ 주요한
④ 김동환

10 다음 한자성어의 사용이 적절하지 <u>않은</u> 것은?

① 오늘은 우리나라 대표 팀이 브라질 대표 팀과 乾坤一擲의 승부를 펼치는 날이다.
② 그가 지금 잘 살 수 있는 것은 가난하였어도 見蚊拔劍하였기 때문이다.
③ 우리는 그 나라가 부정부패를 척결하지 않아서 쇠락한 것을 反面敎師로 삼아야 한다.
④ 지난날 일부 정치인들은 민생은 돌보지 않고 尸位素餐하는 경우가 많았다.

11 다음 문장에서 실질 형태소이면서 의존 형태소인 것은?

> 저 나뭇잎은 참 빨갛다.

① 저
② 은
③ 참
④ 빨갛–

12  다음 중 훈민정음에서 발음 기관의 모양을 본떠서 만들어진 글자로만 묶인 것은?

① ㄱ, ㄴ, ㄷ, ㄹ, ㅁ
② ㄱ, ㄴ, ㄹ, ㅅ, ㅎ
③ ㄱ, ㄴ, ㅁ, ㅅ, ㅇ
④ ㄱ, ㄹ, ㅅ, ㅇ, ㅋ


13  다음 제시한 소설들의 공통된 구성방식은?

> • 현진건 '고향'          • 김동리 '등신불'          • 김동인 '광화사'
> • 이청준 '선학동 나그네'    • 안국선 '금수회의록'

① 단순구성
② 복합구성
③ 액자식 구성
④ 피카레스크식 구성


14  다음 중 띄어쓰기가 바르게 된 것은?

① 그가 고향을 떠난지도 벌써 10년이 되었다.
② 이 건물을 짓는 데 몇 년이나 걸렸습니까?
③ 옆집에서 잔치를 하는 지 아주 시끄럽네요.
④ 빠른 시일내에 원상태로 복구하겠습니다.


15  다음 중 복수 표준어가 <u>아닌</u> 것은?

① 어림잡다 – 어림재다
② 변덕스럽다 – 변덕맞다
③ 장가가다 – 장가들다
④ 기세부리다 – 기세피우다

**16** 다음 〈보기〉의 문학사적 사실들을 발생 순서대로 배열한 것은?

> ── 보기 ──
> ㉠ 「삼대」, 「흙」, 「태평천하」 등 다양한 장편소설들이 발표되었다.
> ㉡ 이광수의 「무정」이 『매일신보』에 연재되어 세간의 화제를 불러 일으켰다.
> ㉢ 『창조』, 『백조』, 『폐허』 등의 동인지가 등장하고 『조선일보』, 『동아일보』와 같은 민간 신문들이 발행되었다.
> ㉣ 『인문평론』, 『문장』 등 유수한 문학잡지들과 한글 신문 등의 발행이 어려워지게 되었다.
> ㉤ 이인직의 「혈의 누」, 이해조의 「자유종」과 같은 소설들이 발표되었다.

① ㉡ - ㉤ - ㉠ - ㉢ - ㉣
② ㉡ - ㉤ - ㉢ - ㉣ - ㉠
③ ㉤ - ㉡ - ㉢ - ㉠ - ㉣
④ ㉤ - ㉢ - ㉠ - ㉡ - ㉣

**17** 다음 중 밑줄 친 부분의 표기가 옳은 것은?

① 식구들을 이끌고 그는 고향에서 <u>야밤도주</u>를 하였다.
② 어머니는 매일 <u>목욕재계</u> 후에 기도를 올렸다.
③ 우리는 그가 음모를 꾸민 사실에 <u>아연질색</u>하였다.
④ <u>삼오제</u>도 지났고, 상가에 왔었던 손님들도 다 떠났다.

**18** 다음 중 높임말이 적절하게 사용된 것은?

① (학교에서 선생님께) "저희 아버지가 이렇게 말씀하셨습니다."
② 이번 중간고사 성적이 많이 떨어져서 나는 어제 아버지한테 야단을 맞았다.
③ (아침 조회 시간에 사회자가) "다음은 교장 선생님 말씀이 계시겠습니다."
④ (퇴근하면서, 나이 지긋한 경비원 아저씨께) "아저씨, 수고하세요. 내일 뵐게요."

**19** 다음 중 국문문학의 범주에 포함되지 <u>않은</u> 작품은?

① 秋風唯苦吟 / 世路少知音 / 窓外三更雨 / 燈前萬里心

② 冬至ㅅ달 기나긴 밤을 한 허리를 버혀 내어 / 春風 니불 아래 서리서리 너헛다가 / 어론님 오신 날 밤이여든 구뷔구뷔 펴리라.

③ 東京明期月良 / 夜入伊遊行如可 / 入良沙寢矣見昆 / 脚烏伊四是良羅 / 二肹隱吾下於叱古 / 二肹隱誰支下焉古 / 本矣吾下是如馬於隱 / 奪叱良乙何如爲理古

④ 남(南)으로 창(窓)을 내겠소. / 밭이 한참갈이 // 괭이로 파고 / 호미론 김을 매지요. // 구름이 꼬인다 갈 리 있소. / 새 노래는 공으로 들으랴오. // 강냉이가 익걸랑 / 함께 와 자셔도 좋소. // 왜 사냐건 / 웃지요.

**20** 다음 작품에 대한 설명으로 옳지 <u>않은</u> 것은?

> 生死 길은
> 예 있으매 머뭇거리고
> 나는 간다는 말도
> 못다 이르고 어찌 갑니까
> 어느 가을 이른 바람에
> 이에 저에 떨어질 잎처럼
> 한 가지에 나고
> 가는 곳 모르온저
> 아아, 彌陀刹에서 만날 나
> 道 닦아 기다리겠노라
>
> — 월명사(月明師), '제망매가(祭亡妹歌)'

① '어느 가을 이른 바람에 이에 저에 떨어질 잎처럼'은 누이의 요절을 비유적으로 표현한 부분이다.

② 화자는 삶의 허무함을 종교를 통해 극복하고자 하는 의지를 보이고 있다.

③ 마지막 두 행에 삶의 무상함이 잘 표현되어 있다.

④ 향가의 10구체 형식을 취하고 있다.

**21** 다음 대화에서 괄호 안에 들어갈 말로 가장 적절한 것은?

> 갑 : 이제 갓 초등학교에 들어간 아이가 그런 말을 하다니, 깜찍하고 맹랑하지?
> 을 : 그러게 말이야. 정말 (                ).

① 잔망스럽네
② 새치름하네
③ 이악스럽네
④ 앙살스럽네

**22** 다음 중 김만중이 '서포만필'에서 제시한 '左海眞文章只此三篇'에 포함되지 <u>않는</u> 작품은?

① 성산별곡
② 사미인곡
③ 속미인곡
④ 관동별곡

**23** 다음에서 설명하는 판소리의 요소를 순서대로 나열한 것은?

> • 너름새라고도 하며 몸짓과 손짓으로 나타내는 형용동작이다.
> • 판소리의 명창들이 자신의 장기로 부르는 대목이다.
> • 판소리 한 판의 전체적인 짜임새를 가리키는 말이다.

① 추임새 – 아니리 – 발림
② 아니리 – 더늠 – 바디
③ 추임새 – 바디 – 더늠
④ 발림 – 더늠 – 바디

**24** 다음 중 가장 올바른 문장은?

① 의미 없는 하루하루를 살아간다는 것은 무기력한 인간을 특징짓는다.

② 이 진공청소기는 흡인력과 소음이 적어 기능이 매우 우수한 제품입니다.

③ 그는 무릎에 문제가 있다는 이유로 경기에 참가하지 않을 것을 분명히 밝혔다

④ 이번 장마에 몰래 폐수를 방류한 회사에게 환경 시민 단체가 강력히 항의하였다.

**25** 다음 중 고대가요 '구지가'와 '해가사'의 공통점으로 볼 수 <u>없는</u> 하나는?

① 주술요이며 노동요이다.

② 상대를 위협하는 말하기 방식의 어조를 취하고 있다.

③ 호명 – 명령 – 가정 – 위협의 구조로 되어 있다.

④ '거북'은 소망을 들어주는 신령스러운 존재로 그려지고 있다.

**26** 다음 작품들을 시대 순서대로 바르게 나열한 것은?

① 서동요 – 청산별곡 – 사미인곡 – 어부사시사 – 일동장유가

② 서동요 – 사미인곡 – 청산별곡 – 어부사시사 – 일동장유가

③ 청산별곡 – 서동요 – 찬기파랑가 – 어부사시사 – 일동장유가

④ 청산별곡 – 서동요 – 사미인곡 – 어부사시사 – 일동장유가

**27** 다음 작품에 대한 설명으로 거리가 <u>먼</u> 것은?

> 元淳文 仁老詩 公老四六
> 李正言 陳翰林 雙韻走筆
> 沖基對策 光鈞経義 良經詩賦
> 위 試場ㅅ景긔 엇더하니잇고
> (葉)琴學士의 玉笋文生 琴學士의 玉笋文生
> 위 날조차 멷부니잇고
>
> – '한림별곡' 중에서

① 사람의 이름과 그들의 장기(長技)를 열거하고 있다.
② '악장가사'에서 고려시대 고종 때 한림학사가 지었다고 전한다.
③ 고려 신진사대부들의 득의에 찬 기상이 나타나 있다.
④ 화자는 시문보다 도학을 즐기며 강호가도(江湖歌道) 구현을 지향한다.

**28** 다음 중 시조에 대한 설명으로 옳은 것은?

① 경기체가의 붕괴 이후에 생겨났다.
② 시조의 발생은 조선 시대에 처음으로 등장하였다.
③ 정형시가이며, 고전시가 중 현대까지 계승되고 있는 유일한 서정양식이다.
④ 이세춘의 곡조명 '시절가조(詩節歌調)'를 줄여 '시조(詩調)'라고 쓴다.

**29** 다음 설명에 해당하는 고전소설로 옳은 것은?

> 양반사대부 유한림과 본처인 사씨 그리고 첩인 교씨를 등장시켜 처첩 간의 갈등을 통해 권선징악이라는 주제 의식을 표현하고 있다.

① 옥단춘전
② 서동지전
③ 구운몽
④ 사씨남정기

**30** 다음 중 1920년대 문학의 특성으로 옳은 것은?

① 문학에서의 사회성과 목적성이 약화되었다.

② 계몽문학이 주조를 이루고 있다.

③ 다양한 서구 문예 사조가 도입되었다.

④ 모더니즘, 계급문학, 사실주의 문학 등 다양한 경향을 보인다.

**31** 다음 중 '구인회'에 대한 설명으로 적절치 않은 것은?

① 목적 문학에 반대하여 순수문학으로 나아갔다.

② 리얼리즘에 입각한 문학 활동을 전개했다.

③ 동인지 '시와 소설'을 발행하였다.

④ 예술성과 문장의 형식미를 중시하였다.

**32** 다음 문예지가 한국 현대시의 흐름과 일치하게 배열된 것은?

① 시문학 – 시인부락 – 청록집 – 창조 – 백조

② 백조 – 시문학 – 시인부락 – 청록집 – 창조

③ 청록집 – 창조 – 백조 – 시문학 – 시인부락

④ 창조 – 백조 – 시문학 – 시인부락 – 청록집

**33** 다음 작품에 대한 설명으로 옳지 않은 것은?

> 松根을 베여 누어 픗줌을 얼픗 드니, 쏨애 흔 사롬이 날ᄃ려 닐온 말이, 그ᄃᆡᄅᆞᆯ 내 모ᄅᆞ랴, 上界예 眞仙이라, 黃庭經 一字롤 엇디 그룻 닐거 두고, 人間의 내려와셔 우리롤 쌀오ᄂ다. 져근덧 가디 마오. 이 술 흔 잔 머거 보오.

① 이 글은 가사로서 전형적인 4음보의 운율을 주축으로 하고 있다.

② 정철이 금강산과 관동 팔경을 유람하면서 지은 글이다.

③ 홍만종이 '순오지'에서 초(楚)의 '백설곡(白雪曲)'에 빗댄 작품이다.

④ 김만중이 동방의 이소(離騷)라 칭송한 작품 중의 하나다.

**34** 다음 중 '시문학파'에 대한 설명으로 바르지 <u>않은</u> 것은?

① 박용철, 김영랑, 정지용, 신석정 등이 주요 동인이다.

② 프로문학의 목적의식, 도식성, 획일성, 조직성에 반대하여 순수문학을 옹호하였다.

③ 언어의 조탁과 시어의 음악성을 중시였다.

④ 반낭만주의적 입장에서 회화적 이미지의 창조라는 '방법의 지각'을 가지려 했다.

**35** 다음 중 단어의 발음이 옳은 것끼리 묶인 것은?

① 디근이[디그시], 홑이불[혼니불]

② 뚫는[뚤는], 밝히다[발키다]

③ 핥다[할따], 넓죽하다[넙쭉카다]

④ 흙만[흑만], 동원령[동ː원녕]

**36** 다음 작품에서 '죽은 아이'의 보조관념이 <u>아닌</u> 하나는?

> 琉璃에 <u>차고 슬픈 것</u>이 어린거린다.
> 열없이 붙어서서 입김을 흐리우니
> 길들은 양 <u>언 날개</u>를 파다거린다.
> 지우고 보고 지우고 보아도
> <u>새까만 밤</u>이 밀려나가고 밀려와 부디치고,
> 물먹은 별이, 반짝, 寶石처럼 백힌다.
> 밤에 홀로 琉璃를 닦는 것은
> 외로운 황홀한 심사이어니,
> 고흔 肺血管이 찢어진 채로
> 아아, 늬는 <u>山ㅅ새</u>처럼 날러 갔구나!
>
> — 정지용, '유리창'

① 차고 슬픈 것

② 언 날개

③ 새까만 밤

④ 山ㅅ새

**37** 다음 글에 대한 설명으로 적절하지 <u>않은</u> 것은?

> "심청은 시각이 급하니 어서 바삐 물에 들라."
> 심청이 거동 보소. 두 손을 합장하고 일어나서 하느님 전에 비는 말이,
> "비나이다, 비나이다. 하느님 전에 비나이다. 심청이 죽는 일은 추호라도 섧지 아니하되, 병든 아비 깊은 한을 생전에 풀려 하고 이 죽음을 당하오니 명천(明天)은 감동하사 어두운 아비 눈을 밝게 띄워 주옵소서."
> 눈물지며 하는 말이,
> "여러 선인네 평안히 가옵시고, 억십만금 이문 남겨 이 물가를 지나거든 나의 혼백 불러내어 물밥이나 주시오." 하며 안색을 변치 않고 뱃전에 나서 보니 티 없이 푸른 물은 월러렁 쾰넝 뒤둥구리 굽이쳐서 물거품 북적찌데한데, 심청이 기가 막혀 뒤로 벌떡 주저앉아 뱃전을 다시 잡고 기절하여 엎딘 양은 차마 보지 못할 지경이었다.
>
> – '심청전' 중에서

① 사건에 대한 서술자의 주관적 서술이 나타나 있다.
② 등장인물들의 발화를 통해 사건의 상황을 보여준다.
③ 죽음을 초월한 심청의 면모와 효심이 드러나 있다.
④ 대상을 나열하여 장면을 다양하게 제시하고 있다.

**38** 다음 괄호 안에 알맞은 장르가 순서대로 바르게 묶인 것은?

> 고려시대 창작된 작품 중 〈도이장가〉와 〈정과정곡〉은 (    )에서 (    )로 발전하는 과정의 교량적 역할을 담당한 시가이다.

① 고대가요 – 향가
② 향가 – 고려가요
③ 고려가요 – 시조
④ 향가 – 가사

**39** 다음 시에 대한 감상으로 적절하지 <u>않은</u> 것은?

> 아무도 그에게 수심(水深)을 일러준 일이 없기에
> 흰나비는 도무지 바다가 무섭지 않다.
>
> 청(靑)무우밭인가 해서 내려갔다가는
> 어린 날개가 물결에 절어서
> 공주처럼 지쳐서 돌아온다.
>
> 삼월(三月)달 바다가 꽃이 피지 않아서 서글픈
> 나비 허리에 새파란 초생달이 시리다.
>
> － 김기림, '바다와 나비'

① '청(靑)무우밭'은 '바다'와 대립되는 이미지로 쓰였다.
② '흰나비'는 '바다'의 실체에 대해 정확하게 모르고 있었다.
③ 화자는 '공주처럼' 나약한 나비의 의지 부족과 방관적 태도를 비판한다.
④ '삼월(三月)달 바다'와 '새파란 초생달'은 모두 차가운 이미지로 사용되었다.

**40** 다음 중 '극예술연구회'에 대한 설명이 <u>아닌</u> 것은?

① 해외문학파가 중심이 된 본격적인 현대극 단체이다.
② 서구 근대극을 그대로 계승한 리얼리즘극을 주로 상연하였다.
③ 예술과 인생 본위의 기치 아래 초창기의 번역극, 소인극에서 탈피할 것을 주장하였다.
④ 민족예술의 발전을 위해 국가에서 설립한 극장으로 유치진이 설립자이다.

제한시간: 50분 | 시작 ___시 ___분 − 종료 ___시 ___분

⊡ 정답 및 해설 190p

01  다음 〈보기〉는 어떤 자음에 대한 설명이다. 〈보기〉의 설명에 맞는 단어는?

> ┌ 보기 ┐
> • 예사소리이다.
> • 공기를 막았다가 터트리면서 내는 소리이다.
> • 여린입천장에서 나는 소리이다.

① 국밥
② 사탕
③ 낭만
④ 해장

02  다음 중 비통사적 합성어로만 묶인 것은?

① 열쇠, 새빨갛다
② 덮밥, 짙푸르다
③ 감발, 돌아가다
④ 젊은이, 가로막다

03  다음 중 '훈민정음'에 대한 설명으로 가장 적절하지 <u>않은</u> 것은?

① 'ㄱ, ㄴ, ㅁ, ㅅ, ㅇ'은 각각 발음기관을 상형하여 만들었다.
② 'ㄴ'에 가획(加劃)의 원리를 적용하여 'ㄷ, ㅌ, ㄸ'을 만들었다.
③ 모음 자모 'ㆍ, ㅡ, ㅣ'는 각각 하늘, 땅, 사람을 상형하여 만들었다.
④ 'ㄹ, ㅿ'을 살펴보면 다른 한글 자모에 쓰인 가획의 원리와 차이가 있다.

**04** 다음 중 표준어로만 묶인 것은?

① 끄나풀 – 새벽녘 – 삵쾡이 – 떨어먹다
② 뜯게질 – 세째 – 수평아리 – 애닯다
③ 치켜세우다 – 사글세 – 설거지 – 수캉아지
④ 보조개 – 숫양 – 광우리 – 강남콩

**05** 다음 중 밑줄 친 어휘의 사용이 정확한 것은?

① 박 교수님은 <u>대증요법</u>을 통해 난치병을 극복하셨다.
② 이 선생님은 학생들과 일 년 동안 <u>동거동락</u>하였다.
③ 부모님들다 <u>주구장창</u> 자식 걱정뿐이다.
④ 최 과장님은 <u>오곡백화</u>가 무르익는 가을에 결혼을 하셨다.

**06** 다음 중 바르게 표현된 것은?

① 선생님, 제 아우와 함께 한 번 찾아뵙겠습니다.
② 어머니, 형님께서 오신다 하니 만나 뵙도록 하셔요.
③ 형님, 어머니가 형님께 드릴 것이 있다 합니다.
④ 나는 김씨입니다만, 선생의 성은 무엇인지요?

**07** 다음 중 언어 예절에 적합하게 쓰인 문장은?

① 남편의 누이가 찾아왔기에 "고모(姑母), 어서 들어오세요."하고 인사했다.
② 친구에게 "오늘 선친(先親)의 생신이어서 동창회에 참석하기 어렵네."하고 말했다.
③ 사장님이 김 과장에게 "자당(慈堂)께서는 안녕하신가?"하고 물었다.
④ 선생님께 "제 아버지께서는 김 자(金字), 동 자(東字), 식 자(植字)를 쓰십니다."라고 말하였다.

**08** 다음 중 한자 성어를 속담으로 뜻풀이할 때 옳지 <u>않은</u> 것은?

① 득롱망촉(得隴望蜀) : "말 가는 데 소도 간다."라는 뜻이다.
② 교각살우(矯角殺牛) : "빈대 잡으려다 초가삼간 태운다."라는 뜻이다.
③ 당랑거철(螳螂拒轍) : "하룻강아지 범 무서운 줄 모른다."라는 뜻이다.
④ 망양보뢰(亡羊補牢) : "소 잃고 외양간 고친다."라는 뜻이다.

**09** 다음 중 문장의 의미에 어울리지 <u>않는</u> 관용 표현은?

① 지금쯤 그는 등이 달아서 앉아 있을 것이다.
② 부모님의 낯을 깎을 만한 행동은 하지 마라.
③ 그들은 코를 떼고 필요한 사항만을 논의하였다.
④ 그들은 술 몇 잔으로 그의 속을 뽑으려 하였다.

**10** 다음 중 선어말 어미가 <u>없는</u> 문장은?

① 나는 하루 종일 사무를 보았다.
② 어머니께서 아주 기뻐하시더라.
③ 청소를 하지 않아서 지저분하다.
④ 사뿐히 즈려 밟고 가시옵소서.

**11** 다음 작품에 대한 설명으로 알맞은 것은?

> 가던새 가던새 본다 물 아래 가던새 본다
> 잉무든 장글란 가지고 가던새 본다
> 얄리리 얄리 얄라셩 얄리리 얄라

① 4음보 정형시이다.
② 시적자아는 현실세계에 만족하고 있다.
③ 주로 귀족이 지어 불렀던 노래로 궁중에서 연주되었다.
④ ㄹ과 ㅇ음을 반복하여 음악적 리듬감을 잘 살리고 있다.

**12** 다음 중 '한림별곡'에 대한 설명으로 올바른 것은?

① 작가는 권호문이다.
② 전 12장의 분절체로 이루어져 있다.
③ 현전 경기체가의 효시작이다.
④ 조선 시대 신흥 사대부들의 세계관을 반영하고 있다.

**13** 다음과 같은 종류의 시조에 대한 설명으로 적절하지 <u>않은</u> 것은?

> 붉가버슨 兒孩(아해) ㅣ 들리 거믜쥴 테를 들고 ㄱ川(천)으로 往來(왕래)ᄒ며,
> 붉가숭아 붉가숭아, 져리 가면 죽ᄂ니라. 이리 오면 ᄉᄂ니라. 부로나니 붉가숭이로다.
> 아마도 世上(세상) 일이 다 이러ᄒ가 ᄒ노라.

① 구체적이고 서민적인 소재가 많이 쓰였다.
② 강렬한 애정과 육욕적인 표현이 많다.
③ 비판과 풍자적인 내용이 경향을 이룬다.
④ 서경적이고 영탄적 속성이 강하다.

**14** 다음 작품의 제목은 무엇인가?

> 출하리 잠을 드러 쑴의나 보려 ᄒ니, 바람의 디ᄂ 닙과 풀 속에 우는 즘생, 므스 일 원수로서 잠조차 쌔오는다. 天上의 牽견牛우織직女녀 銀河水 막혀셔도, 七月 七夕 一年一度 失期치 아니거든, 우리님 가신 후는 弱水 가렷관듸, 오거나 가거나 消息조차 쓰쳣는고. 欄난干간의 비겨 셔서 님 가신 듸 바라보니, 草露ᄂ 맷쳐 잇고 暮모雲운이 디나갈 제 竹林 푸른 고듸 새 소리 더욱 설다. 세상의 서룬 사람 수업다 ᄒ려니와, 薄박明명ᄒ 紅顔이야 날 가트니 쏘 이실가. 아마도 이님의 지위로 살동말동 ᄒ여라.

① 사미인곡
② 속미인곡
③ 규원가
④ 유산가

15 다음 중 작가, 작품 및 종류가 옳게 짝지어진 것은?

① 박지원 – 호질 – 국문소설
② 허균 – 홍길동전 – 한글소설
③ 박인로 – 성산별곡 – 가사
④ 수양대군 – 석보상절 – 전기

16 다음 중 판소리의 전개 과정에 대한 설명으로 옳지 <u>않은</u> 것은?

① 판소리에 관한 최초의 자료는 영조 30년(1754년) 유진한의 '만화본 춘향전(晩華本 春香傳)'이다.
② 17세기 말 ~ 18세기 초 12마당으로 정착되었다.
③ 19세기 중반 신재효가 5마당으로 개작, 정리하면서 융성기를 맞이했다.
④ 20세기 초 '신파극'의 융성 때문에 쇠퇴하게 되었다.

17 다음 중 '권력의 무상함'을 나타내는 속담으로 가장 옳지 <u>않은</u> 것은?

① 달도 차면 기운다.
② 열흘 붉은 꽃이 없다.
③ 물도 가다 구비를 친다.
④ 꽃이 시들면 오던 나비도 안 온다.

18 다음 중 우리나라 신경향파(新傾向派) 문학에 관한 설명으로 바르게 된 것은?

① 이데올로기를 위한 예술을 표방하면서 1925년에는 KAPF를 결성하였다.
② '개벽', '폐허' 등 잡지에 계몽주의를 배격하는 이론을 전개하였다.
③ 문학이 퇴폐주의로 흐르는 것을 통탄하면서 '백조'를 간행하였다.
④ 문학은 반드시 정치적 이념의 도구이어야 한다면서 무정부주의를 부르짖었다.

**19** 다음 중 1960년대 한국문학에 대한 설명으로 옳은 것은?

① 산업화 과정에서 나타난 사회문제에 문학적 관심을 기울였다.

② 순수문학과 참여문학 논쟁이 처음으로 시작되었다.

③ 실존주의 문학이 문단의 주류를 이루었다.

④ 이범선의 '오발탄', 황순원의 '카인의 후예'가 출간되었다.


**20** 다음 중 '윤동주'에 관련된 설명으로 바르지 <u>않은</u> 것은?

① 유고시집으로 『하늘과 바람과 별과 시』(1948)가 있다.

② 식민지의 인텔리가 겪는 정신적 고통과 인간 자체의 생명적 아픔을 순수하고 섬세한 표현으로 노래하였다.

③ 연희전문을 거쳐 도일, 도시샤[同志社] 대학 영문과 재학 중 1943년 여름 방학을 맞아 귀국하다 사상범으로 일경에 체포되어, 1945년 2월 후쿠오카[福岡] 형무소에서 옥사하였다.

④ 현실에 타협하지 않는 강렬한 대결 정신을 지사적·대륙적 풍모로 표현하였다.


**21** 다음 중 3인칭 전지적 시점에 대한 설명으로 옳은 것은?

① 작가의 서술에 융통성을 주나, 지나치게 주관적이고 작가의 목소리가 작품 속에 튀어나와 예술성을 상실할 수도 있다.

② 인물의 직접적 제시가 불가능하고 간접적 제시로만 표현한다.

③ 주인공의 내면을 숨김으로써 긴장과 경이감을 자아내는 효과를 내는 장점이 있다.

④ 자기 자신의 이야기를 하므로 독자에게 신뢰감을 줄 수 있으나, 객관성 유지가 어렵다.


**22** 다음 신소설 중에서 고대소설을 개작한 것은?

① 설중매

② 추월색

③ 자유종

④ 옥중화

**23** 다음 〈보기〉의 구성에 해당하는 소설의 작가와 제목이 바르게 짝지어진 것은?

> **보기**
>
> (1) 발단 : 조선에서 소작인 생활을 하던 문 서방은 가난을 극복하기 위해 간도로 이주하지만, 그 곳에서도 역시 혹독한 흉년을 만나 빚만 늘어날 뿐 생활이 나아지지 않는다.
> (2) 전개 : 문 서방은 만주인 지주 인가의 소작인 노릇을 했는데, 흉년 때문에 제대로 빚을 갚지 못해 지주 인가에게 딸 용례를 빼앗기고 만다.
> (3) 위기 : 딸을 빼앗긴 슬픔에 문 서방의 아내는 병에 걸리게 되고, 죽기 전에 딸을 한 번만이라도 보고 싶어 하지만, 인가는 그것을 허락하지 않는다. 결국 아내는 딸을 보지 못하고 죽는다.
> (4) 절정 : 아내가 죽고 그 이튿날 밤 문 서방은 인가의 집을 찾아가 그의 집에 불을 지른 뒤, 억압에서 해방된 듯 시원하게 웃는다.
> (5) 결말 : 불길 속에서 인가와 용례를 발견한 문 서방은 준비한 도끼로 인가를 죽인 후, 자신의 딸 용례를 끌어안고 기쁨을 느끼게 된다.

① 최서해 – 탈출기
② 김동인 – 감자
③ 최학송 – 홍염
④ 현진건 – 고향

**24** 다음 〈보기〉에서 설명하는 희곡의 특성은?

> **보기**
>
> • 희곡의 등장인물은 분장을 한 인물이지만 실제 인물로 간주하고, 배우의 행동 또한 실제의 행동으로 간주한다.
> • 독백과 방백은 다른 등장인물은 듣지 못한다.
> • 무대는 가공의 장소이지만, 희곡에서는 이를 현실로 받아들인다.

① 희곡은 약속의 문학이다.
② 희곡은 현재진행형의 문학이다.
③ 희곡은 무대 상연의 문학이다.
④ 희곡은 행동의 문학이다.

**주관식 문제**

01 다음 시에서 괄호 안에 적합한 시어를 순서대로 쓰시오.

> 내가 그의 이름을 불러 주기 전에는
> 그는 다만
> 하나의 (　)에 지나지 않았다.
>
> 내가 그의 이름을 불러 주었을 때
> 그는 나에게로 와서
> (　)이 되었다.
>
> 내가 그의 이름을 불러 준 것처럼
> 나의 이 빛깔과 향기에 알맞은
> 누가 나의 이름을 불러다오.
> 그에게로 가서 나도
> 그의 (　)이 되고 싶다.
>
> 우리들은 모두
> (　)이 되고 싶다.
> 너는 나에게 나는 너에게
> 잊혀지지 않는 하나의 (　)이 되고 싶다.

02 용비어천가 125장의 내용상 구조를 3단계로 분류하고 각각의 별칭을 제시하시오.

03 다음 제시한 단위어의 총합을 쓰고 각각 단위어의 수를 밝히시오.

① 생선 한 뭇      ② 버선 두 죽      ③ 조기 세 두름      ④ 오징어 네 축
⑤ 오이 다섯 거리   ⑥ 마늘 여섯 접    ⑦ 고등어 일곱 손    ⑧ 바늘 여덟 쌈

04 다음 단어들 중 파생어를 모두 제시하고 그 근거를 제시해 보시오.

• 보금자리      • 옹달샘      • 날짐승      • 그립다
• 춘추          • 앞서다      • 차마        • 빨강
• 높푸르다      • 하루빨리

| 01 | 02 | 03 | 04 | 05 | 06 | 07 | 08 | 09 | 10 | 11 | 12 | 13 | 14 | 15 | 16 | 17 | 18 | 19 | 20 |
|---|---|---|---|---|---|---|---|---|---|---|---|---|---|---|---|---|---|---|---|
| ③ | ② | ② | ② | ④ | ② | ② | ④ | ③ | ② | ④ | ③ | ③ | ② | ① | ③ | ② | ① | ① | ③ |
| 21 | 22 | 23 | 24 | 25 | 26 | 27 | 28 | 29 | 30 | 31 | 32 | 33 | 34 | 35 | 36 | 37 | 38 | 39 | 40 |
| ① | ① | ④ | ③ | ④ | ① | ④ | ③ | ④ | ③ | ② | ④ | ③ | ④ | ① | ③ | ④ | ② | ③ | ④ |

## 01 정답 ③

ⓒ 횟수(回數) : 한자어끼리의 합성어에는 사이시옷을 붙이지 않음이 원칙이나 2음절로 된 한자어의 합성 중 6가지 예외[곳간(庫間), 찻간(車間), 툇간(退間), 숫자(數字), 횟수(回數), 셋방(貰房)]가 있다.

ⓓ 등굣길 : 한자어와 순우리말의 합성어에서 앞말이 모음이고 뒷말의 첫소리 안울림소리가 된소리로 발음되는 경우에는 사이시옷을 밝혀 적는다. [사이시옷 조건 2-(1)]

ⓐ 첫사랑 : 관형사 '첫'과 명사 '사랑'이 합성된 경우로 사이시옷의 조건(명사 + 명사)과는 관계없다.

ⓑ 소나기밥 : 사이시옷 표기의 조건[1-(1)]에는 해당되지만 뒷말의 첫소리가 된소리로 발음되지 않으므로 사이시옷을 표기할 수 없다.

## 02 정답 ②

〈설총, '화왕계'〉

'화왕계'는 권모술수가 횡행하는 정치 세계를 자연계의 꽃의 세계에 비유하여 간결하고 쉽게 설명한 우화이다. 그러면서도 아름다운 장미와 소박한 할미꽃을 대립시켜 왕의 심중을 시험해 보는 상황 설정을 하고, 백두옹을 작가(설총)의 대리인으로 등장시켜 주제를 밝히는 전개 방식이 다분히 문학적이다. 부귀에 안주하여 요망한 무리들을 가까이하지 말 것을 임금에게 당부하고자 하는 교훈성과 목적성이 문학적인 구조로 잘 포장이 되어 있는 뛰어난 작품이라 할 수 있다.

이 설화에는 모란을 의인화한 '화왕'과 간사하고 아첨하기 좋아하는 신하로 의인화된 '장미', 그리고 소박하고 충직한 신하로 의인화된 할미꽃 '백두옹' 등 세 인물이 등장한다. 화왕은 간신들의 아름답게 꾸민 말에만 귀 기울이면서 그들을 가까이하고, 바른말을 하는 사람들은 멀리하는 군주의 상징이다. 그리고 장미는 교태와 외형상 아름다움을 내세워 임금에게 아첨하는 간신을 상징하며, 백두옹은 외모는 소박하지만 충직한 신하의 상징이다.

① 갈래 : 설화(창작 설화)

② 성격 : 의인체 문학의 효시, 우화

③ 주제 : 임금의 마음가짐에 대한 경계

④ 의의
  ⓐ 최초의 창작 설화
  ⓑ 고려 가전체 문학의 모태가 됨
  ⓒ 조선 전기 임제의 한문소설 '화사'에 영향을 줌

⑤ 출전 : 『삼국사기』 권46 열전 '설총조'

## 03 정답 ②

언어를 통시적 관점으로 볼 때, 언어가 '생성, 신장, 사멸'하는 특성을 '역사성'이라 한다.

ⓐ 사멸 : 'ㆍ'의 소멸

ⓑ 신장[형태 변화] : 믈 〉 물(원순모음화)

ⓒ 신장[의미 변화] : 어리다[愚] 〉 [幼](어의 전성)

**04** **정답** ②

② 〈보기〉에서 "이 작품은 이 소설이 나왔던 1910년대 독자들의 가슴만이 아니라 아직 강대국에 싸여 있는 21세기 우리 시대 독자들에게도 조국을 생각하는 마음에 큰 감동을 주고 있다고 생각해."로 보아 문학 작품을 독자가 얻는 즐거움과 교훈 등에 초점을 맞춰 감상하는 '효용론적 관점'이다.

① 반영론적 관점 : 모방론. 문학 작품을 현실의 반영이라고 보는 관점으로, 작품의 내용을 현실과의 관계 속에서 해석하고 감상한다.

③ 표현론적 관점 : 생산론. 작품을 작가의 체험, 사상, 감정 등을 표현한 것으로 보는 관점으로, 작가의 성장 환경, 학력, 교우 관계, 취미, 종교, 사상 등을 고려하며 작품을 감상한다.

④ 객관론적 관점 : 절대론 = 존재론 = 구조론. 인물, 표현, 작중 상황 등에 초점을 맞추어 작품을 감상한다.

**05** **정답** ④

④ 음절 끝에 오는 자음은 음절의 끝소리 법칙에 의해 'ㄱ, ㄴ, ㄷ, ㄹ, ㅁ, ㅂ, ㅇ'의 일곱 소리 중 하나의 대표음으로 발음된다.

① 교착어 = 부착어 = 첨가어 : 문법적 관계를 나타내는 형식 형태소(어미, 조사, 접사)의 발달

② 높임말과 높임법의 발달

③ 미괄형의 문단 구성(= 서술어 중심의 언어)

**06** **정답** ②

② 안갚음 〉 앙갚음

• 안갚음
ㄱ 까마귀 새끼가 자라서 늙은 어미에게 먹이를 물어다 주는 일
ㄴ 자식이 커서 부모를 봉양하는 일 ≒ 반포지효(反哺之孝)
• 앙갚음 : 남이 저에게 해를 준 대로 저도 그에게 해를 줌

① 해미 : 바다 위에 낀 아주 짙은 안개

③ 볼썽 : (흔히 '없다', '아니다'와 함께 쓰여) 남에게 보이는 체면이나 태도. 볼쌍(X)

④ 상고대 : 나무나 풀에 내려 눈처럼 된 서리

**07** **정답** ②

② 붙여[부처] : 구개음화 현상(교체)

① 부엌[부억] : 끝소리 규칙(교체)

③ 담가도[담그 + 아도] : 동음 생략(탈락)

④ 피어도[피여도] : 'ㅣ' 모음 순행 동화(첨가)

**08** **정답** ④

〈출전 : 김승옥, '무진기행'〉

④ 〈보기〉는 이 소설의 결말부로, '나'가 서울로 돌아오라는 아내의 전보를 받고 무진에서 사랑했던 하인숙에게 편지를 쓰지만, 이를 찢어버리고 무진을 떠난다는 내용이다.
'무진기행'에는 선명하게 구분되는 두 개의 공간이 있다. 하나는 서울로 표상되는 일상의 공간이고, 다른 하나는 무진이라는 탈일상의 공간이다. 즉, '무진'은 몽환적이고 탈속적인 공간이다. 그러나 편지를 찢고 무진을 떠난다는 것은, '나'가 현실과 타협하는 삶을 선택했음을 의미한다.

※ '무진'의 배경이 갖는 의미
ㄱ 1960년대는 안개가 낀 듯이 미래가 보이지 않는 시대, 전통적인 가치가 모두 파괴되어 버리고 모든 것이 세속화된 시대이다. '무진'은 이 같은 혼돈의 시대를 상징적으로 보여 준다.
ㄴ 무진은 안개가 자주 덮이는 곳으로, 권태와 단조로움, 절망의 추억을 불러일으키는 부정적 이미지를 갖고 있다. 또한 그 부정적인 이미지의 내부에는 파괴되고 속물화되기 이전의 인간적인 원형을 함의하고 있다.

**09 정답 ③**

〈주요한〉

① 호는 송아. 『창조(創造)』(1919) 동인

② '불놀이'(1919) : 『창조』 1호에 발표. 최초의 자유시

③ 초기에는 감상적 경향, 후기에는 민요적 경향. 계몽성·교술성을 극복하고 시 자체의 예술적 미의식을 부여하는 감각적인 시를 선보여 한국 근대 자유시 발전의 계기 마련

④ 『아름다운 새벽』(1924) : 주요한의 처녀시집

⑤ 『3인 시가집(三人詩歌集)』(1929) : 이광수, 김동환, 주요한 등의 공동시집

**10 정답 ②**

② 견문발검 : '모기 보고 칼 빼기'란 말로 '성질이 급함' '대책이 지나침'이란 뜻

① 건곤일척 : 하늘과 땅을 걸고 주사위를 한 번 던져 승패를 건다는 뜻으로, 운명을 걸고 온 힘을 기울여 겨루는 마지막 한판 승부를 이르는 말

③ 반면교사 : (나쁜 면만을 가르쳐 주는 선생이라는 말로) 남의 실패를 교훈으로 삼음. 이는 '他山之石(타산지석), 覆轍之戒(복철지계)' 등과 같은 의미

④ 시위소찬 : '직책을 다하지 못하면서 한갓 자리를 차지하고 녹만 받아먹음'을 이르는 말

**11 정답 ④**

④ 형태소에서 실질 형태소이면서 의존 형태소인 것은 용언(동사, 형용사)의 어간이다. '빨갛(어간) + 다(어미)'

① '저' : 지시 관형사(실질 형태소, 자립 형태소)

② '은' : 보조사(형식 형태소, 의존 형태소)

③ '참' : 부사(실질 형태소, 자립 형태소)

**12 정답 ③**

훈민정음에서 자음 제자의 기본자(발음 기관의 상형)를 찾는다.

③ ㄱ : 아음. 혀뿌리가 목구멍을 막는 모양

ㄴ : 설음. 혀끝이 입천장에 닿는 모양

ㅁ : 순음. 입술의 모양

ㅅ : 치음. 이빨의 모양

ㅇ : 후음. 목구멍의 모양

**13 정답 ③**

〈액자식 구성〉

이야기 속에 또 하나의 이야기가 액자처럼 들어 있는 구성 방식이다. 즉 외부 이야기 속에 내부 이야기가 들어 있는 형태로, 외부 이야기가 일종의 액자의 역할을 하고 내부 이야기가 사건의 중심이 된다. 이러한 형식은 외부 이야기의 구술자가 내부 이야기를 끌어오고 전달하기 때문에 이야기의 신빙성을 더해주는 기능을 하며, 중심이 되는 이야기 밖에 또 다른 서술자의 시점을 배치했기 때문에 다각적으로 이야기를 전개할 수 있는 이점이 있다.

**14 정답 ②**

② 짓는∨데 : '데'가 '장소, 어떠한 일이나 상황, 경우'를 의미할 때는 의존명사이므로 띄어 쓴다.

① 떠난∨지도 : '지'가 시간의 경과를 나타낼 때는 의존명사이므로 띄어 쓴다.

③ 하는지 : '는지'가 막연한 의문을 나타낼 때는 어미이므로 붙여 쓴다.

④ 시일∨내에 : '내'가 '공간이나 시간 등의 일정한 범위의 안'의 의미일 때는 의존명사이므로 띄어 쓴다.

15 **정답** ①
① '대강 짐작으로 헤아려 보다.'의 뜻인 '어림잡다'
와 '어림치다'는 복수 표준어나 '어림재다'는
사전에 등재되지 않은 비표준어이다.
② 변덕스럽다 – 변덕맞다 : 이랬다저랬다 하는, 변
하기 쉬운 태도나 성질이 있다.
③ 장가가다 – 장가들다 : 남자가 결혼하여 남의
남편이 되다. '서방가다'는 비표준어
④ 기세부리다 – 기세피우다 : 남에게 영향을 끼칠
기운이나 태도를 드러내 보이다.

16 **정답** ③
ⓜ 1900년대 : 이인직의 '혈의 누'(1906년), 이해조
의 '자유종'(1910년)
ⓛ 1910년대 : 이광수의 '무정'(1917년) '매일신보'
에 연재
ⓒ 1920년대 : '창조'(1919), '폐허'(1920), '백조'(1922)
등의 동인지가 다수 발행
'동아일보'(1920), '조선일보'(1920년) 등의 민
간 신문이 창간
ⓐ 1930년대 : 염상섭의 '삼대'(1931년), 이광수의
'흙'(1932~1933년) '동아일보'에 연재
채만식의 '태평천하'(1938년) 발표
ⓔ 1940년대 : '동아일보'와 '조선일보' 1940년 폐간
'인문평론'과 '문장' 1941년 폐간

17 **정답** ②
② 목욕재계(沐浴齋戒): 부정(不淨)을 타지 않도
록 깨끗이 목욕하고 몸가짐을 가다듬는 일
① 야반도주(夜半逃走) : 남의 눈을 피하여 한밤중
에 도망함
③ 아연실색(啞然失色) : 뜻밖의 일에 얼굴빛이 변
할 정도로 놀람
④ 삼우제(三虞祭) : 장사를 지낸 후 세 번째 지내
는 제사

18 **정답** ①
① 부모를 다른 사람에게 말할 때 낮추어 말하는
사람이 있으나 이는 전통적인 어법에 어긋난다.
가족 이외의 다른 사람에게 부모를 말할 때는
언제나 높여, 학교 선생님께 아버지를 말할 때
도 "저희 아버지가 이렇게 말씀하셨습니다."처
럼 하는 것이 바른 말이다.
② 아버지한테 야단을 맞았다. → 아버지께 걱정
(꾸중, 꾸지람)을 들었다.
③ 주체 간접높임 : 말씀이 계시다. → 말씀이 있으
시다.
④ '수고하세요'는 손아랫사람이 손윗사람에게 쓸
수 없는 말이다.

19 **정답** ①
우리나라 작가에 의해 창작된 '한시'는 '한국문학'의
범주에는 포함되지만 '국문문학'의 범주에는 포함
되지 않는다.
① 한시(한문문학) : 최치원, '추야우중'
② 시조(국문문학) : 황진이, '연정가'
③ 향가(국문문학) : 처용가. 향찰은 한자의 음과
훈을 빌려 우리말 어순 전체를 기록하기 위한
차자 표기로 한문문학이 아니다.
④ 현대시(국문문학) : 김상용, '남으로 창을 내겠소'

20 **정답** ③
위 작품은 삼국유사에 실려 전하는 10구체 향가 '제
망매가'를 현대어로 풀이해 놓은 것이다. 마지막 두
행에는 화자가 불교에서 이르는 삼세(三世)인 전세
(前世), 현세(現世), 내세(來世) 중 내세에서 다시
누이와 만나기를 기대하며, 누이의 죽음을 종교로
극복해 내는 모습이 드러난다.
③ '삶의 무상함'은 마지막행이 아니라, 5행 ~ 8행
사이에서 드러난다.

**21  정답 ①**

① 잔망스럽다 : 얄밉도록 맹랑한 데가 있다.

② 새치름하다 : 쌀쌀맞게 시치미를 떼는 태도가 있다.

③ 이악스럽다 : 달라붙는 기세가 굳세고 끈덕진 데가 있다.

④ 앙살스럽다 : 엄살을 부리며 버티고 겨루는 태도가 있다.

**22  정답 ①**

'左海眞文章只此三篇(좌해진문장지차삼편)'이란 김만중이 송강 정철의 가사에 대한 평론으로 '우리나라의 문장 중 참 의미의 문장이라 할 만한 작품은 정철의 가사 세 편뿐이다.'라고 평가하고 이 세 편을 중국 굴원이 지은 한시 '이소(離騷)'에 빗대어 '동방의 이소'라 극찬하였다. 이 세 편은 '관동별곡, 사미인곡, 속미인곡'이다.

① 성산별곡 : 정철의 가사 중 처녀작으로 전라남도 담양군 있는 성산의 풍경과, 서하당과 식영정을 중심으로 한 사계절의 변화를 읊으면서 그 누각을 세운 김성원의 풍류를 칭송한 노래이다. 이 세 편과는 관련이 없다.

**23  정답 ④**

- 너름새 ≒ 발림 : 광대가 노래할 때 연기로서 하는 몸짓
- 더늠 : 판소리에서, 명창이 자신의 독특한 방식으로 다듬어 부르는 어떤 마당의 한 대목
- 바디 : 판소리의 전승되어온 법제, 혹은 어느 전승 계보의 텍스트를 가리킨다.

**24  정답 ③**

① 주술 호응의 오류 : '~인 것은 ~이다.'
→ '~무기력한 인간의 대표적 특징이다.', '~무기력한 인간이 되었다는 것이다.'

② 부당한 공유(과도한 생략) → 흡인력이 강하고 소음이 적어

④ 조사 쓰임의 오류 : 무정명사에는 부사격 조사 '-에' → 회사에~

**25  정답 ④**

④ '거북'이 소망을 들어주는 신령스러운 존재인 '경외의 대상'으로 그려지고 있는 작품은 '구지가'이고, '해가사'의 '거북'은 수로부인의 납치라는 부정적 행위를 한 존재로 '공격의 대상'이다.

**26  정답 ①**

- 서동요(향가) : 신라 진평왕 때의 향가
- 청산별곡(고려속요) : 고려 시대의 속요
- 사미인곡(조선전기 가사) : 조선 선조(1585). 송강 정철이 지은 가사
- 어부사시사(연시조) : 조선 효종(1651). 고산 윤선도가 지은 연시조
- 일동장유가(조선후기 가사) : 조선 영조 때 김인겸이 지은 장편 기행가사

**27  정답 ④**

④ 이 작품은 고려 신진사대부의 득의에 찬 기상이 잘 드러난 작품으로 과시적, 향락적이라는 점이 특징이다. 따라서 화자가 시문보다 도학을 즐기며 강호가도(江湖歌道) 구현을 지향한다는 설명은 틀린 내용이다.

① 유원순의 문장, 이인로의 시, 이공로의 사륙변려문, 이규보와 진화의 쌍운주필, 유충기의 대책문, 민광균의 경서풀이, 김양경의 시와 부 등 사람의 이름과 그들의 장기(長技)를 열거하고 있다.

② 고려 고종 때 한림의 여러 유생들이 지은 우리나라 최초의 경기체가로 '고려사'·'악장가사' 모두에 한림의 제유(諸儒)가 지은 작품이라 전하고 있다.

③ 고려 신진사대부들의 학문적 자부심을 드러내고 있다.

**28** 정답 ③

③ 시조는 구수, 행수, 자수까지 일정하게 정해진 고유의 정형시가로 고전시가 중에서 유일하게 현대 시조로 계승되어 전해지는 서정장르이다.
① 경기체가 붕괴 과정에서 생겨난 장르는 '가사'이고, 시조는 '고려속요'의 분장 과정에서 형성되었다.
② 시조가 발생한 시기는 고려 중엽이며, 그 형식이 완성된 시기는 고려 말엽이다.
④ 명칭은 조선 영조 때 가객 이세춘이 유행가의 곡조란 뜻에서 붙인 '時節歌調(시절가조)'를 줄여 '시조(時調)'라고 쓴다.

**29** 정답 ④

④ 사씨남정기 : 김만중. 숙종이 계비 인현왕후(仁顯王后)를 폐위시키고 희빈 장씨를 왕비로 맞아들이는 데 반대하다가 마침내 남해도(南海島)로 유배, 배소에서도 흐려진 임금의 마음을 돌이키고자 이 작품을 썼다고 한다. 작중인물 중의 사씨 부인은 인현왕후를, 유한림은 숙종을, 요첩(妖妾) 교씨는 희빈 장씨를 각각 대비시킨 것으로, 궁녀가 이 작품을 숙종에게 읽도록 하여 회오시키고 인현왕후 민씨(閔氏)를 복위하게 했다는 일화가 전해진다.
① 옥단춘전 : 춘향전의 아류작이다.
② 서동지전 : 조선 시대, 작자와 연대 미상의 한글 소설. 가난한 게으름뱅이 다람쥐가 부자인 쥐에게 구걸하다 거절당한 분풀이로 쥐를 관가에 무고(誣告)하였으나 결국 진상이 밝혀지고 벌을 받을 뻔하던 다람쥐는 쥐의 청으로 용서를 받게 된다는 내용이다.
③ 구운몽 : 김만중. 몽자류 소설의 효시. 귀양지에서 노모를 위로하기 위해 창작했다.

**30** 정답 ③

③ 1920년대는 낭만주의, 상징주의, 유미주의, 사실주의, 자연주의 등 다양한 서구의 문예사조가

도입되어 실질적인 한국 현대문학의 기틀을 완성했다.
① 1930년대
② 개화기와 1910년대
④ 계급문학과 사실주의 문학은 1920년대의 경향이지만 모더니즘은 1930년대에 나타난 경향이다.

**31** 정답 ②

'구인회'는 1933년 8월에 중견작가 9인이 만든 문학 친목단체이다. 창립할 때는 친목단체임을 내세웠으나, 사실은 1920년대 우리나라 문단의 큰 흐름이었던 프롤레타리아 문학에 반대하는 순수예술을 지향했다.
② 리얼리즘(사실주의)은 현실을 있는 그대로 그리기 때문에 현실 고발적, 참여적 경향을 띠게 된다. 구인회는 작품의 현실성을 배제한 순수 문학과 유미주의 경향을 보였다.

**32** 정답 ④

④ 창조(1919) – 백조(1922) – 시문학(1930) – 시인부락(1936) – 청록집(1946)

**33** 정답 ③

〈출전 : 정철 '관동별곡'〉
③ 홍만종이 초(楚)의 '백설곡(白雪曲)'에 빗댄 작품은 '사미인곡'이다. 홍만종은 '순오지'에서 '관동별곡'을 '악보의 절조'라 극찬했으며, '속미인곡'을 제갈공명의 '출사표'에 비유했다.
① 관동별곡은 정철이 지은 가사로 4음보의 연속체의 장가다.
② 관동별곡은 정철이 강원도 관찰사로 원주에 부임하는 부임 여정, 금강산 유람, 관동 팔경을 유람하면서 그 절승을 읊은 기행가사다.
④ 김만중이 '서포만필'에서 중국 초나라 굴원이 쓴 '이소(離騷)'에 빗대어 '동방의 이소'라 극찬한 정철의 가사는 '관동별곡, 사미인곡, 속미인곡'이다.

**34** 정답 ④

④는 '모더니즘파(주지파)'에 대한 설명이다.
'시문학파'는 1930년 잡지 '시문학'을 중심으로 활동한 동인들로 1920년대 중반 이후 프로문학과 민족주의 문학의 대립으로 인한 이념적 문학풍토에 반발하는 경향이 대두되었으며, 유미주의의 영향을 받아 순수시 운동을 전개하였다.

**35** 정답 ①

① 디근이[디그시] : 한글 자모의 이름은 그 받침소리를 연음하되 'ㄷ, ㅈ, ㅊ, ㅋ, ㅌ, ㅍ, ㅎ'의 경우에는 별도의 발음이 인정된다. [ㅋ〉ㄱ, ㅍ 〉ㅂ, ㄷ, ㅈ, ㅊ, ㅋ, ㅌ, ㅎ〉ㅅ]
홑이불→[혼니불] : 'ㄴ' 첨가→[혿니불](끝소리규칙)→혼니불(비음화)'로 발음이 실현된다.
② 뚫는[뚤른] : 'ㅀ' 뒤에 'ㄴ'이 결합되는 경우에는 'ㅎ'을 탈락하여 [뚤는]이 되고 다시 'ㄴ'이 'ㄹ' 뒤에서 유음화가 적용되어 [뚤른]으로 발음한다.
③ 넓죽하다[넙쭈카다] : 파생어나 합성어의 경우에 '넓'으로 표기된 것은 [넙]으로 발음한다. 또한 된소리되기 발음이 적용되며, 받침 'ㄱ'이 뒤음절 첫소리 'ㅎ'과 결합되는 경우에는 두 음을 합쳐서 [ㅋ]으로 발음한다.
④ 흙만[흥만] : 받침 'ㄺ'이 자음 앞에서 자음군 단순화가 적용되어 대표음 'ㄱ'으로 실현된 후, 'ㅁ' 앞에서 'ㅇ'으로 발음되는 비음화가 일어난다.

**36** 정답 ③

이 시에서 시인은 죽은 어린 자식의 모습을 '차고 슬픈 것', '언 날개', '물 먹은 별', '산(山)ㅅ새' 등의 보조관념을 통해 나타내고 있다.
③ '새까만 밤'은 시적 자아의 '허탈감과 상실감'을 나타내는 것으로 '죽음의 세계'를 암시한다.

**37** 정답 ④

④ 제시문은 심청이 인당수에 빠지기 직전 마지막 하늘에 비는 장면만을 제시한 것이지 대상의 나열을 통한 다양한 장면의 제시는 없다.
① 편집자적 해설 : 심청이 기가 막혀 뒤로 벌떡 주저앉아 뱃전을 다시 잡고 기절하여 엎딘 양은 차마 보지 못할 지경이었다.
② 선인의 말과 심청의 비는 말을 통해 사건의 정황이 드러난다.
③ "비나이다, 비나이다. 하느님 전에 비나이다. 심청이 죽는 일은 추호라도 섧지 아니하되, 병든 아비 깊은 한을 생전에 풀려 하고 이 죽음을 당하오니 명천(明天)은 감동하사 어두운 아비 눈을 밝게 띄워 주옵소서."

**38** 정답 ②

〈향가계여요〉
'도이장가'와 '정과정곡'은 향가에서 고려가요로 넘어오는 과정에서 발생한 과도기적 형태의 노래로, 고려 때 지어졌으나 향가의 잔영이 남아 있는 노래이다.
(1) 도이장가(悼二將歌)
　① 작가 : 예종(睿宗)
　② 연대 : 예종 15년(1166)
　③ 형식 : 8구체, 분절체
　④ 표기 : 향찰
　⑤ 내용 : 서경에 행행(行幸)했을 때, 팔관회에서 국초 공신 김낙, 신숭겸 두 장군의 가상희를 보고 그 덕을 찬양한 추도의 노래
　⑥ 주제 : 송축. 추모
　⑦ 의의 : 현전 향찰 표기의 마지막 작품
　⑧ 출전 : 『평산 신씨 정절공유사』
(2) 정과정곡(鄭瓜亭曲)
　① 작가 : 과정 정서(鄭敍)
　② 연대 : 의종 20년(1166)
　③ 형식 : 10구체, 비연시
　④ 표기 : 국문
　⑤ 내용 : 인종의 총애를 받다가 의종이 즉위하자 조정의 참소로 동래로 귀양을 가 있었

는데, 약속한 소명이 오래도록 내리지 않자 임금을 연모하고 억울함을 하소연한 연군지사(戀君之詞)

⑥ 주제 : 결백의 토로와 충신연군(忠臣戀君)
⑦ 의의
  ㉠ 유배 문학의 효시 → 정철의 '사미인곡', '속미인곡'에 영향을 줌
  ㉡ 현전 10구체 형식의 마지막 작품
  ㉢ 고려 속요 중 작자와 연대가 밝혀지고, 주제가 충신연군이며, 후렴구가 없는 유일한 노래
⑧ 악곡명 : 삼진작(三眞勺)
⑨ 출전 : 『악학궤범(樂學軌範)』

## 39 정답 ③

위 시는 1930년대 '나비'로 표현되는 지식인들의 "새로운 세계에 대한 동경과 좌절"을 제시하고 있다.
③ 낭만적인 꿈만을 가지고 '바다'라는 냉혹한 현실 앞에서 좌절할 수밖에 없었던 나약한 지식인들의 모습을 '공주처럼' 나약한 나비로 표현한 것이지, 이것이 나비의 의지 부족이나 방관적 태도를 비판한 것과는 관계가 없다.
① '청무우밭'은 나비가 궁극적으로 찾고자하는 하는 이상적 세계이고, '바다'는 냉혹한 현실을 의미하므로, 둘은 서로 대립되는 이미지로 쓰이고 있다.
② 1연에서 "수심(水深)을 일러준 일이 없기에 / 흰 나비는 도무지 바다가 무섭지 않다."는 부분으로 보아 '흰나비'는 '바다'가 얼마나 냉혹한 곳인지 잘 몰랐음을 짐작할 수 있다.
④ 3연에서 '삼월(三月)달 바다'에는 흰나비가 찾는 꽃이 피지 않아서 서글프고, '새파란 초생달'이 시리다고 하였으므로 모두 '흰나비'에게 차가운 이미지로 사용되었음을 알 수 있다.

※ 김기림, '바다와 나비'
① 갈래 : 자유시, 서정시, 주지시
② 성격 : 주지적, 상징적, 감각적
③ 심상 : 시각적 심상의 대조(흰 나비 ↔ 푸른 바다, 청무우밭, 새파란 초생달)
④ 어조 : 객관적이고 간결하며 단호한 목소리
⑤ 표현
  ㉠ 선명한 심상의 제시와 냉정한 어조로 시적 긴장감을 불러일으킴
  ㉡ 서글픔과 애처로움이 뒤섞인 관조적 미의식
⑥ 제재 : 바다와 나비
⑦ 주제 : 새로운 세계에 대한 동경과 좌절감, 낭만적 꿈의 좌절과 냉혹한 현실에 대한 인식

## 40 정답 ④

④는 1950년 4월 29일 설립된 『국립극장』에 대한 설명이다.
'극예술연구회'는 1931년 해외문학파가 중심이 되어 결성한 단체로 서구 사실주의 경향을 이어받았으며, 창작극, 전문극을 적극 전개하여 연극 발전에 큰 공적을 남겼다. 유치진의 창작희곡 '토막'이 상연되었다.
① '극예술연구회'는 1931년 7월부터 1938년 3월까지 활동한 연극단체로 창립동인으로는 도쿄 유학생(해외문학파)인 김진섭, 서항석, 유치진, 이하윤, 이헌구 등 10명이었다.
② 서구 사실주의를 도입하여 신극 운동에 기여하였고, 기관지 '극예술'을 발간하였다.
③ 창립취지는 '극예술에 대한 일반의 이해를 넓히고, 기성극단의 사도(邪道)에 흐름을 구제하는 동시에 나아가서는 진정한 의미의 우리나라에 신극(新劇)을 수립'하는 데 있었고, 상업주의에 의거한 신파극 위주의 연극풍토를 개혁하려는 강한 의지를 표방하여 우리나라 신극의 확립방향을 뚜렷이 하였다. 극단 초기에 주로 번역극을 공연했으나, "고답적 입장에서 대중을 멀리하고 있으며 조선의 감정에 맞지 않는다."는 동인들의 비판이 일어나자 창작극에 더 애정을 쏟았다.

| 01 | 02 | 03 | 04 | 05 | 06 | 07 | 08 | 09 | 10 | 11 | 12 |
|----|----|----|----|----|----|----|----|----|----|----|----|
| ① | ② | ② | ③ | ① | ① | ③ | ① | ③ | ③ | ④ | ③ |
| 13 | 14 | 15 | 16 | 17 | 18 | 19 | 20 | 21 | 22 | 23 | 24 |
| ④ | ③ | ② | ③ | ③ | ① | ① | ④ | ① | ④ | ③ | ① |

| 주관식 정답 | |
|----|----|
| 01 | 몸짓, 꽃, 꽃, 무엇, 눈짓 |
| 02 | 용비어천가는 '서사 – 본사 – 결사'의 3단계로 구성되어 있다. 서사는 1장과 2장을 말하며 조선 건국의 정당성과 영원성 송축의 내용을 담고 있어 '개국송(開國頌)'이라 지칭한다. 본사는 3장에서 109장까지를 포함하며 조선 육조의 사적을 찬양하여 '사적찬(事蹟讚)'이라 하고, 결사는 110에서 125장까지를 일컫는 것으로 후왕에 대한 권계를 내용으로 하여 '계왕훈(戒王訓)'이라 지칭한다. |
| 03 | 총합: 1,256<br>① 생선 한 뭇: 20마리 / ② 버선 두 죽: 40켤레 / ③ 조기 세 두름: 60마리 / ④ 오징어 네 축: 80마리 / ⑤ 오이 다섯 거리: 250개 / ⑥ 마늘 여섯 접: 600개 / ⑦ 고등어 일곱 손: 14마리 / ⑧ 바늘 여덟 쌈: 192개 |
| 04 | 보금자리, 옹달샘, 그립다, 차마, 빨강<br>'파생어'는 어근에 접사(접두사, 접미사)가 붙어 만들어진 단어이다.<br>• 보금(접두사) + 자리(어근) / 옹달(접두사) + 샘(어근)<br>• 그리(동사의 어근) + ㅂ(형용사화 접미사) + 다(어미) / 참(동사의 어근) + 아(부사화 접미사) / 빨강(형용사의 어근) + ㅇ(명사화 접미사) |

## 01 정답 ①

- 예사소리(소리의 성질) : ㄱ, ㄷ, ㅂ, ㅅ, ㅈ
- 파열음(소리 내는 방법) : ㄱ, ㄷ, ㅂ
- 연구개음(소리 나는 위치) : ㄱ

| ① | 국밥 | • 예사소리: ㄱ, ㅂ<br>• 파열음: ㄱ, ㅂ<br>• 연구개음: ㄱ |
|----|------|----|
| ② | 사탕 | • 'ㅅ'은 예사소리이나, 'ㅌ'은 거센소리, 'ㅇ'은 울림소리이다.<br>• 'ㅅ'은 마찰음이다.<br>• 'ㅅ'은 혀끝소리이다. |
| ③ | 낭만 | • 'ㄴ, ㅁ, ㅇ'은 모두 울림소리이다.<br>• 'ㅇ'은 파열음이나, 'ㄴ'과 'ㅁ'은 비음이다.<br>• 'ㅇ'은 연구개음이나, 'ㄴ'은 혀끝소리이고 'ㅁ'은 입술소리이다. |
| ④ | 해장 | • 'ㅈ'은 예사소리이나, 'ㅎ'은 어디에도 포함되지 않는다.<br>• 'ㅈ'은 파찰음이고, 'ㅎ'은 마찰음이다.<br>• 'ㅈ'은 경구개음이고, 'ㅎ'은 목청소리이다. |

## 02 정답 ②

② 덮밥 : 덮(어간) + (은 : 관형사형 전성어미의 생략) + 밥(명사) → 비통사적 합성어<br>
짙푸르다 : 짙(어간) + (고 : 대등적 연결어미의 생략) + 푸르(어간) + 다(어미) → 비통사적 합성어<br>
① 열쇠 : 열(어간) + ㄹ(관형사형 전성어미) + 쇠 → 통사적 합성어<br>
새빨갛다 : 새(접두사) + 빨갛(어간) + 다(어미) → 파생어<br>
③ 감발 : 감(어간) + (는 : 관형사형 전성어미의 생략) + 발(명사) → 비통사적 합성어<br>
돌아가다 : 돌(어간) + 아(어미) + 가(어간) + 다(어미) → 통사적 합성어<br>
④ 젊은이 : 젊(어간) + 은(어미) + 이(명사) → 통사적 합성어<br>
가로막다 : 가로(명사) + (로 : 조사 생략) + 막(어간) + 다(어미) → 통사적 합성어

**03** 정답 ②

② 혀끝소리의 기본자 'ㄴ'에 대한 가획자는 'ㄷ, ㅌ'이다. 'ㄸ'은 각자병서법에 따른 표기이므로 가획의 원리와는 관계가 없다.

① 자음의 기본자는 발음기관을 상형한 5자(ㄱ, ㄴ, ㅁ, ㅅ, ㅇ)이다.

③ 모음의 기본자는 천 · 지 · 인의 모양을 상형한 3자(ㆍ, ㅡ, ㅣ)이다.

④ 'ㄹ, ㅿ'은 'ㅇ'과 함께 가획의 원리가 아닌 모양을 변형한 '이체자(異體字)'이다.

**04** 정답 ③

③ 치켜세우다 : 정도 이상으로 칭찬하여 주다(= 추어주다 = 추어올리다)
삯월세(×), 설겆이(×), 숫강아지(×)
'끄나풀'과 '새벽녘'은 표준어

① 삵쾡이〉살쾡이 = 삵, 떨어먹다〉털어먹다 : 재물을 다 없애다
'끄나풀'과 '새벽녘'은 표준어

② 뜬게질 = 뜨개질, 세째〉셋째, 애닲다〉애달프다, '수평아리'는 표준어

④ 광우리〉광주리, 강남콩〉강낭콩, '보조개'와 '볼우물'은 복수표준어

**05** 정답 ①

① 대중요법(對症療法) : 병의 원인을 찾아 없애기 곤란한 상황에서, 겉으로 나타난 병의 증상에 대응하여 처치를 하는 치료법. '대중요법(×)'

② 동거동락〉동고동락(同苦同樂) : 괴로움도 즐거움도 함께함

③ 주구장창〉주야장천(晝夜長川) : 밤낮으로 쉬지 아니하고 연달아

④ 오곡백화〉오곡백과(五穀百果) : 온갖 곡식과 과실

**06** 정답 ①

① 청자와 객체가 동일인물(선생님)이므로 서술어에 '보다'의 높임말인 '뵙다'를 사용한다.

② 압존법 : '어머니, 형이 온다 하니 만나 보도록 하셔요.'

③ 형님, 어머니께서 형님에게 주실 것이 있으시다고 하십니다.

④ 남에게 자기의 성씨를 높여서는 안 된다. : 저는 김가입니다만, 선생의 성씨는 무엇이신지요?

**07** 정답 ③

③ '자당(慈堂)'은 '남의 살아계신 어머니를 높여 이르는 말'이므로 예절에 맞게 쓰였다.

① 전통적인 직접 호칭어가 있을 경우 아이에게 기대어 '삼촌, 고모, 큰엄마, ……' 등의 간접 호칭어를 써서는 안 된다. 따라서 남편의 누이동생은 '아가씨, 아기씨'라고 부른다.

② '선친(先親)'은 돌아가신 자기 아버지를 지칭하기 때문에 살아 계신 아버지에는 쓰일 수 없다.

④ 선생님께 말할 때 '저희 아버지가 ○(姓), ○자 ○자 쓰십니다.', '저희 아버지 함자가 ○(姓), ○자 ○자입니다.'와 같이 말한다. 이 경우 흔히 성(姓)에도 '자'를 붙여 '○자 ○자 ○자'와 같이 말하기도 하는데 이는 잘못이다.

**08** 정답 ①

① 득롱망촉 : 한나라 광무제가 농나라 땅을 평정한 뒤에 다시 촉나라를 차지하려고 하였다는 고사에서 유래한 것으로 '인간의 욕심은 끝이 없다.'의 뜻. '말 타면 경마 잡히고 싶다'의 속담과 관련. "말 가는 데 소도 간다."는 '馬行處牛亦去(마행처우역거)'를 옮긴 것으로 다른 사람이 하는 일은 자신도 노력하면 이룰 수 있다는 의미이다.

② 교각살우 : 소의 뿔을 바로잡으려다가 소를 죽인다는 뜻으로, 잘못된 점을 고치려다가 그 방

법이나 정도가 지나쳐 오히려 일을 그르침을 이르는 말. '소탐대실'의 의미로 해석한다.
③ 당랑거철 : 제 역량을 생각하지 않고, 강한 상대나 되지 않을 일에 덤벼드는 무모한 행동거지를 비유적으로 이르는 말. 중국 제나라 장공(莊公)이 사냥을 나가는데 사마귀가 앞발을 들고 수레바퀴를 멈추려 했다는 데서 유래한다.
④ 망양보뢰 : 양을 잃고 그 우리를 고친다.

**09** 정답 ③
③ 코를 떼다 : 무안을 당하거나 핀잔을 맞다.
① 등(이) 달다 : 마음대로 되지 아니하여 몹시 안타까워하다.
② 낯을 깎다 = 얼굴을 깎다 : 체면을 손상시키다.
④ 속(을) 뽑다 : 일부러 남의 마음을 떠보고 그 속내를 드러나게 하다.

**10** 정답 ③
③에는 어말 어미 '-다'는 있으나 선어말 어미는 없다.
① 았(과거 시제 선어말 어미)
② 시(주체 높임 선어말 어미), 더(회상 시제 선어말 어미)
④ 시(주체 높임 선어말 어미), 옵(공손 선어말 어미)

**11** 정답 ④
④ 후렴구에 'ㄹ'과 'ㅇ'음을 반복적으로 사용하는 것은 음악적 리듬감을 살리기 위함이다.
① 청산별곡은 3음보의 비정형시다. (구비 전승되다가 훈민정음 창제 이후에 정착)
② 시적 자아는 고려 말 내우외환 때문에 삶의 지향점을 잃어버린 유랑민으로, 이상향(현실 도피적 공간)을 추구하고 있다.
③ 조선초 악장에 대한 설명이며, 고려속요는 민요적 가락에 맞추어 불렸던 평민들의 노래다.

**12** 정답 ③
③ 현전 최초의 경기체가는 '한림별곡'이다.
① 작가는 한림학사들의 무리인 한림제유(翰林諸儒)이다.
② 전 12장이 아니라 전 8장의 분절체 노래이다.
④ 조선 시대 신흥 사대부들의 유교적 세계관과는 관련이 없다. 고려 중기 신흥 사대부 계층을 형성한 문인들의 득의에 찬 삶과 향락적 여흥을 나타내고 있다.

**13** 정답 ④
④ 서경적이고 영탄적 속성이 강한 것은 조선 전기 양반들의 시조에 대한 설명이다. 위 작품의 갈래는 '사설시조'이며, 평민들이 주요 향유계층이다.

〈사설시조의 특징〉
① 구체적, 또는 서민적인 소재
② 강렬한 애정과 육욕적인 표현
③ 비판과 풍자적 내용
④ 어휘(語彙), 재담(才談), 욕설이 삽입

**14** 정답 ③
③ 이 작품은 허난설헌이 지은 '규원가'의 결사 부분으로 기구한 운명을 한탄하며 임을 기다리고 있다. 이 작품은 현전하는 최고(最古)의 내방가사로 남존여비의 유교 사회에서의 여성의 한이 잘 드러나 있다.

**15** 정답 ②
② '홍길동전'은 허균이 지은 최초의 국문소설이다.
① 박지원 - 호질 – 한문소설
③ 정철 - 성산별곡 – 가사
④ 수양대군 - 석보상절 – 불경 언해

**16** 정답 ③

③ 19세기 신재효가 12마당의 판소리 사설을 개작, 정리하면서 융성기를 맞이했다는 설명은 맞지만 5마당이 아니라 '춘향가, 적벽가, 심청가, 흥부가(박타령), 수궁가(토별가), 변강쇠타령(가루지기 타령)'의 6마당이다.

**17** 정답 ③

③ '물도 가다 구비를 친다.'는 '사람의 한평생에는 전환기가 있기 마련이다.'는 의미의 속담으로 '권력의 무상함'과는 관련이 없다.

① 달도 차면 기운다 : 세상의 온갖 것이 한번 번성하면 다시 쇠하기 마련이라는 말 ≒ 그릇도 차면 넘친다

② 열흘 붉은 꽃이 없다 : '화무십일홍(花無十日紅)', '봄꽃도 한때'
한 번 성한 것이 얼마 못 가서 반드시 쇠하여짐. 권세나 세력의 성함이 오래 가지 않는다는 말이다.

④ 꽃이 시들면 오던 나비도 안 온다 : 꽃이라도 십일홍(十日紅)이 되면 오던 봉접도 아니 온다. 사람이 세도가 좋을 때는 늘 찾아오다가 그 처지가 보잘 것 없게 되면 찾아오지 아니함을 비유적으로 이르는 말
≒ 깊던 물이라도 얕아지면 오던 고기도 아니 온다.
≒ 나무라도 고목이 되면 오던 새도 아니 온다.

**18** 정답 ①

① 신경향파는 카프 이전의 빈궁을 소재로 한 사회주의 이데올로기 문학을 표방한 예술단체를 말한다. 염군사와 파스큘라가 대표적인 단체이다.

② '폐허'의 퇴폐주의에 반발하여 결성되었다.

③ 작품은 주로 '개벽'에 발표되었고, 문학이 퇴폐주의로 흐르는 것을 통탄하면서 '백조'의 해체를 시도하였다.

④ 카프 초기에는 무정부주의자(아나키스트)와 함께하였으나 카프가 방향 전환을 하면서 무정부주의자를 제명하였다.

**19** 정답 ①

① 1960년대는 산업화를 무리하게 추진하는 과정에서 나타나기 시작한 사회의 구조적 모순이 문학에서 폭넓은 비판의식과 저항의식을 형성하는 계기가 되었으며, 이는 1970년대로 계승된다.

② 전쟁의 체험을 바탕으로 한 현실 참여의 주지주의 문학과 전통 지향적인 순수문학의 논쟁이 처음 시작된 시기는 1950년대였으며, 논쟁이 더욱 심화되어 첨예하게 대립된 시기가 1960년대였다.

③ 전후문학의 1950년대 특징

④ 이범선 '오발탄'(1959), 황순원 '카인의 후예'(1953)

**20** 정답 ④

④는 이육사에 대한 설명이다. 이육사는 남성적 어조와 격조 높은 시어와 절제된 형식미를 통해 조국 광복을 염원하는 소망과 의지를 잘 형상화하였으며 유고시집으로 『육사시집』(1946)이 있다.

**21** 정답 ①

① 전지적 작가 시점

② 작가 관찰자 시점

③ 1인칭 관찰자 시점

④ 1인칭 주인공 시점

**22** 정답 ④

④ 옥중화 : 판소리계 소설 '춘향전'을 이해조가 개작한 신소설이다.

① 설중매 : 1909년 구연학이 일본의 스에히로의 '설중매'를 번안한 정치소설. 이인직이 각색하여 1908년 원각사에서 상연하였다.

② 추월색 : 1912년 최찬식. 외국유학 및 애정의 기복을 다룬 창작신소설

③ 자유종 : 1910년 이해조. 자주독립, 여성해방, 한자폐지 등을 다룬 토론형식의 창작신소설

**23** 정답 ③

③ '홍염'은 서해 최학송의 소설로 간도에서 조선인들이 겪는 갈등과 수난을 다루고 있다. 이 소설은 신경향파의 일반적 특징인 가족의 빈궁과 죽음을 소재로 하고 있으며, 살인과 방화라는 비극적 결말 제시가 나타난다.

**24** 정답 ①

① 컨벤션(convention, 인습) : 희곡은 무대라는 제한된 공간에서 대사와 행동만으로 표현되어야 하기에 관객이나 독자들과의 사이에 일정한 묵계(默契)가 이루어져 있는데 이를 컨벤션이라 한다. 예컨대 무대장치는 실제인 것으로 인정하며, 소도구도 진짜라고 생각한다. 그리고 배우는 실제인물이라고 여기며, 사건도 현재 눈앞에서 진행되는 것으로 본다. 대사에서도 독백이 발화되며, 방백은 발화자와 관중만 듣는 것으로 인정된다.

---

**주관식 해설**

**01** 정답 몸짓, 꽃, 꽃, 무엇, 눈짓

**02** 정답 용비어천가는 '서사 – 본사 – 결사'의 3단계로 구성되어 있다. 서사는 1장과 2장을 말하며 조선 건국의 정당성과 영원성 송축의 내용을 담고 있어 '개국송(開國頌)'이라 지칭한다. 본사는 3장에서 109장까지를 포함하며 조선 육조의 사적을 찬양하여 '사적찬(事蹟讚)'이라 하고, 결사는 110장에서 125장까지를 일컫는 것으로 후왕에 대한 권계를 내용으로 하여 '계왕훈(戒王訓)'이라 지칭한다.

**03** 정답 총합 : 1,256

① 생선 한 뭇 : 20마리

② 버선 두 죽 : 40켤레

③ 조기 세 두름 : 60마리

④ 오징어 네 축 : 80마리

⑤ 오이 다섯 거리 : 250개

⑥ 마늘 여섯 접 : 600개

⑦ 고등어 일곱 손 : 14마리

⑧ 바늘 여덟 쌈 : 192개

**04** 정답 보금자리, 옹달샘, 그립다, 차마, 빨강

'파생어'는 어근에 접사(접두사, 접미사)가 붙어 만들어진 단어이다.

• 보금(접두사) + 자리(어근) / 옹달(접두사) + 샘(어근)

• ~그리(동사의 어근) + ㅂ(형용사화 접미사) + 다(어미) / 참(동사의 어근) + 아(부사화 접미사) / 빨강(형용사의 어근) + ㅇ(명사화 접미사)

위 5개를 제외한 나머지는 모두 합성어이다.

# 독학학위제 1단계 교양과정인정시험 답안지(객관식)

컴퓨터용 사인펜만 사용

★ 수험생은 수험번호와 응시과목 코드번호를 표기(마킹)한 후 일치여부를 반드시 확인할 것.

전공분야

성명

**수험번호**

(1) 1 - 1 - 1

(2) 1 - 1 - 1

※ 감독관 확인란

관리번호

(연번)

(응시자수)

| | 과목코드 | | | | | 응시과목 | | | | |
|---|---|---|---|---|---|---|---|---|---|---|
| | | | | | | 1 ① ② ③ ④ | 21 ① ② ③ ④ | | | |
| | | | | | | 2 ① ② ③ ④ | 22 ① ② ③ ④ | | | |
| | | | | | | 3 ① ② ③ ④ | 23 ① ② ③ ④ | | | |
| | | | | | | 4 ① ② ③ ④ | 24 ① ② ③ ④ | | | |
| | | | | | | 5 ① ② ③ ④ | 25 ① ② ③ ④ | | | |
| 교시코드 | | | | | | 6 ① ② ③ ④ | 26 ① ② ③ ④ | | | |
| ① ② ③ ④ | | | | | | 7 ① ② ③ ④ | 27 ① ② ③ ④ | | | |
| | | | | | | 8 ① ② ③ ④ | 28 ① ② ③ ④ | | | |
| | | | | | | 9 ① ② ③ ④ | 29 ① ② ③ ④ | | | |
| | | | | | | 10 ① ② ③ ④ | 30 ① ② ③ ④ | | | |
| | | | | | | 11 ① ② ③ ④ | 31 ① ② ③ ④ | | | |
| | | | | | | 12 ① ② ③ ④ | 32 ① ② ③ ④ | | | |
| | | | | | | 13 ① ② ③ ④ | 33 ① ② ③ ④ | | | |
| | | | | | | 14 ① ② ③ ④ | 34 ① ② ③ ④ | | | |
| | | | | | | 15 ① ② ③ ④ | 35 ① ② ③ ④ | | | |
| | | | | | | 16 ① ② ③ ④ | 36 ① ② ③ ④ | | | |
| | | | | | | 17 ① ② ③ ④ | 37 ① ② ③ ④ | | | |
| | | | | | | 18 ① ② ③ ④ | 38 ① ② ③ ④ | | | |
| | | | | | | 19 ① ② ③ ④ | 39 ① ② ③ ④ | | | |
| | | | | | | 20 ① ② ③ ④ | 40 ① ② ③ ④ | | | |

## 답안지 작성시 유의사항

1. 답안지는 반드시 컴퓨터용 사인펜을 사용하여 다음 보기와 같이 표기할 것.
   보기) 잘된표기: ● 잘못된 표기: ⊘ ⊗ ⦸ ◑ ◐ ⬤

2. 수험번호 (1)에는 아라비아 숫자로 쓰고, (2)에는 "●"와 같이 표기할 것.

3. 과목코드는 뒷면 "과목코드번호"를 보고 해당과목의 코드번호를 찾아 표기하고,
   응시과목란에는 응시과목명을 한글로 기재할 것.

4. 교시코드는 문제지 전면의 교시를 해당란에 "●"와 같이 표기할 것.

5. 한번 표기한 답은 긁거나 수정액 및 스티커 등 어떠한 방법으로도 고쳐서는
   아니되고, 고친 문항은 "0"점 처리함.

| | 과목코드 | | | | | 응시과목 | | | | |
|---|---|---|---|---|---|---|---|---|---|---|
| | | | | | | 1 ① ② ③ ④ | 21 ① ② ③ ④ | | | |
| | | | | | | 2 ① ② ③ ④ | 22 ① ② ③ ④ | | | |
| | | | | | | 3 ① ② ③ ④ | 23 ① ② ③ ④ | | | |
| | | | | | | 4 ① ② ③ ④ | 24 ① ② ③ ④ | | | |
| | | | | | | 5 ① ② ③ ④ | 25 ① ② ③ ④ | | | |
| 교시코드 | | | | | | 6 ① ② ③ ④ | 26 ① ② ③ ④ | | | |
| ① ② ③ ④ | | | | | | 7 ① ② ③ ④ | 27 ① ② ③ ④ | | | |
| | | | | | | 8 ① ② ③ ④ | 28 ① ② ③ ④ | | | |
| | | | | | | 9 ① ② ③ ④ | 29 ① ② ③ ④ | | | |
| | | | | | | 10 ① ② ③ ④ | 30 ① ② ③ ④ | | | |
| | | | | | | 11 ① ② ③ ④ | 31 ① ② ③ ④ | | | |
| | | | | | | 12 ① ② ③ ④ | 32 ① ② ③ ④ | | | |
| | | | | | | 13 ① ② ③ ④ | 33 ① ② ③ ④ | | | |
| | | | | | | 14 ① ② ③ ④ | 34 ① ② ③ ④ | | | |
| | | | | | | 15 ① ② ③ ④ | 35 ① ② ③ ④ | | | |
| | | | | | | 16 ① ② ③ ④ | 36 ① ② ③ ④ | | | |
| | | | | | | 17 ① ② ③ ④ | 37 ① ② ③ ④ | | | |
| | | | | | | 18 ① ② ③ ④ | 38 ① ② ③ ④ | | | |
| | | | | | | 19 ① ② ③ ④ | 39 ① ② ③ ④ | | | |
| | | | | | | 20 ① ② ③ ④ | 40 ① ② ③ ④ | | | |

[이 답안지는 마킹연습용 모의답안지입니다.]

# 독학학위제 1단계 교양과정인정시험 답안지(객관식)

## 컴퓨터용 사인펜만 사용

★ 수험생은 수험번호와 응시과목 코드번호를 표기(마킹)한 후 일치여부를 반드시 확인할 것.

| 전공분야 | |
|---|---|
| 성명 | |

**수 험 번 호**

| (1) | | | | | | | | | |
|---|---|---|---|---|---|---|---|---|---|

### 응시과목 (좌측)

| 과목코드 | 응시과목 |
|---|---|
| | 1 ① ② ③ ④ |
| | 2 ① ② ③ ④ |
| | 3 ① ② ③ ④ |
| | 4 ① ② ③ ④ |
| | 5 ① ② ③ ④ |
| | 6 ① ② ③ ④ |
| | 7 ① ② ③ ④ |
| | 8 ① ② ③ ④ |
| | 9 ① ② ③ ④ |
| | 10 ① ② ③ ④ |
| | 11 ① ② ③ ④ |
| | 12 ① ② ③ ④ |
| | 13 ① ② ③ ④ |
| | 14 ① ② ③ ④ |
| | 15 ① ② ③ ④ |
| | 16 ① ② ③ ④ |
| | 17 ① ② ③ ④ |
| | 18 ① ② ③ ④ |
| | 19 ① ② ③ ④ |
| | 20 ① ② ③ ④ |

| | 21 ① ② ③ ④ |
|---|---|
| | 22 ① ② ③ ④ |
| | 23 ① ② ③ ④ |
| | 24 ① ② ③ ④ |
| | 25 ① ② ③ ④ |
| | 26 ① ② ③ ④ |
| | 27 ① ② ③ ④ |
| | 28 ① ② ③ ④ |
| | 29 ① ② ③ ④ |
| | 30 ① ② ③ ④ |
| | 31 ① ② ③ ④ |
| | 32 ① ② ③ ④ |
| | 33 ① ② ③ ④ |
| | 34 ① ② ③ ④ |
| | 35 ① ② ③ ④ |
| | 36 ① ② ③ ④ |
| | 37 ① ② ③ ④ |
| | 38 ① ② ③ ④ |
| | 39 ① ② ③ ④ |
| | 40 ① ② ③ ④ |

교시코드 ① ② ③ ④

### 응시과목 (우측)

| 과목코드 | 응시과목 |
|---|---|
| | 1 ① ② ③ ④ |
| | 2 ① ② ③ ④ |
| | 3 ① ② ③ ④ |
| | 4 ① ② ③ ④ |
| | 5 ① ② ③ ④ |
| | 6 ① ② ③ ④ |
| | 7 ① ② ③ ④ |
| | 8 ① ② ③ ④ |
| | 9 ① ② ③ ④ |
| | 10 ① ② ③ ④ |
| | 11 ① ② ③ ④ |
| | 12 ① ② ③ ④ |
| | 13 ① ② ③ ④ |
| | 14 ① ② ③ ④ |
| | 15 ① ② ③ ④ |
| | 16 ① ② ③ ④ |
| | 17 ① ② ③ ④ |
| | 18 ① ② ③ ④ |
| | 19 ① ② ③ ④ |
| | 20 ① ② ③ ④ |

| | 21 ① ② ③ ④ |
|---|---|
| | 22 ① ② ③ ④ |
| | 23 ① ② ③ ④ |
| | 24 ① ② ③ ④ |
| | 25 ① ② ③ ④ |
| | 26 ① ② ③ ④ |
| | 27 ① ② ③ ④ |
| | 28 ① ② ③ ④ |
| | 29 ① ② ③ ④ |
| | 30 ① ② ③ ④ |
| | 31 ① ② ③ ④ |
| | 32 ① ② ③ ④ |
| | 33 ① ② ③ ④ |
| | 34 ① ② ③ ④ |
| | 35 ① ② ③ ④ |
| | 36 ① ② ③ ④ |
| | 37 ① ② ③ ④ |
| | 38 ① ② ③ ④ |
| | 39 ① ② ③ ④ |
| | 40 ① ② ③ ④ |

교시코드 ① ② ③ ④

## 답안지 작성시 유의사항

1. 답안지는 반드시 컴퓨터용 사인펜을 사용하여 다음 보기와 같이 표기할 것.
   보기 잘된 표기: ●
   잘못된 표기: ⊘ ⊗ ⊙ ◑ ○○ ●

2. 수험번호 (1)에는 아라비아 숫자로 쓰고, (2)에는 "●"와 같이 표기할 것.

3. 과목코드는 뒷면 "과목코드번호"를 보고 해당과목의 코드번호를 찾아 표기하고,
   응시과목란에는 응시과목명을 한글로 기재할 것.

4. 교시코드는 문제지 전면 의 교시를 해당란에 "●"와 같이 표기할 것.

5. 한번 표기한 답은 긁거나 수정액 및 스티커 등 어떠한 방법으로도 고쳐서는
   아니되고, 고친 문항은 "0"점 처리함.

※ 감독관 확인란

| 관 리 번 호 | |
|---|---|
| (연번) | |

(응시자수)

[이 답안지는 마킹연습용 모의답안지입니다.]

절취선

# 년도 학위취득종합시험 답안지(객관식)

★ 수험생은 수험번호와 응시과목 코드번호를 표기(마킹)한 후 일치여부를 반드시 확인할 것.

전공분야

성 명

| (1) | | 수 험 번 호 | | | | | | |
|---|---|---|---|---|---|---|---|---|
| 4 | - | | - | | - | | - | |

(2)
① ② ③ ●

※ 감독관 확인란

(인)

| 관 리 번 호 | |
|---|---|
| (연번) | (응시자수) |

**응시과목 / 과목코드 / 교시코드**

| 과목코드 | 응시과목 | | |
|---|---|---|---|
| | 1 ① ② ③ ④ | 14 ① ② ③ ④ | |
| | 2 ① ② ③ ④ | 15 ① ② ③ ④ | |
| | 3 ① ② ③ ④ | 16 ① ② ③ ④ | |
| 교시코드 | 4 ① ② ③ ④ | 17 ① ② ③ ④ | |
| ① ② ③ ④ | 5 ① ② ③ ④ | 18 ① ② ③ ④ | |
| | 6 ① ② ③ ④ | 19 ① ② ③ ④ | |
| | 7 ① ② ③ ④ | 20 ① ② ③ ④ | |
| | 8 ① ② ③ ④ | 21 ① ② ③ ④ | |
| | 9 ① ② ③ ④ | 22 ① ② ③ ④ | |
| | 10 ① ② ③ ④ | 23 ① ② ③ ④ | |
| | 11 ① ② ③ ④ | 24 ① ② ③ ④ | |
| | 12 ① ② ③ ④ | | |
| | 13 ① ② ③ ④ | | |

| 과목코드 | 응시과목 | | |
|---|---|---|---|
| | 1 ① ② ③ ④ | 14 ① ② ③ ④ | |
| | 2 ① ② ③ ④ | 15 ① ② ③ ④ | |
| | 3 ① ② ③ ④ | 16 ① ② ③ ④ | |
| | 4 ① ② ③ ④ | 17 ① ② ③ ④ | |
| | 5 ① ② ③ ④ | 18 ① ② ③ ④ | |
| | 6 ① ② ③ ④ | 19 ① ② ③ ④ | |
| | 7 ① ② ③ ④ | 20 ① ② ③ ④ | |
| | 8 ① ② ③ ④ | 21 ① ② ③ ④ | |
| | 9 ① ② ③ ④ | 22 ① ② ③ ④ | |
| | 10 ① ② ③ ④ | 23 ① ② ③ ④ | |
| | 11 ① ② ③ ④ | 24 ① ② ③ ④ | |
| | 12 ① ② ③ ④ | | |
| | 13 ① ② ③ ④ | | |

## 답안지 작성시 유의사항

1. 답안지는 반드시 컴퓨터용 사인펜을 사용하여 다음 보기와 같이 표기할 것.
   보기 잘된표기: ●
   잘못된 표기: ⊙ ⊗ ◑ ⊙ ○○ ●

2. 수험번호 (1)에는 아라비아 숫자로 쓰고, (2)에는 "●"와 같이 표기할 것.

3. 과목코드는 뒷면 "과목코드번호"를 보고 해당과목의 코드번호를 찾아 표기하고,

4. 응시과목란에는 응시과목명을 한글로 기재할 것.

5. 교시코드는 문제지 전면 의 교시를 해당란에 "●"와 같이 표기할 것.

※ 한번 표기한 답은 긁거나 수정액 및 스티커 등 어떠한 방법으로도 고쳐서는 아니되고, 고친 문항은 "0"점 처리함.

[이 답안지는 마킹연습용 모의답안지입니다.]

# 년도 학위취득
## 종합시험 답안지(주관식)

★ 수험생은 수험번호와 응시과목 코드번호를 표기(마킹)한 후 일치여부를 반드시 확인할 것.

전공분야

성명

과목코드

교시코드  ① ② ③ ④

| 번호 | ※1차점수 | ※1차채점 | ※1차확인 | 응시과목 | ※2차확인 | 2차채점 | ※2차점수 |
|---|---|---|---|---|---|---|---|
| 1 | | | | | | | |
| 2 | | | | | | | |
| 3 | | | | | | | |
| 4 | | | | | | | |
| 5 | | | | | | | |

(1)

(2)

### 답안지 작성시 유의사항

1. ※란은 표기하지 말 것.
2. 수험번호 (2)란, 과목코드, 교시코드 표기는 반드시 컴퓨터용 싸인펜으로 표기할 것
3. 교시코드는 문제지 전면 의 교시를 해당란에 컴퓨터용 싸인펜으로 표기할 것.
4. 답란은 반드시 흑·청색 볼펜 또는 만년필을 사용할 것. (연필 또는 적색 필기구 사용불가)
5. 답안을 수정할 때에는 두줄(=)을 긋고 수정할 것.
6. 답란이 부족하면 해당답란에 "뒷면기재"라고 쓰고 뒷면 '추가답란'에 문제번호를 기재한 후 답안을 작성할 것.
7. 기타 유의사항은 객관식 답안지의 유의사항과 동일함.

※ 감독관 확인란

인

정답서

**시대에듀 독학사 1 · 4단계 교양공통 국어 적중예상문제집**

| | |
|---|---|
| **개정2판1쇄 발행** | 2025년 01월 08일 (인쇄 2024년 10월 23일) |
| **초 판 발 행** | 2019년 09월 06일 (인쇄 2019년 07월 24일) |
| **발 행 인** | 박영일 |
| **책 임 편 집** | 이해욱 |
| **편 저** | 양경모 |
| **편 집 진 행** | 송영진 |
| **표지디자인** | 박종우 |
| **편집디자인** | 차성미 · 고현준 |
| **발 행 처** | (주)시대고시기획 |
| **출 판 등 록** | 제10-1521호 |
| **주 소** | 서울시 마포구 큰우물로 75 [도화동 538 성지 B/D] 9F |
| **전 화** | 1600-3600 |
| **팩 스** | 02-701-8823 |
| **홈 페 이 지** | www.sdedu.co.kr |
| **I S B N** | 979-11-383-7950-2 (13710) |
| **정 가** | 18,000원 |

※ 이 책은 저작권법의 보호를 받는 저작물이므로 동영상 제작 및 무단전재와 배포를 금합니다.
※ 잘못된 책은 구입하신 서점에서 바꾸어 드립니다.

··· 1년 만에 4년제 학위취득 ···

# 시대에듀와
# 함께라면 가능합니다!

시대에듀 전문 교수진과 함께라면 독학사 시험 합격은 더 가까워집니다!

## 수강생을 위한 프리미엄 학습 지원 혜택

| 최신 동영상 강의 | | 기간 내 무제한 수강 | | 모바일 강의 | | 1:1 맞춤 학습 서비스 |
|---|---|---|---|---|---|---|
|  | × |  | × |  | × |  |

시대에듀 동영상 강의 | www.sdedu.co.kr

# 독학사 시험 합격을 위한
# 최적의 강의 교재!

심리학과 · 경영학과 · 컴퓨터공학과 · 간호학과 · 국어국문학과 · 영어영문학과

## 심리학과 2 · 3 · 4단계

### 2단계 기본서 [6종]

이상심리학 / 감각 및 지각심리학 /
사회심리학 / 발달심리학 / 성격심리학 /
동기와 정서

### 2단계 6과목 벼락치기 [1종]

### 3단계 기본서 [6종]

상담심리학 / 심리검사 / 산업 및 조직심리학 /
학습심리학 / 인지심리학 / 학교심리학

### 4단계 기본서 [4종]

임상심리학 / 소비자 및 광고심리학 /
심리학연구방법론 / 인지신경과학

## 경영학과 2 · 3 · 4단계

### 2단계 기본서 [7종]

회계원리 / 인적자원관리 / 마케팅원론 /
조직행동론 / 경영정보론 / 마케팅조사 /
원가관리회계

### 2단계 6과목 벼락치기 [1종]

### 3단계 기본서 [6종]

재무관리론 / 경영전략 / 재무회계 /
경영분석 / 노사관계론 / 소비자행동론

### 4단계 기본서 [2종]

재무관리 + 마케팅관리 / 회계학 + 인사조직론

## 컴퓨터공학과 2 · 3 · 4단계

### 2단계 기본서 [6종]

논리회로 / C프로그래밍 / 자료구조 /
컴퓨터구조 / 운영체제 / 이산수학

### 3단계 기본서 [6종]

인공지능 / 컴퓨터네트워크 / 임베디드시스템 /
소프트웨어공학 / 프로그래밍언어론 / 정보보호

### 4단계 기본서 [4종]

알고리즘 / 통합컴퓨터시스템 /
통합프로그래밍 / 데이터베이스

## 간호학과 4단계

### 4단계 기본서 [4종]

간호연구방법론 / 간호과정론 / 간호지도자론 /
간호윤리와 법

### 4단계 적중예상문제집 [1종]

### 4단계 4과목 벼락치기 [1종]

## 국어국문학과 2 · 3단계

### 2단계 기본서 [6종]

국어학개론 / 국문학개론 / 국어사 /
고전소설론 / 한국현대시론 /
한국현대소설론

### 3단계 기본서 [6종]

국어음운론 / 고전시가론 /
문학비평론 / 국어정서법 /
국어의미론 / 한국문학사(근간)

※ 4단계는 2 · 3단계에서 동일 과목의 교재로 겸용

## 영어영문학과 2 · 3단계

### 2단계 기본서 [6종]

영어학개론 / 영문법 / 영어음성학 /
영국문학개관(근간) / 중급영어(근간) /
19세기 영미소설(근간)

### 3단계 기본서 [6종]

영어발달사 / 고급영문법(근간) /
영어통사론(근간) / 미국문학개관(근간) /
20세기 영미소설(근간) / 고급영어(근간)

※ 4단계는 2 · 3단계에서 동일 과목의 교재로 겸용
영미소설(19세기 영미소설+20세기 영미소설), 영미문학개관(영국문학개관+미국문학개관)

※ 본 도서의 이미지 및 구성은 변동될 수 있습니다.

# 나는 이렇게 합격했다

당신의 합격 스토리를 들려주세요
추첨을 통해 선물을 드립니다

베스트 리뷰
**갤럭시탭 / 버즈 2**

상/하반기 추천 리뷰
**상품권 / 스벅커피**

인터뷰 참여
**백화점 상품권**

## 이벤트 참여방법

### 합격수기

| 시대에듀와 함께한 도서 or 강의 **선택** | > | 나만의 합격 노하우 정성껏 **작성** | > | 상반기/하반기 추첨을 통해 선물 **증정** |

### 인터뷰

| 시대에듀와 함께한 강의 **선택** | > | 합격증명서 or 자격증 사본 **첨부**, 간단한 **소개 작성** | > | 인터뷰 완료 후 **백화점 상품권 증정** |

## 이벤트 참여방법

다음 합격의 주인공은 바로 여러분입니다!

**QR코드 스캔하고** ▷ ▷ ▷ ▶
**이벤트 참여하여 푸짐한 경품받자!**

합격의 공식
**시대에듀**